マブリ
市民の権利と義務

Des droits et des devoirs du citoyen

近代社会思想コレクション 12

川合清隆 訳
Kiyotaka Kawai

京都大学学術出版会

ガブリエル・ボノ・ド・マブリ
(1709年3月14日—1785年4月2日)

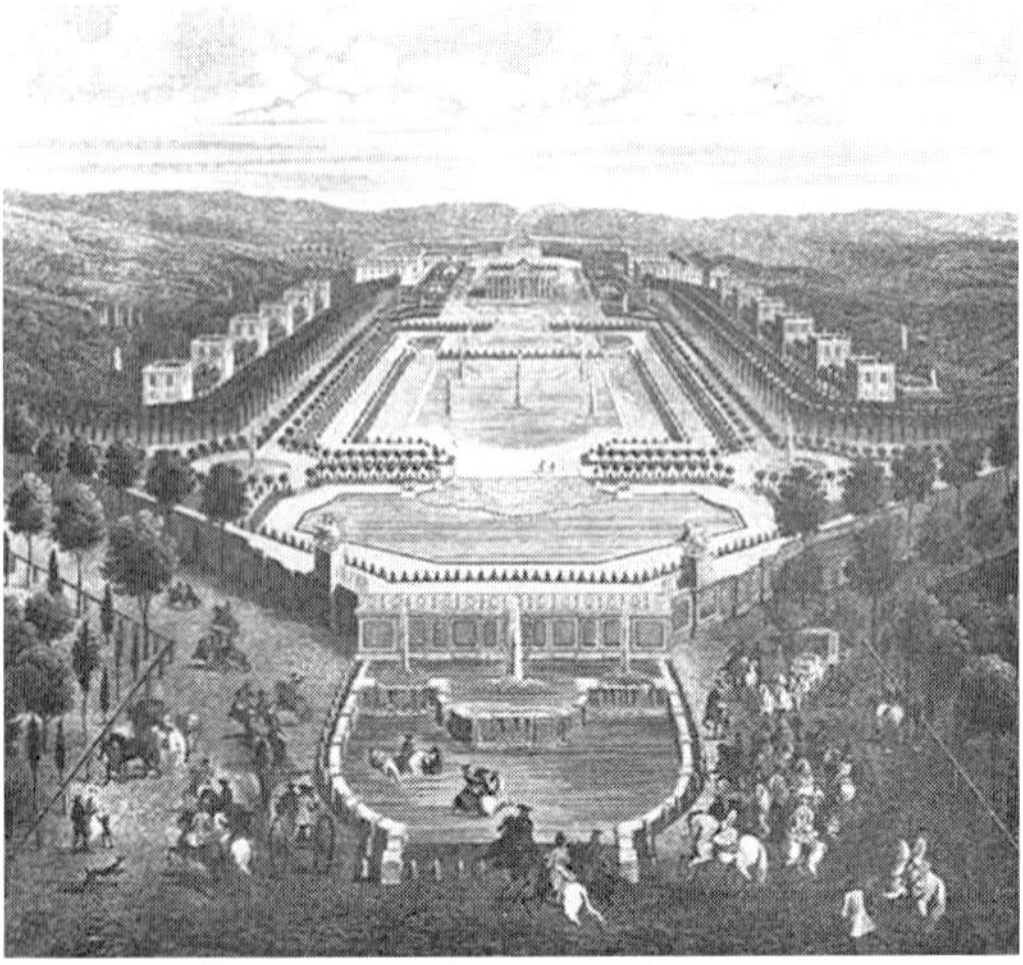

マルリ城（1722 年頃）

凡例

一、本書は、ガブリエル・ボノ・ド・マブリ著『市民の権利と義務』の全訳である。翻訳の定本には、ジャン=ルイ・ルセルクル氏による復刻校訂版（*Des droits et des devoirs du citoyen*, édition critique avec introduction et notes par Jean-Louis Lecercle, Paris, Librairie Marcel Didier, 1972）を用いた。マブリ（1709-85）の原著は、一七五八年に執筆されたが、公刊されたのはフランス革命が勃発した一七八九年である（巻末の解説参照）。なお、表題は、厳密には『市民の権利と義務について』とすべきであるが、「〜について」は省略した。

二、原書校訂者のルセルクル氏は、マブリの自筆写本をもとに復刻した。同氏は、これまで流布しているアルヌー版およびケール版と比較し、テキストの異同を詳しく注解しているが、異同の大半は些細な表記上の相違であり、本翻訳ではテキスト注解は訳者の判断で有意義なもののみを選択して訳出し、巻末に掲載した。テキスト注解では、版を示すために以下の記号が用いられている。注解箇所はローマ数字で指示した。

M： マブリの自筆写本（le manuscrit.）

A： アルヌー版（L'édition Arnoux, à Paris, de l'imprimerie de Ch. Desbrière, an III de la République, 1794 à 1795.）

P： ケール版（La première édition, Kell (*sic*), MDCCLXXXIX, in-12 de 367 pages.）

上記のマブリの自筆原稿と諸版については、ルセルクル氏の巻末解説参照のこと。

三、マブリ自身のテキストには注はいっさいない。脚注はすべて校訂者ルセルクル氏のものであり、同氏の脚注をすべて訳出した。訳者自身が加えた訳注には〔訳者〕と断りを入れ、ルセルクル氏の注と区別した。

四、本文やルセルクル氏の注解で〔　〕内の文言は、訳者が加えた補足である。

五、本文中〈　〉で示された文言は原テキストがゴチック、傍点はイタリックであることを示す。

六、本書は十八世紀のテキストであり、問題となる概念の訳語には（　）内にフランス語の原語を表示した。フランス語の表記は現代綴りに直してある。

目　次

緒　言 …… 1

第一の手紙

この著作で報告する対話はどのような機会に行われたか。第一の対話——市民がその統治下で暮らす政府に対してなすべき服従についての一般的省察。 …… 3

第二の手紙

第二の対話。あらゆる国家において、市民は公共の幸福を実現するうえで最適の統治を望む権利がある。そのような統治を実現するのは市民の義務である。その際に用いるべきさまざまな手段について。 …… 29

第三の手紙

第二の対話の続き。スタナップ卿に提出した反論と彼の回答。 …… 59

第四の手紙

第三の対話。キケロの『法律について』の一節の検討。人は不正な法律に服従してはならないということ。諸国

民の下で賢明な法律あるいは不正な法律が生まれるさまざまな原因。……97

第五の手紙
第四の対話。自由な国家における良き市民の義務に関する一般的見解。彼〔市民〕は、君主政のもとで隷属状態がさらに高まるのを回避し、自由を回復するために、いかに行動すべきか。……123

第六の手紙
第四の対話の続き。君主政から離脱して自由になろうとする州について。フランスで全国三部会を開設する手段。そのための行動はいかなるものであるべきか。……155

第七の手紙
第五の対話。前回の対話の説明。自由を確実にする諸手段。立法権、および、行政権の諸分野への分割について。……191

第八の手紙
第六の、そして最後の対話。自由を回復した後、共和国はいかなる手段によって、その国制を維持し永続させることができるか。……225

ジャン＝ルイ・ルセルクル著「解説」……239

訳者あとがき――「共和主義者マブリ、そしてルソー」295

緒言

「真の法が存在する。それは自然に合致する正しき理性であり、それは万人に行き渡り、不変かつ永遠である。その法の命令はわれわれを義務の遂行へと誘う。その法の禁止はわれわれに悪い行為を避けるようにする。いずれの命令も正直な人々には無益ではないが、悪人に対しては無力である。この法を削除することはできない。この法にいかなる修正を加えることも、その全体を廃棄することも許されない。元老院も人民もその法からわれわれを解放することはできない。その法を説明し、解釈するために誰か他人を頼りにしてはならない。その法は、ローマでもアテナイでも、今日も明日も、変わることはないだろう。けだし、すべての人民はあらゆる時代において、唯一、永遠かつ不易の法に服従するだろう。万人にその法を教え、その法を課す唯一の存在がいるとすれば、それは神であろう。神がその法を想像し、熟考し、採用したのである。その法への服従を拒むものは誰でも、自己自身に対し異邦人となるであろう。彼は人間本性を軽蔑することになるから、たとえ彼が刑罰と称されるものすべてから逃れるとしても、最高の懲罰を受けるであろう。」

（キケロ『国家についての断片』、第三巻）[1]

これから読者が読まれるこの著作は、キケロのこの賛嘆すべき一節についての注釈にすぎません。統治の自然法と諸原理について書いた作家たちはこの一節をその視界から絶対に見失ってはならなかったでしょう。

（1）キケロの『国家について』*De Republica* のテキストの主要部分が知られたのは、一八二〇年以後である。マブリは、一七五七年刊の『神の制度』、第六巻、第八章（*Divinae Institutiones*, livre VI, chap. 8）に採取された断片テキストしか知らなかった。

〔訳者〕キケロのこの文章は勿論ラテン語である。ルセルクル氏は仏語への試訳を掲げているので、訳者はそれを参照している。なお、このキケロの文章は、岡道男訳『国家について』（岩波書店刊『キケロー選集8』、1999年、123-4頁）に訳出されているが、上記のマブリの文との間にかなりの差異がある。その原因は、ルセルクル氏の指摘のように、マブリがキケロの未完成な版を基にしているためであろう。

第一の手紙

この著作で報告する対話はどのような機会に行われたか。第一の対話――市民がその統治下で暮らす政府に対してなすべき服従についての一般的省察。

貴殿は、パリで何をされているのですか。あなたはどうしてここに居られないのでしょう。相も変わらず、仕事ですか。さぞかし、その鎖は重く感じられることでしょう。あなたがその鎖を断ち切れないのですから、少しでも慰めになるように、私がスタナップ卿（Mylord Stanope）[1]と交わしました対話のいくつかをご報告申し上げます。彼は二日前から、自由と哲学の結合した、とても甘美な当地の隠棲所に滞在してみえます。マルリ庭園[2]に関する私の知見についての評判はあなたもご存知でしょう[3]。それで名誉にも、スタナップ卿に庭園の案内をする役割を私が引き受けることになりました。最初は苦役のように思いましたが、今ではこの役

(2)〔訳者〕宮廷建築家マンサール（Jeles Hardouin Mansart, 1646–1708）によって、太陽王ルイ十四世の栄光を称えて造られた広大な庭園を持つ宮殿。太陽宮と呼ばれる中央の小館を取り囲む形で、黄道十二宮（ゾディアック）を象徴する十二のあずま屋が配置されていた。宮殿は十九世紀に取り壊された。

(3) マブリが残したわずかな書簡から、一七四九―六六年の間に、彼が頻繁にマルリを訪れ、長逗留していることが判明している。これまでのところ、それ以上の詳細は不明である。

割を幸運がもたらした不思議な恵みと感じています。私の見るところ、スタナップ卿はフランス流の優雅さに殆ど嫉妬を感じておられないようです。私は彼がフランス人を真似ようと努力をする気配がまったくないのを見て不愉快に感じました。彼は礼儀正しく、気品があり、真摯です。それでも私は、彼の態度をイギリス的傲慢と見なすのを止めませんでした。悔しまぎれに、私はフランス国民の代表になったつもりで彼に応対しました。復讐心に駆られ、フランスのものはすべて素晴らしいのだと、卿に認めさせようとしました。そして、スタナップ卿の心を占めていると思われるセント＝ジェイムズ公園やウィンザー庭園の評価を低めるため、私は意地悪な喜びを感じながら、マルリの〈小庭園〉の美を事細かに彼に説明してやりました。

われわれは庭園の木立の間をゆっくり巡った後、水飲み場のあるテラスに出ました。(4) そこで、私は卿に言ってやりました。この庭園が表わしている装飾美ほど快いものは世界のどこにもないとお認めになるでしょう。偉大な芸術家は時として、御伽噺の語り手たちと同じような幻想的な観念を実現することができます。山々を削り、どこから見ても広大な円形劇場の形をなし、見る人の目を官能で満たすこの庭園を作るには、どれほどの技術が必要だったことでしょう。この池や滝に補給される水はセーヌ河から汲み上げられ、60トワーズ〔一トワーズは約二メートル〕の地下道を流れて来るのです。ふんだんに富が注ぎ込まれましたが、優雅な目的に使用されましたから、その蕩尽が重荷になることはありません。(5) これは国王の単なる遊び場に過ぎませんが、これほどの王の居宅は世界のどこにもないでしょう。卿はすると、あなたの言われる通りですと微笑みながら私に言いました。私はイギリスの立場からお答えするのですが、少し粗朴なところのあるわが父祖たちは、英国の庭園に節度ある秩序を設けました。しかし、と卿はより真剣な様子で続けました。

私たちの国にも退廃があります。そのために、やがてあなたがたの宮殿のように快適で、もっと豪華なものを建てるのが基準になってしまうのではないか、私はそれが心配なのです。

この言葉を聞いて、私は自分のつまらない虚栄心が恥ずかしくなり、自分が間違っているかもしれないと疑い始めました。やがて私は自分の誤りを完全に悟りました。卿は、これまであなたのお国の各地方を旅して来ましたから、ここで何を見出すか全部予測できました、と私に言いました。ここの土地は元来肥沃で、住んでいる人たちも活発で勤勉なのに、畑は荒れ、農夫の顔色は青ざめ悲しげで、衣服はぼろぼろ、小屋はかろうじて藁で覆われているだけです。ところが他方、私が今見ているのは、人民の父たる公正な王の宮殿

（4）このテラスは、庭園のセーヌ河寄りの端にあり、そこから全景を見渡すことができる。
（5）セーヌの水で庭園を灌漑するため、一六八一―四年に揚水機が建設されたが、数百万リーブルを要した。その揚水機は、世界の七不思議に次ぐ、第八の不思議と噂された。ピトン著『マルリ=ル・ロワ、その歴史』(Piton, *Marly-le Roi, son histoire*, pp. 217-8.) によれば、一六七九―一七一五年の期間に、マルリ庭園の造営経費は一一六八万六九七九リーブルを要し、ヴェルサイユ宮殿はトリアノンと合わせて、六千五百万リーブルを要した。

の破廉恥な贅沢さです(6)。こんな状況からどんな結論が下せるでしょう。事柄自体は極めて単純で、あまり事情に通じていない外国人にとってそれが謎でないとすれば、昨晩あなたはお国の財政状態と人民との残念な状況に対し不満を口にされました。ところが今朝はあなた方の政府の無益で恐らく有害な出費を賞讃されています。そこには何か矛盾があると私は思うのです、と卿は言葉を続けました。私は幾分不愉快な困惑を感じながら、卿に答えました。まったく仰せの通りかもしれません。今のあなたのお言葉は、一条の光のように一瞬で私の偏見を消し去ります。私があなたにお見せしている壮麗な光景に対して、私は讃辞ではなく弁解を言うべきでしょう。あなたの国〔イギリス〕の人民の豊かな暮らしがあなた方にもたらしている栄光は道理にかなっていますが、必要を犠牲にして成り立っているわれわれの無益な壮麗さを自慢するのは確かに滑稽なことです。私はそのことをしっかり覚えておきます。これから私はもっと慎重に考えることにします。王侯の権威を抑え、臣民が財産と勤勉を楽しむことができるようにする法律の方が、美しい庭園より好ましいということを知るのが私の哲学です。あなた方はわれわれフランス人のまだ持っていない幸せを楽しんでください。われわれはあなた方の幸福を賞讃しますが、妬みはしません。ところで、あなた方は自由を維持するのに大変苦労しておられるようですが、その状況が変えられないとき、気を紛らせ、その状況を忘れるのが賢明ではないでしょうか。われわれフランス人はかつて、今日のあなた方イギリス人が自由であるように自由でした。わが国には三部会（des États）がありましたが、何一つよいことをしませんでした。三部会は、ファージンゲールや高フリンジ襟の流行が廃るとともに、開催されなくなりました(7)。わが祖先は自由を売り渡し、破壊されるに任せました。失われた自由をあまりに悔やんだので、今ではそれを思い出そうともしません。この世は絶えざる革命（des révolutions continuelles）に導かれていきます。われわれは今日の隷属状態にたどり着いたのですが、今度はあなた方〔イギリス人〕が同じ状態に至るでしょう。人の世の物事を治めている運命（la fatalité）に素直に身を委せるしかないでしょう。くびきに不平を唱え、くびきに抵抗して何になるでしょう。くびきをいっそう重く感じるだけでしょう。われわれの支配者を脅えさせることによって、われわれは彼の統治をいっそう過酷なものにするでしょう。恐らく、良い哲学は、統治の状況の不都合を考察

---

(6) ディドロは、一七六二年九月二三日付けの手紙で、ソフィ・ヴォラン〔Sophie Volland, 1717-84 ディドロの愛人、後に文通相手。ディドロとソフィとの生涯にわたる文通は、ディドロ研究の重要な資料となっている〕にマルリへ散歩に行ったことを語り、次のような感想を語っている。「私はアンリ四世とルイ十四世を脳裏に浮かべました。ルイ十四世が最初にこの壮麗な宮殿を示すと、アンリ四世は彼にこう言いました。《わが息子よ、お前の言う通り、これは確かにとても美しい。しかし、ゴネッスのわが農民たちの家も見てみたいものだ。》この巨大で華麗な宮殿の周りで、農民たちが〔雨露をしのぐ〕屋根もなく、パンもなく、藁のうえで寝ているのを見たら、アンリ四世は何を思っただろうか、と自分に言い聞かせました。」

(7)「ファージンゲール」と「高フリンジ襟」は宮廷貴族の夫人たちの間で流行した服装であるが、十七世紀においてもすでに流行遅れの代名詞となっていた。

〔訳者〕三部会の最初の開催は一三〇二年、フィリップ四世美男王による。聖職者、貴族、平民の三身分代表が集まる封建制議会で、租税問題などを討議し、長期にわたり国王の諮問機関の役割を果たしたが、ルイ十三世の治世に宰相リシュリューによって一六一四年に召集された後、途絶えた。絶対王政の絶頂期を築いたルイ十四世は三部会に諮問することを王権の屈辱と見なした。一六一四年以来の空白期間の後、最後の三部会が一七八九年、ルイ十六世によって招集され、フランス革命の発端となる。

するより、それに慣れることのほうを教えるでしょう。われわれは感覚を麻痺させ、すべてを善く見るように努め、忍耐力を鍛錬しましょう。そうすれば、どんなことも我慢できるようになり、どんな身分（tous les états）の人生もその価値は等しくなるでしょう。

私は素晴らしい事を言ったつもりでしたが、まったく見当違いでした。スタナップ卿は私の哲学なるものに大変不満でした。卿の言葉は半ば礼節の衣で覆われていましたが、私が卿に向かってとくとくと述べたてた処世術は、卑劣で怠惰な臆病者のそれにすぎないことに気づくのは苦もないことでした。それは、馬鹿者が愚かさから、詐欺師が詐欺心から、臆病者が臆病から採用する、享楽的な精神（quelques esprits voluptueux）〔の人たち〕が仕上げた処世術なのです。語気が激しくなるのをお許しください、と卿は私に言いました。自由とか奴隷状態という言葉を、私は冷静に口にすることができません。私はあらゆる人民を結びつける絆の観念をまったく持たなくても、また、万人の善を願うべきであることを知らなくても、私は自分の祖国への愛情のゆえに、彼らすべてが幸福であってほしいと望むでしょう。なぜなら、彼らが幸福であれば、そのことは私の同胞たちに必ず有益な競争心（une émulation utile）を掻き立てるからです(8)。我々は、外国から悪徳を採り入れるように、美徳も採り入れるのです。今日では、商業によってあらゆる人民が結び合わされた結果、一国民の悪徳は必ず隣国に伝染します。ですから、専制政治（le despotisme）が前進する状況を私は平然と眺めてはいられないのです。そのために、全ヨーロッパで社会の原理、目的、目標（le principe, l'objet et la fin de la société）がほとんど忘れられようとしているのです。人間には市民としての権利と義務（des droits et des devoirs en qualité de citoyen）があることを忘れると、人間は、自分は奴隷でなくてはならない、自分を縛っている鎖を

愛さねばならない、ということを証明しようとしていろいろ理由を探すようになります。それほどまでに人

（8）スタナップ卿は、あらゆる人民の幸福を願うことは自分の祖国の幸福に通じるという意見を述べているが、この見解は、マブリが十八世紀の通常の見地を超える高みにたどり着いていることを示している。啓蒙思想家は祖国愛と人類愛を対立させて考えるのが普通であった。『人間不平等起源論』で、ルソーは「諸人民を隔てる架空の障壁を飛び越えるコスモポリタンの偉大な魂は、彼らを創造した至高の存在の手本に倣って、全人類を慈愛心によって抱擁する」（プレイアッド版『ルソー全集　第3巻』Pléiade, III, 178）と称えている。ところが、『社会契約論　第1草稿』（『ジュネーヴ草稿』）では、彼はより厳しくなり、「この所謂コスモポリタンたちは、彼らの人類愛を正当化して、あらゆる人を愛すると自惚れるが、結局それは誰も愛さない権利のためであることがわかる」（同前、287）。『エミール』においても同様に、「自分たちの身の回りでは軽蔑して実行もしない義務を、遠く書物の中に探しに行くあのコスモポリタンたちを信用してはなりません。ある哲学者などは、隣人を愛しないですませるために、タタール人を愛します」（プレイアード版『ルソー全集　第4巻』Pléiade, IV, 249）。祖国愛と人類愛がよりよく一致するのは、モンテスキューの有名な文章である。「もし私が自分の祖国に有益なことを知っており、そしてそのことがヨーロッパには有害であるか、あるいは、ヨーロッパには有益でも人類には有害であるならば、私はそれを罪とみなすでしょう」（『わが思想』Mes pensées, éd. Pléiade, I, 981）。しかし、ここにもなお対立が存在する。モンテスキューは次のようにも言っている。「生まれつき、私は善への愛とわが祖国への名誉心（l'honneur）を持っているが、栄光（*La Gloire*）と呼ばれるものへの愛はほとんど持っていない。私が諸外国を旅したとき、私はそれらの国に自分の国に対するような愛着を抱いた。それらの国の運命に共感し、繁栄状態にあればよかったのにと思った」（同前、976）。この問題については、ポモー『啓蒙のヨーロッパ』（Pomeau, *L'Europe des lumières*, Paris 1965）および、J. M. グールモとM. ロネ『啓蒙の世紀』（J. M. Goulemot et M. Launay, *Le siècle des lumières*, Paris 1968, pp. 142-61）およびジャン・ファーブル『スタニスラス＝アウグスト・ポニアトウスキーと啓蒙のヨーロッパ』（Jean Fabre, *Stanislas-Auguste Poniatowski et l'Europe des lumières*, Paris 1952）を参照。

間は堕落するのです。私はこのような例が伝染し、私の国が隷属状態に瀕するのを恐れるのです。外国人たちの富と、さらには彼らの軟弱な情念がわが国民の性格を卑しめるのではないかと恐れるのです。ですから、真理を隠すこと、あるいは単に真理を偽るだけでも、それは一つの罪を犯すことであると私は思います。

私は真理を渇望しています、と卿に答えました。われわれフランス人は、自分が言っていることをよく理解せず、考えていることも考えていないことも思いつきで言ってしまいます。フランス人の無分別（notre inconsidération française）をお許しください。とにかく、私はあなたからその真理を聞かせていただくに値する人間だとおもいます。率直に申せば、あなたは今、市民の権利と義務ということを言われましたが、その言われ方に私はいささか疑問を感じます。それは、あなたがそれらの言葉にどんな観念を結びつけておられるのかよく分かりませんし、恐らく私がそれらの言葉にあなたとは違った観念を結びつけているからでしょう。私は次のような考え、そして展望を持っているのですが、それについてあなたのご判断を仰ぎたいのです。

人間が自然の手から出たとき、人間は完全に平等であったと私は信じています。その結果、人間はお互いに対していかなる権利も有しておらず、お互いに完全に自由でした。自然は、王も、為政者も、臣民も、奴隷も造りませんでした。それは自明なことです。自然がわれわれに命じた法はただ一つ、我々は幸福になるために働くということです。人間がこの状態にあった間は、人間の権利の広がりは義務の限界と一致していました[1]。すべては各人のものであり、すべての人間はいわば君主（monarque）のようなもので、君主制（la monarchie）を敷く権利が万人に与えられていたのです。義務についていえば、義務に違反する者は一人もいませんでした。なぜなら、各人はまだ自分にしか義務を負っていないので、自然が命じた自らが幸福になるという法に背くことは不可能だったからです。

社会の誕生は奇妙な革命（une révolution singulière）をもたらしました。市民となった人間は、同胞に対し、今後は一定の規則にしたがって、また一定の節度をもってのみ自分の幸福を追求することに同意しました。そして人々は相互に無数の犠牲を払いました。市民は、自分に対して尊重してもらいたいと思っていた諸権利を他人に対しても尊重せざるをえなくなり、それまで人間として持っていた無制限の権力（le pouvoir illimité）に厳しい制限を課したでしょう。しかし、これらの約束は誕生しつつある社会の基礎を堅固にするには十分ではありませんでした。もし法律が執行されないならば、新しい構築物は崩れるに違いありません。そこで、為政者の制度を設け、市民は彼らの手に自らの独立を委ねました。この瞬間から、人間は退位させられた王（un roi détronné）でしかなくなったと私は思います。いわば人間の本質が変わったのです。この新たな状況から生じる、新たな権利と義務を判断するには、人間が同胞（concitoyens）と交わした協約（les pactes）を知る必要があるでしょう。とりわけ、統治権を構成する法律（les lois constitutives du gouvernement）を検討しなければなりません。そして、特別の注意に値するのは、後者の関係、市民の公共秩序に対する関係です。

あるところでは、人民自身が立法者（législateur）です。別のところでは元老院と特権家族が主権（la souver-

（9）ホッブズの理論。

aineté）を握っています。また別のところでは、主権がたった一人の人間に委ねられています。[10] 諸国民の法典（le code des nations）ほど人間精神の奇妙さと気まぐれを忠実に映し出しているものはありません。国ごとにその道徳、その政治があり、法律はばらばらです。この暗闇の混沌の中で、どうすれば本質的に[iii]人間性に属する権利と義務を見つけられるのでしょうか。実際には、イギリス人はイギリスで、フランス人はフランスで、ドイツ人はドイツで正しいにすぎません。私は、グロティウス、ホッブズ、ヴォルフ、プーフェンドルフをざっと読んでみました。彼らは異口同音に言います、市民は彼の属する社会の法律に縛られていると。私はそのことに異存は有りません。法律は市民の権利と義務の尺度ではないなどと言えば、社会の土台を掘り崩すことになってしまうでしょう。われわれの欲求、われわれの情念、われわれの理性、すべてが等しくわれわれは社会のために作られていることを教えています。社会がなければ、人間は幸福などまったく期待できません。

スタナップ卿は、私にはふさわしくないほどの注意を払って私の言葉を聞いてくれました。そのことは彼の私に対する返答の仕方からも分かりました。お許しいただきたいのですが、私はあなたの意見に完全に同意することはできません、と彼は切り出しました。社会が形成される以前には、人間の権利は無制限であったとか、人間には果たすべき義務は何もなかったと云うことを、人はあまりに簡単に信じすぎです。このような教義は人類が誕生した最初の瞬間には正しかったでしょう。最初の人間たちは生まれたての子供のようで、まず感官の使用法を試し、発達させ、それを完成することに専念し、そこからさまざまな観念を生み出したという仮定です。[11] いわば、彼らは、獣とあまり変わりがなく、理性は未発達でしたから、彼らは機械的に快と苦の感情にしたがって生きていたというわけです。そのときには、権利も義務もありませんでした。これらの自動人形には道徳は生まれませんでした。森の中で草を食んでいた野生人や、乳母の腕の中で戯れている乳飲み子に道徳などないと言うわけです。われわれはもはやそんな状態にはありませんし、そんな状態はおそらくかつて存在したことがないのであれば、こんな状況はわれわれに何か意味があるのでしょうか(12)。

しかし、快楽と苦痛の感情の反復によって、われわれの記憶の中に一定数の観念が刻まれるや、人間は経験の助けによって自分たちを取り巻く諸事物間の関係を認識し始め、それによって思考し、比較し、推論することができるようになったときにも、彼らが自分たちの権利は無制限だが、義務は何も知らなかったということは本当でしょうか。理性は生まれつつあり、人間が理性的存在になり始めていたとき、その理性はい

(10) 民主政、貴族政、君主政という古典的な三政体区分の理論である。アリストテレスからモンテスキューに至るまで、政治思想家によって繰り返し取り上げられたが、モンテスキューによって修正が加えられた。
〔訳者〕モンテスキューは、政体概念を組み替え、三政体を共和政、君主政、専制政とした。従来の民主政、貴族政を共和政に包括し、人民全体が主権者である場合を民主政、人民の一部が主権者である場合を貴族政と定義した。専制政は君主政の堕落形態である。ルソーは以上の政体区分論にさらに劇的な変更を持ち込んだ。アリストテレスからモンテスキューまで、区分原理は主権者の数であるが、人民主権の国家しか認めないルソーは、区分原理を主権者の数から政府を構成する為政者の数に転換した。

(11) ロック並びにコンディヤックの感覚論。

(12) これはルソーの『人間不平等起源論』における、自然状態の有名な定義である――「もはや存在せず、おそらく決して存在しなかった状態」（プレイアード版『ルソー全集　第3巻』Pléiade, III, 123）。この節はルソーからの大きな影響が感じられる。

かなる権威も及ぼさなかったでしょうか。われわれが何を正・不正、正直・不正直、善い・悪いと呼ぶかは、人がそれぞれ勝手に判断してよいことではないと思えるためには、政治的な法律の助けが必要だったでしょうか。誠実と忘恩、冷酷と親切は、あらゆる市民的協約（toutes les conventions civiles）に先立って区別されていたのです。なぜなら、人間は同胞たちの親切な行為、または冷酷な行為によって、それぞれ快・苦の感情を実感するようにできています。そうであれば、そこから自ずとわれわれの本性（notre nature）の名誉となるあの道徳的本能（cet instant moral）が発達していくに違いないのです。[iv]

善・悪の観念は間違いなく社会の設立以前から存在したということに留意すべきです、と卿は続けて言いました。もしその観念の助けがなければ、法律を作ることを人間はどうして思いつけたでしょう。何を禁止し、何を命じるべきかをどうやって知りえたでしょうか。そうでなければ、あなたの哲学は原因のない結果がありうると認めることになってしまうでしょう。もし人間たちが自然状態（l'état de nature）で悪（le mal）というものを知っていたとすれば、彼らはどんなことでもできたということにはならないでしょう。彼らの理性が彼らの法であり、彼らの裁判官（magistrats）でした。彼らの権利には制約があったのです。もし彼らが善（le bien）を知っていたのであれば、彼らには果たすべき義務（des devoirs）があったのです。卿は微笑みながら更に続けました。社会の設立はわれわれの本性を堕落させるどころか、逆にそれを完成させたのです。法律とすべての政治的な統治機構（toute la machine du gouvernement politique）はすべて、情念に対しほとんど常に無力である理性を助けるために考え出されたのです。[13]

異議をさしはさむ余地がないと私が信じる以上の原理（ce principe）から、私の間違いでなければ、市民（le

citoyen）は社会に対しその状況がより改善されるよう要求する権利がある、と私は結論しなければなりません。私は、人間たちが社会に結集して作る法律や協定（les traités）、あるいは契約（les conventions）は一般的にいって人間の権利と義務の規則であるということを認めます。そして、市民はそれらより賢明な規則を知らない限りは、それらに従わなければなりません。しかしながら、市民が自分の理性によって啓蒙され完成された後においても、彼の理性はなお自分を犠牲にして誤謬に従わねばならないのでしょうか。もし市民たちが不条理な契約をしていたのであれば、もし彼らが法律を保護する能力のない政府（un gouvernement）を設立してしまったのであれば、もし彼らが幸福への道を求めながら反対の道を選んでしまったのであれば、もし不幸にも彼らが無知で恩知らずな指導者たちによって道に迷わされてしまったのであれば、あなたは彼らに対し無慈悲にも過ちや迂闊さの犠牲者としていつまでも留まっていなければならないと命じるのでしょうか。市民の資格は人間の尊厳を破壊してもよいのでしょうか。理性を助け、われわれの自由を支えるために作られた法律が、われわれを卑しめ、われわれを奴隷にしてもよいのでしょうか。人々の欠乏を軽減することを

(13) おそらくここで、マブリはルソーの『人間不平等起源論』に暗黙の批判を行っている。そこではまだルソーは、「愚かで偏屈な獣をその状態から引き剥がし、一個の知的な存在、一人の人間にした幸せな瞬間を絶えず祝福しなければならないだろう」（『社会契約論』、第1編、第8章）とは書かなかった。

〔訳者〕ルソーは、『人間不平等起源論』第二部において、自然状態の人間が最初の協約によって社会を設立し法律を定める行為を、富者が貧者を欺く詐術的な行為とみなしている。マブリはルソーのこの見地を退け、政治社会の設立を、自然的情念を抑制する理性の行為としてポジティブに捕らえている。

目的に作られた社会が、人々を不幸にしてもよいのでしょうか。幸福でありたいというわれわれのこの途方もなく大きな願望は、われわれに加えられた不意打ちや暴力に絶えず抗議します。社会が法律に期待する効果をその法律が生み出しえないとき、その法律を無効なものにしようとする権利がどうして私にないのでしょうか。その時、私の理性は、私のためにも私がその一員である社会のためにも、果たすべき義務などまったくない、と私に告げるでしょうか。

卿はさらに続けました。あなたが読まれた作家たちは、非常に優れた才能の人たちでした。しかし、彼ら以前には、自然法（le droit naturel）と政治学（la politique）の研究に哲学が応用されたことはまだありませんでした。彼らが作品を書いたとき、いたるところで君主政（le gouvernement monarchique）が確立していました。君主政は、ヨーロッパを粗野な偏見の中に沈めた封建領主たちの不条理な統治を引継ぎました。国王たち、というより国王の名と権威を乱用した大臣たちは、人民を虜にしたように、真理をも虜にしていました。グロティウスは哲学者というより学殖の人でした[14]。人々はこの深遠な天才が真理を発見するにちがいないと感じたのですが、彼自身は自分の力を信じておらず、自分の発見した型破りの真理に驚き、はびこっている誤謬を攻撃し破壊する勇気が足りませんでした。彼は新生の共和国〔オランダ〕に生まれました。そこでは人々が自由の価値を知っていました。ところが、不運にも彼は亡命を余儀なくされ、クリスティーナ女王〔スウェーデン女王、在位1632-54年〕に仕えることになり、そこで『戦争と平和の法』を書きましたが、何を思ったのか、彼はあなたの国のルイ十三世の後援でその作品を公表しました。プーフェンドルフは、国民の抑圧者たちにしか自由のない国に生まれました。私には時として、彼が自分の知った真理を偽装することのできない哲学者に思えるのですが、自分を保護してくれる王侯たちの親切を裏切ってまで真理を語ろうとはしませんでした。(15) ヴォルフは、これら二人の学者の殆どすべての誤りを抱え込んでいるので、彼の作品を読むのは一苦労です。それで、誰も彼の作品を読みきる忍耐を持っておらず、結局彼の著作は誰を教育するこ

(14) グロティウス (1583-1645) はデルフト生れ。〔宗教対立の渦中で〕一六一九年のバルネヴェルドの死にいたる弾圧に巻き込まれたが。その後脱獄しフランスへ逃れ、そこで『戦争と平和の法』を書き、一六二五年に出版。彼はルイ十三世から年金を与えられた。マブリは年代を間違えている。彼がスウェーデン宮廷〔でクリスティーナ女王〕に仕えたのはその後である。彼の作品はギリシャ・ラテンの古代作家や聖書からの引用が多いので、マブリは「哲学者というより学殖の人」と評している。

〔訳者〕スペインから独立し、共和国へ移行した初期のオランダは、アルミニウス派(カルヴィニズムに異議を唱える抗議派)とホマルス派(反抗議派)との激しい宗教対立による内紛にさらされた。最終的には、アルミニウス派が敗れ弾圧され、リーダーのバルネフェルドは死刑。彼の右腕であったグロティウスは脱獄しフランスへ逃れた。事件の詳細は、太田義器著『グロティウスの国際政治思想』第二章「宗教対立と主権論」(ミネルヴァ書房、2003年)、五九―七〇頁、参照。

(15) プーフェンドルフ (1632-1694) はドイツ生れ。ハイデルベルグ大学で自然法講座を担当。一六七〇年には、スウェーデンのルンド大学に移籍。当地で、彼の主著『自然法と万民法』を出版した。続いて、同書の要約である『人間と市民の義務』(1672) を出版。プーフェンドルフは、グロティウスほど衒学的ではなく、論理の幾何学的厳密さを特徴とする。

とも、誰を騙すこともできませんでした[16]。ホッブズは、社会の基本原理をわれわれに教えるという名誉を、ロックから奪えたかもしれません。しかし、事態の成り行きから、また利害心から、不幸な党派へ肩入れした彼は、自分の強力な才能のあらゆる可能性を人類にとって不吉なシステムを打ち立てるために費やしました。それは、もし彼が無政府状態の混乱の代わりに、専制政治の不都合を体験していたら、彼自身が非難したと思われるようなシステムなのです[17]。

これらの著作家は、どんなやり方で市民からその一番正当な権利を剥ぎ取ったのでしょう。彼らは対象をその全局面で提示することをしません。ある時は、問題を巧妙に解消し、ある時は問題を無用な装飾品で飾り立てます。彼らは詭弁に詭弁を重ねます。彼らは法律に払われるべき深い敬意を語るでしょうか。正しい法律、即ち、われわれの本性に合致する釣合いの取れた法律があるとしても、他方には、服従すれば人間性を卑しめ、国家の衰退と破滅を準備することになる不正な法律があるということを、彼らは読者に語ろうとしません。彼らは、人間とは何か、人間を動かす動機は何かを知らない振りをします。というのも、社会の設立や社会の目的とは正反対の統治が、偶然、偽りの一時的な善を生み出すと、これこそ素晴らしい統治（police）である、その調和を乱すようなことをすべきではない、と彼らは厚かましくもあなた方に言うでしょう。そして、雄弁によって、あるいは単に長口舌で、物事を検討することの危険さなるものを並べ立て、法律には盲目的に服従しなければならない、とあなた方に証明してみせるのです。そんな連中は好きなようにやらせておきましょう。彼らは、自然の創造者（l'auteur de la nature）[v]があなた方に理性を与えたのは間違いだった、あなた方を支配する、考える苦労はしない為政者の理性の前では、あなた方の理性は沈黙すべきであると証明するでしょう。そして彼らは最後に、騒乱、無政府状態、内戦などを持ち出し、勝利を収めます。人々は想像力によって不安を煽られ、怖くなり、彼らの言葉を簡単に信じてしまいます。(18)

今度は私が、ただ一つの不正な法律が一つの国家にどれほど多くの悪を生み出す種子を投じることができ

(16) ヴォルフ(1679–1764)は、ブレスラウ生れ。ライプニッツの弟子。プロイセンのハレ大学、ドイツのマルブルグ大学の教授を歴任した。ロシアのピョートル大帝の年金を受け、さらに、プロイセンのフレデリック二世(大王)の私設顧問官となった。彼の主要著作『自然法』および『万民法』は、マブリが指摘するように、いずれも読みきるのが困難な長文である。ヴォルフの二著作は、フォルメによって一巻に圧縮して仏訳され、『自然法と万民法の原理』(Formey, *Principes du droit de la Nature et des Gens*, Amsterdam, chez Marc Michel Rey, 1758)として、一七五八年にアムステルダムのレイ書店から出版された。

(17) ホッブズ(1588–1679)は、スチュアート家の大義に与したため、王朝の没落とともにフランスに亡命し、そこで『市民について』(1642)、次いで『リヴァイアサン』(1651)を公刊した。『リヴァイアサン』は王党派の中にさえ、ホッブズの敵をたくさん作り出した。マブリは本著作において、ホッブズを絶対主義のあからさまな厳格な擁護者として厳しい批判を展開して行くが、マブリのホッブズ批判には他の〔絶対主義の〕擁護者に比して、より尊敬の念がこめられている。その点は、ルソーについても同様である。しかしながら、ホッブズは道徳の上に政治学を基礎づけると主張した男〔ルソー〕とは正反対である。ホッビズム批判はマブリの作品で繰り返し行われるが、批判は常に控えめである。例えば、特に『歴史の研究』では、平和は「人間の自然な状態であり、理性のある存在の本性と正義に合致する唯一の状態である」(*Étude de l'histoire*, XII, 68)。

(18) マブリの法学者に対するこの種の非難はここだけではない。例えば、『ヨーロッパ公法』参照。「彼らはほとんど常に売文家でした。自然法および政治法の原理に遡って意見を述べる代わりに、彼らはただ彼らの国の世俗的な諸法律(les lois civiles)を引用しただけでした」(*Droit publique de l'Europe*, VI, 265)。

るかを、あなたにお示ししましょうか。大多数の政府の巨大な欠陥も、もとはと言えば、人々の尊厳を汚すちょっとした誤りに由来することを証明しましょうか。われわれの理性とわれわれに理性を与えた自然とを無視することによって、われわれを自動人形に変えてしまうこの卑しい盲目的な服従が、どんなに不吉な結果をもたらすかを検証しましょうか。秩序と平安への啓蒙されていない愛というものは、本来ならわれわれが避けたいと思うあらゆる不幸に向かってわれわれを突き進ませることを証明しましょうか。牢獄、絞首台、略奪、密かに進行する破壊、愚かで冷酷な言動の専制政治こそが、かの法学者たちの原理が不可避的にたどり着く終着点なのです。そのことを証明すれば、あなたには彼らが本当に疑わしくなるでしょう。

よろしいですか、われわれが自然の命じた秩序から外れた場合、われわれがなんの罰も受けないということは絶対にないのです、と卿は断固とした調子で付け加えました。われわれが自然以上に賢明であろう、自然に尋ねずに幸福になろう[vi]などとすれば、われわれは間違いなく罰を受けるのです。そのことで、私にはまだあなたに言わなければならないことが山ほどあります。しかし今は、あなたにいくつか疑問を呈しただけで十分です。自然法や政治法についてこれ以上語ることは、この快適な庭園を冒涜することになります、と卿は微笑みながら私に言いました。とんでもありません、と私は意気込んで反発しました。スタナップ卿、あなたが会話の流れを変えようとしても無駄です。あなたは私の目を開いてくださいましたが、それは私が間違っていることを示すためだけだったのですか。私はあなたの助けがなければ、そこから決して抜け出せないでしょう。真実を隠すことは罪であるとあなたは私におっしゃいましたが、私はそう言われたことを名誉に思っています。それなのに、あなたは自ら進んで同じ罪人になりたいのですか。私は自分の無知、偏見がもたらすすべての結果をあなたの良心に問います。

このとき、どれほど多くの観念が混然として私に押し寄せてきていたかを、貴殿に言葉で伝えることはできません。それまで私の考えていたことすべてが一挙に崩れていくように私は感じました。納得のいく真理を捜し求めていた私の精神は、一度に無数の違った方向へ運ばれて行きました。私たち二人は立ち上がり、庭園の散策を続けました。今度は、スタナップ卿がいくつかの彫像を私に示し、それらを賞賛しようとしましたが、私のほうは議論し、自分を教化することしか望んでいませんでした。

卿は、あなた方の絢爛豪華は度が過ぎていると思います、と私に言いました。あのアポロン、あの牡山羊と戯れる幼子たち、われわれが讃嘆したあのクレオパトラ、そしてあの剣闘士たち、それらの像は本来室内を飾るべきものでしょう(19)。それなのに、外気に晒されたままになっています。あなた方にはそれらの像の値段が分かっていないようですね。私は即座に卿に答えました。私は、この庭園全体が道徳と政治に対する大きな過ちであることをあなたから教えられた今、そのような小さな過ちを気にかけてはいられません。する

(19) 現在のマルリ公園には彫像はほとんどないが、当時、庭園を訪れたディドロは、庭園の彫像が多すぎると評している（ソフィー・ヴォランへの手紙、1759年5月10日）。ピガニオル・ド・ラ・フォルスの『ヴェルサイユとマルリの宮殿および庭園の新叙景』（Piganiol de la Force, *Nouvelle Description des châteaux et parcs de Versailles et de Marly*, t. 2）は、一匹の牡山羊と遊ぶ二人の子供のことを語っている。それらの彫像は《緑の部屋》の中にあった。これらの彫像群は、サラザンが一六四〇年に制作したと彼は語っている。

と卿は、最初はあなたが私を厳しすぎると評価しましたが、今度は私があなたの気持ちをなだめなければなりません、と答えました。王侯たちは少なくとも素敵な散歩道を作ってくれたわけです。自分たちの犠牲で散歩道ができているのですから、フランス人は気兼ねなく散歩が楽しめます。それに、イギリス人ならいくらか喜んでそれを眺められるでしょう。フランス人がこの壮観にお金をつぎ込むおかげで、イギリス人は海洋の支配権を握っておられるのですから。

卿が話をそらそうとしても無駄でした。私の心はまだ私の知らない権利と義務の話題で占領されていましたから、私は彼をその話題に引き戻さずにはいなかったからです。私があなたを追い詰めているとしたら、それはあなた自身のせいです、と私は卿に言いました。どうしてあなたは人間にとって一番興味深い道徳の分野に触れたのですか。まだ帰る時間ではありません。それに、あなたがいま眺めている古代風の彫像は、凡庸で修復も不完全です。スタナップ卿、人間の発明した芸術品より、人間そのものに注意を向けるほうが、あなたにはふさわしいのです。

あなたはどうしてもその話題に戻りたいのですね。よろしい、それなら議論することにしましょう。しかし、誤るといけませんから、急ぎ過ぎないように順序良く話を進めましょう、と卿は私に言いました。まず初めに、人間本性を注意深く検討し、市民の権利と義務の探求において確実な規則を作ることにしましょう。本質的に人間に属する事柄がいくつかあり、それらを人間から切り離せば、人間は必ず堕落します。そのことが判れば、人間性をより高貴なものとするために作られた社会と政府は、人間に本質的なそれらのことを市民から奪ってはならない、と結論されるでしょう。

われわれの最も本質的で最も高貴な属性は、理性です。それは神がわれわれに自らの義務を知らしめるために作られた器官（l'organe）であり、われわれを幸福へ導くことのできる唯一の案内人です。元老院（le senat）も人民（le peuple）も、この理性の永遠不変の法をわれわれから奪い去ることはできない、とキケロは言っています。その法はアテナイでもローマでも同じであり、それはあらゆる時代を通じて存続するでしょう。その法に同意しないということは、人間を止めることなのです。私がそのもとで生きる政府が、私が自分の理性を完全に自由に使うのを許し、また、私が本質的と信じる義務の実践を促進しようとするのであれば、私はその政府を尊敬しなければならないと心底感じるでしょう。為政者（le magistrat）は人間性（l'humanité）の命じる義務を実践します。私の義務は為政者に従い、何かの情念が社会の調和を乱そうとするとき、彼を助けに馳せ参じることです。しかし、と卿は私の手を握り締めて言いました、もしあなたが仮に、国家（l'état）が為政者の情念の犠牲にされているような国に住むことになったとしたら、またもし、自然に敵対し自然がわれわれに与えた権利を妬む専制政治が、私の小作人が自分の家畜の群れを導くように、あなたとあなたの同胞市民たちを奴隷状態へ導くとしたら、これこそまさしく人々が自然状態の独立を放棄して政府と法律を作ったときに、彼らが考えついた素晴らしい目的であると理性はあなたに語りかけるでしょうか。神が、人間であれ、とあなたに命じるとき、あなたに獣であることを命じる暴君に抗して[vii]、自分の価値を取り戻そうとするなんらの権利もあなたにはないのでしょうか。彼の不正義を支えるのがあなたの義務なのでしょうか。

人間性の第二の属性は自由であるということに注目しましょう、と卿は続けました。自由は理性同様、わわれわれには本質的なものであり、理性と自由は不可分でさえあるのです。われわれが自分の理性を自由に使用できないように運命づけられているとしたら、考え、反省し、推論するという、自然から恵まれたわれわれの能力は何の役に立つでしょうか。もし為政者の意思（la volonté）が私に代わってそれを行うことを神が望んだのであれば、神はきっとこの厳粛な役割を果たす特別な種類の存在を創造されたことでしょう。ところが、そんなものは造られませんでした。ですから、私は社会のなかで自由でなければなりません。それゆえ、法律、政府、為政者は、理性が各人体（le corps）の中で行使するのと同じだけの権限を社会体全体（le corps entier de la société）の中で行使しなければなりません。私の理性は、私の諸情念を導き、規制し、宥め、その過ちを私に知らせ、予防するために私に与えられたのです。政府の義務も同じなのです。人々が法律と為政者を設け、彼らを公共の力で武装させたのは、ひとえに各個人の個別理性に新たな援助の手を差し伸べ、情念に対する理性の支配力が揺らぐのを防ぎ、害をなしうる情念が奇跡的に有益なものに変わるように促すためなのです。

人間本性（la nature de l'homme）についてこのような考察をした後――私は概略をあなたにお示ししたにすぎませんが――、治安（police）とか統治（gouvernement）とかの美名で称えられている馬鹿げた事柄に目を向けることが私にできるでしょうか。市民の義務は誤りの急流に身を任せることであり、市民の唯一の権利は不正義をじっと耐えることであるなどと盲目的に信じることが私にできるでしょうか。あの宮廷の追従者たち(20)が、人々が支配下に置かれている政府に盲目的な敬意を払うように薦めるとき、いったい彼らは何を言おうとしているのでしょうか。まだ経験がなく、したがって精神も啓蒙されていない原初の人々は、自分たちの法律と政府の整備において勘違いをしたのです。自分たちが設けた最初の統治機構（la première police politique）に永久に服従しなければならず、取り消しは不可能と思い込んだに違いありません。それでは、自然によって理性を与えられた存在に、まったく不条理な掟を課すことになるでしょう。理性というものは、形成に時間がかかり、誤ることもあり、経験の助けがなければ、よく発達し、賢明な活動は行えないのです[21]。私は現在のあらゆる統治体制を支持する者たちに尋ねたい。もしイロコイ族が自分たちの野蛮状態を恥じるようになり、愚かさに気づき、それを改め、文明化しようとするとき、彼らは無慈悲にもイロコイ族に対し、お前たちにそんな権利はないと言うのでしょうか[22]。もし一人のアメリカ先住民に同胞たちの統治組織を改革する

(20) 前に名指された法学者たちを指す。

(21) 〔訳者〕理性は人間の先天的所与ではなく、時を経て経験によって形成されるものであるというマブリの見地は、ルソーと共通している。

(22) マブリはここで、自然状態の優越性を断固として否定している（一四頁参照）。『ギリシア史考察』をも参照のこと。そこで彼は黄金時代を嘲笑している。「今日のわれわれは、いまだ情念を知らない社会の魅力をなしていた、あの草原の褥とか、調和とか、甘美な余暇をどう考えるべきかをわかっている」（IV, 2）。『合衆国についての考察』では、ニュアンスが少し異なる。彼はプラトンにかこつけて、善良な未開人の理論を語っている。「おそらく彼〔プラトン〕なら、あなた方の国境近辺をさ迷っているあの未開人たちは、商業を開発したもろもろの人民より良き文明の諸原理に近いと敢えていったかもしれない。（…）しかし、もっと穏やかで、現在の習俗につりあった哲学を語りましょう」（VIII, 440）。
〔訳者〕マブリにはフランス啓蒙思想に特徴的な「高貴な未開人」の観念がない。とりわけ、自然状態を「黄金期」として「文明化」を人類史の堕落過程と見るルソーとは対照的である。

権利があるならば、どうして一人のヨーロッパ人に今その同じ権利がないのでしょうか。彼がすべてを変質させる時の経過と情念のせいで忘れられた社会の真の原理を知った後に、彼の同胞たちが相変わらず原初の無知に甘んじているとしたら。リュクルゴズ[23]は立法委員会（commission de faire des lois）を作らず、一人でスパルタの統治を改革し、同胞たちをギリシアでもっとも有徳かつ幸福な人民にしたからといって、彼を騒乱好きの反乱者と見なそうなどと思った者がかつていたでしょうか。

以上の教義（cette doctrine）は長い長い注釈（commentaire）を必要とします、と卿は私に言いました。今からそれをするには時間が遅すぎます。もう帰ることにしましょう。あなたのお望み通り、われわれはまた明日、哲学散歩を再開しましょう。

貴殿は、スタナップ卿の教義と考察をどう思われるか教えてください。貴殿ほど適切な判断のできる人はいません。自然法（le droit naturel）と政治法（le droit politique）についての彼の研究方法を私はどうしてもっと早く知ることができなかったのでしょう。もし知っていたら、私が馴染んでしまった誤りを避けることもでき、きっと多くの無駄な苦労を省くことができたでしょう。これから私たちは、社会の最も重要な諸問題を扱っていくことになると思います。そして、もしお望みならば、私たちの会話を貴殿に続けて報告しましょう。さようなら、あなたを心から抱擁します。

マルリにて、一七五八年八月一二日

(23) リュクルゴスは、マブリの作品において、終始一貫して立法者の完璧なモデルである。スパルタの政体は十八世紀全体を通して論議の対象であった。特に、ヴォーヴィリエの『スパルタ体制の歴史的政治的検討』(Vauvilliers, *Examen historique et politique du gouvernement de Sparte*, 1769) を参照のこと。この著作は、一七六八年にマブリが経済学者たちに対して投じた『疑問を提起する』(*Doutes proposés*) に対して、経済学者の名においてなされた反論である。

第二の手紙

第二の対話。あらゆる国家において、市民は公共の幸福を実現するうえで最適の統治を望む権利がある。そのような統治を実現するのは市民の義務である。その際に用いるべきさまざまな手段について。

昨日の私の手紙への貴殿からの返事も待たず、早々に私はまた手紙を書くことに致しました。というのも、このイギリスのソクラテス氏との対話によって自分が教化されることを私は大きな喜びとしているのですが、私に劣らず貴殿もこの人の政治哲学をできるだけ早く知りたいと思っておられると想像するからです。今朝、われわれは〈高台庭園〉を散策しました。庭師のシャルパンティエ(1)は相変わらず庭園のその部分の手入れをなおざりにしていますが、それでも奢侈(le luxe)がわれわれの対話の主題になりました。この贅沢さは赤貧に耐える民衆にとって何という侮辱でしょう。反逆心をそそられて当然の人々がその豪華さに必ず目を眩まされてしまうのは、どんな精神の病からでしょう。また、金持ちにとってもこんな贅沢は本当に骨の折れる

(1) ピトン(前掲書、338頁)によれば、シャルパンティエという名の宮廷付園芸師の一家がいた。祖父リシャールは、一七一七年にトリアノンの庭師となった。彼の息子は一七四一年、マルリで死去した。彼の二人の甥の一人は、ラ・ミュエットの庭師となった。一七五五年、二人ともマルリに復帰した。

ことでしょう。彼らはその労苦にふさわしい報酬を受け取れません。なぜなら、自然は、このような人工的な欲求にわれわれが真に必要とする快楽を結びつけはしなかったからです。何が真に偉大かを評価できる人々にとって、こんな豪奢は凡庸で不公正に見えるに違いありません。しかしながら不幸にも、この豪奢が他の何よりも人々の精神に偽りの観念を吹き込むのに貢献するのです。そのことにスタナップ卿は憤るのです。奢侈は人々の心をすべての悪徳へと開きます。そして、奢侈によって悪徳に染まると、人民はそれに邪魔され、自然の諸法（les lois de la nature）に接近するための努力をほとんどしなくなります。[2]

スタナップ卿はついに私に語り始めました。われわれが昨日行った考察の結果、自然がわれわれに与えた理性、自然がわれわれに創造した自由、そして、自然がわれわれの魂のうちに置いた幸福になりたいという打ち勝ちがたい欲求、これら三つの資格（titres）によって、何人もそのもとで生きる国制が不正なとき、その国制（le gouvernement）を正し価値あらしめることができると私は考えています。したがって、一人の市民が同胞に対し、彼らが自由に採用したか、あるいは諸々の事件、情念、状況の成り行きで成立した既存の政体（une forme politique）よりもっと賢明な政体を提案するとしても、その市民は謀反者でもないし公共の安寧の妨害者でもないと私は結論します。それでは、あなたはその提案なるものを私に教えてくださるのですか、さもなければあなたの話はつじつまが合わなくなります、と私は卿に言いました。判りました、と卿は言葉を継ぎました。良い国制は一つしかないことが証明できるならば、各市民はそれを樹立するためにあらゆる努力をする権利があると私は結論するのですが、それには誰も異議を唱えられないと思います。

その結論も大目に見ましょう、あなたの市民がそんな権利を享受できるようなことは決してないでしょうから、異議を唱えるのも無駄なことです、と私は卿に言いました。すると、あなたは何を言っているのですか、と卿は私の言葉を遮りました。なぜ決してないなどと言えるのですか。私は彼に答えました。政論家たち（les politiques）がその問題で明日にも合意するという状況にはないからです。見当違いの不誠実な議論をするのは彼らの勝手ですから、させておきましょう、と卿は言葉を継ぎました。専制君主や野心家の為政者に雇われている連中が、その論拠をいかに精密にして抵当にいれようと、なんの役にも立たないでしょう。なぜなら、社会が形成されたのは、情念から危険な毒素を取り除き、理性に権威を与え、法の支配を堅固にし、それによって僭主政（la tirannie）と無政府状態（l'anarchie）を等しく予防し、公共の幸福の宝庫を作り、そこから市民、為政者が各自、個別の幸福を汲み取ることができるようにするためであるということは、やはり自明の事だからです。

情念の抑制が一部の市民だけに課されるように統治が仕組まれているとしたら、そのような統治機構（police）が嫌悪すべきものであることは、一目瞭然ではないでしょうか。その結果はどうなるでしょう。結果はいろいろですが、最終的には次のようになります、と卿は続けました。行政官職（les magistratures）が世襲制か、あるいは単に終身制の場合でも、そのような統治はすべて社会が自らに課す目的とは正反対であるということです。そのような体制は必然的に根本的な欠陥を抱え込んでおり、それによって、個別制度の一

（2）奢侈についての議論は、マブリのあらゆる作品で展開される。

つ一つはそれ自体としては良いものであっても、すべては傷つき、化膿し、腐敗してしまいます。人類の狂気と悲惨の絵図を作ってご覧なさい。そこで歴史を紐解き、われわれの情念の歩みを検討し、次いで結論を考えてみてください。そうすれば、行政職や執行権力（la puissance executrice）の行使は一定期間に限定して委ねられなければならないことは、あらゆる時代、あらゆる国において確実な真理であると、あなたは躊躇せず判断されるでしょう。私はそう確信しています。ですから、この制度の確立こそすべての良き市民が目指すべき目標でなければなりません（3）。

卿の言葉に私は呆然となりました。聞き慣れない一連の提案に私が驚愕していることに気づくと、卿は私の手を取って、私の言葉を最後まで聞いてください、もし間違っているなら、私は自分の考えを取り消すことにやぶさかではありません、と続けました。情念は公共の秩序の永遠の敵です。というのも、個人はひとたび情念の虜になると自分の利益しか見たり感じたりできなくなるからです。情念が社会の中で賢明な仕方で制御され指導されるためには、法律は為政者たち（les magistrats）に市民の抵抗を許さない力と権威を委ねなければならないでしょう。その点を良く考えてください。そうすれば、古代及び近代の共和国におけるすべてのアナーキーな混乱は、そこから生じたことが分かるでしょう。そこでは、市民たちが法律や為政者の重みを十分に感じられず、不安になり、従順でなくなり、自由を気まぐれ、何をしても良いという放縦と混同して、国家を急激に崩壊させました。

しかし、為政者たちは私の言っている広範な抑制的権力を持っている場合、彼らの職権が終身制であるか、彼らの家族の相続財産となった場合には、どうしたら為政者たちの情念を抑制し規制できるでしょうか。もしあなたにその手段があるというのなら、おっしゃってください。あらゆる時代において、どこでも、初めは非常に狭く制限された権力であったものを専制や僭主制に変えたのは、行政職の世襲制や終身制なのです。人間の心を知れば、一瞬もそれを疑うことはできないでしょう。終身の為政者が自己の権力を乱用しないように用心に用心を重ねても、しばらくすると、彼は市民たちが自分への服従を拒否できないと見るや、やがて彼は自ら法を犯すようになるでしょう。法律は彼の貪欲、野心、復讐の手先、道具になり下がるでしょう。あなた方が彼に認めた権利が、彼の野望が目標とする権限を簒奪するのに奉仕するでしょう。やがて、市民たちは愚民化し自らの尊厳を忘れ、もはや元の階級に復帰できない一人の人間に対し、自分たちが実際に劣っていると信じ込み、自らの卑劣さ、媚、追従によってその男の情念をいっそう煽りたてるでしょう。

私は、この意見に反対ですかと尋ねられ、卿に答えました。為政者の職に期限が定められていない国家でも、社会の目的を達成することはできます。すなわち、市民たち、為政者たちの情念に対抗し、社会の安全を確保することは可能なのです。権限を各分野に分割し、分野間で権限が相互に均衡するようにすればよいのです。そうすれば、市民に優越する為政者自身も法律に従わざるをえなくなります。たとえば、あなたの

（3）本節でマブリが考えているのは、明らかに国王のことである。やがて、彼が王の排除を語るだろうということは予想される。しかし、結論は異なった形になるだろう。『ローマ人についての考察』では、「君主政は貪欲、奢侈、祖国愛への嫌悪感であまりに腐敗した人民には必要であるが、貧しい国民には不必要である」（*Observations sur les Romains*, IV, 266）。モンテスキューの影響が感じられる。

お国のイギリスがまさにそのような国なのです。

お許し頂きたいのですが、あなたの言われることは間違いです、と卿は私に反論しました。もし公権力が互いに覇を競う為政者間に分割されているならば、公権力の行動は必然的に無数の障害で遅らされ、公共善は大きな打撃をこうむるだろうとは、あなたはお考えになりませんか。(4) 何より、わが国民にとって国王（le roi）と均衡をとることが、あなたのお考えになるほど簡単なことでしょうか。天秤は常に王侯（le prince）の側に傾くのではないでしょうか。われわれが彼から奪い取るべき大権（prérogatives）を、彼が相変わらず自分の手で握っておられるほど、彼は強力なのです。彼の権勢はしばしば議会を圧倒するではありませんか。その根本の原因は何でしょう。世襲制です。イギリス人なら誰一人、今私の言ったことに疑念を抱かないでしょう。しかし、理性的に議論している二人の人間が、均衡という言葉を口にし、それが実現していると仮定するだけでは不十分です。事態を検討してみましょう、と卿は続けました。在任期間の限られている為政者間になら、権限を各分野に分割し、真の均衡、真の釣合いを形成することが容易であることには、私も同意します。しかし、行政職が恒久的な場合には、一つの職が知らず知らずのうちに他を圧する重みを獲得するのを防ぐことは、人間精神がどんな努力を払おうと不可能なことなのです。あなたが昨日、われわれの国の自由はやがて崩壊すると言われたことを思い出します。おそらくそれは、終身の行政職——とりわけそれが世襲の場合——は、期限のある職の同僚に対し途方もなく有利であるとあなたが判断されたからでしょう。才気も能力もないのに、彼はやがて他の同僚たちを押しつぶすのに成功するでしょう。しかし、終身制が共和国（la République）を明日にも奴隷化するというような危険がないことには私も同意するとしても、少なくとも共和国が当の為政者の老齢化と戯言の危険に晒されるということは、あなたもお認めになるでしょう。そこからなんと多くの弊害と愚行が生まれることでしょう。ある事柄を生涯に渡ってしなければならないとき、人は気楽にできることだけを求め、気楽にできる方法しか研究しません。魂は消耗し、競争心は消えてしまいます。自己の職務を輝かせるのに一年という期間しかなかったローマのコンスルは、もう一度束桿(les faisceaux)［執政官の標章］を手にする名誉を熱望し、その結果、彼は最良の市民となったのではないでしょうか。一度権威を帯びたら、途方もない誤りでも犯さない限り権威を失うことのないスウェーデンの元

(4) 権力分立の擁護者モンテスキューに対し(*Esprit des lois*, XI, 6)、ここではマブリは、主権は不可分である(*Contrat social*, II, 6)とするルソーの側に立っている。

老院議員（sénateur）より[5]、彼ははるかに忙しく立ち働いたのではないでしょうか。

行政職が世襲制の場合には、事態はなお一層悪くなります。偉大な家系に生まれると、その人は生涯を小人物ですごすことになります。幼少期には追従と嘘で腐敗させられ、青年期には快楽と情念に酔いしれ、考えることを学ばずに大人になってしまいます。老年になると、傲慢と偏見におぼれ、追従者に囲まれ、うだつの上がらない生活を送るのです。能力のある君主は幾人かいましたが、自らの義務をわきまえた者、生まれついた運命にふさわしい者は一人もいませんでした。たとえあなたがいくつか例外を挙げることができるとしても、それら二、三の例外の上に社会の全般的幸福の体系を築こうとはされないでしょう。

しかし、公共の安寧（la sureté publique）に関して、あなたの原理と私自身の原理のどちらを優先すべきかの議論はこれで止め、別の機会にすることにして、議論をさらに先へ進めましょう、と卿は続けました。市民に対する為政者の絶対的権威（l'empire absolu）と為政者に対する法の絶対的権威は、社会の目的である幸福を実現する上で不可欠であることを、われわれはともに認めます。すべての古代人たちはそう考えましたし[6]、良識はすべての人にそう叫びます。法律は安定せず、為政者の権威は強圧的か不確実な、統治に欠陥のある国家において、市民が、同胞を導いて行政（administration）をわれわれの望む方向へ向かわせるために、自分にできるあらゆることをする権利を要求するとき、あなたはどんな論拠でその権利を否定するのでしょう。昨日われわれが打ち出した原理を思い出してください。あなたは戸惑ってみえますね。率直にその権利を認めたらどうでしょう。それとも、あえてあなたは、社会の最も本質的な利益を裏切ることが祖国を愛する市民の義務であるとでも言われるのですか。

スタナップ卿、あなたのおっしゃる通りです、と私は彼に言いました。残念ながら、私の論拠は行き詰っています。あなたの論証が正しいと思います。しかし、哲学〔的批判〕の自由をお認めください。あなたは

（5）マブリにとって、スウェーデンの国制はスイス諸州に次いで、最良である。スウェーデンでは、カール十二世〔在位1697–1718〕の絶対主義は持続しなかった。一七一九—一七二年の期間、上層貴族が国を指導した。一六名の議員で構成された元老院が執行権を行使した。彼らは、上層貴族の中から選出され、議会（Diète）の提案に基づき、国王によって終身議員に任命された。この元老院で、国王は二票分の投票権を行使しただけである。マブリはこの体制を理想化しているが、外国勢力の謀略が浸透しやすかった。とりわけ、ロシアは王権の強化を阻むためにあらゆる手段を尽くした。自由の時代と呼ばれる上記の期間はグスタフ三世〔在位1771–92年〕のクーデタで終焉し、絶対王政が復活する。〔マブリはこの期間を理想化しているが、〕現代の歴史家は停滞期と見なす。スウェーデン政体にマブリが向ける唯一の非難は、元老院議員の終身制である。実際には、政治危機の過程で議会の同意のもと、議員が除名された例はかなりある。マブリの著作では、いたるところで、このスウェーデン政体の賞讃に出会う。例えば、『ヨーロッパ公法』（*Droit publique de l'Europe*, VI, 373）、『歴史の研究』（*Étude de l'histoire*, 2e partie, chap. 6）。また、『立法について』では、一人のスウェーデン人がイギリス人に対して賢者の役割を果たす。セリュッテイ著『フランス人民のための覚書』（Cerutti, *Mémoire pour le peuple français*, 2e édition, 1788, p.58）には次のような記述がある。「マブリ師は、イギリスのシステムは一〇年ともたないが、スウェーデン元老院は永久に持続すると信じていた。彼がこんな立派な予言をしている著作の印刷がまだ完了していないうちに、スウェーデンの元老院は存在しなくなった。そのことを告げられると、マブリは『スウェーデン国王は国を変えることができるが、私の本はできない』と答えた。」しかしながら、マブリは『歴史の研究』で、次のようにも言っていた。「君主と議員たちが軍隊から愛され、尊敬される術を心得ていたら、やがて彼らは市民を恐怖させる存在になるのではないかと懸念している」（*Étude de l'histoire*, XII, 345）。それゆえ、マブリの〔スウェーデンへの〕信頼はそれほど単純なものではなかった。

（6）特にキケロの『法律論』を指す。

必ずどこかで間違っています。あなたの推論の中で私が疑わしく思う欠陥をはっきりとは指摘できませんが、それは私の無知か不器用のせいにすぎません。私は興奮と悔しさに駆られて、さらにつけ加えました。結局は、世の人々はあまりに愚かなので、哲学の原理によってではなく、むしろ型通りの行動や習慣でしか自己を統治できないのです。すると、卿は微笑みながらつけ加えました。それで万事はうまく運んでいるというわけですね。それに対して、私はこう答えました。この凡庸さこそおそらく人類の必然的な属性であり、多分われわれはそうあるべく決定的に運命づけられているのです。最善は善の敵であるとは昔から言い習わされていることです。万事がまあまあであれば、それで満足すべきでしょう。各市民に改革者（réformateur）の役割を果たす権利を認めれば、法律と為政者の権威を固めるどころか、社会の基礎を掘り崩すこと、少なくとも社会を危険な動揺にさらすことになってしまいます。その理論はあなたに善を約束しているかもしれませんが、その実行は悪を生むでしょう。法律と為政者があらゆる人の精神に吹き込むべき信頼感は揺さぶられてしまうでしょう。われわれはカオスに落ち込んでしまいます。私はとても同意できません。

ご立腹ですか。では、あなたの気持ちを鎮めるために、この権利を行使することは市民の義務だということ、それについてだけ補足しましょう。私は名誉にかけて、その権利を市民から奪うことは裏切りだと信じています。そして、さらに不都合なことに、最善は善の敵であるという立派な格言にもかかわらず、あなたは私に同調することになるでしょう。今度は私の方から、スタナップ卿、では頑張ってください、あなたは私にいろいろな国を見せてくださるでしょう、さあ参りましょう、私はあなたについてどこへでも行くつもりです、と申しました。

卿は私に言いました。もし私が、まず手始めにサリカ法（la loi salique）(7)と世界のすべての王座を転覆させる立派な改革プランを作るようにあなたに提案し、次にパリへ行って市中で大胆に自由を説き、地方で党派（des partis）を作り、共謀者（des conjurés）を募ることをあなたに勧めるとしたら、あなたは私にどう返事をされますか。スタナップ卿、それにはお答えしかねます、と私は言いました。けれども、一言でかまいませんからどうか答えてください、と卿は私に強く返事を求めました。どうしても答えて欲しいと言われるのですから、率直に申しましょう。私はあなたの英雄的な忠告に従うつもりはありません。それは危険を伴うことが私には明白ですし、その上私の国ではまったく無益なことですから、どうして私がそんな企てを試みるでしょう。この途轍もない、いわば崇高すぎる英雄主義（héroïsme）は、われわれフランス人の目にはただ滑稽

(7) 訴訟法および刑法典である。起源はファラモン〔Pharamond、五世紀に生きたとされるフランク族の伝説的首長〕に遡るとされる。ファラモンとフランク族との間に交わされた契約の原初的テキスト（310箇条）を含んでいた（Lacourt-Gayet, *L'Éducation politique de Louis XIV*, p. 323）。一三一七年の三部会では、この法律に基づいて、女性を王位継承権から除外するために、女性による土地の分割所有が排除された。十六世紀には、スペイン王の継承権を主張する一派はこの障害に衝突した。一五九三年、パリ高等法院の決定はサリカ法を基本法の数に加えた（Marion, *Dictionnaire des institutions*, art. *Loi salique*）。この公式見解は、十七世紀以後、法学者の全体によって承認された。〔訳者〕サリカ法の名称は、現在のベルギー地方に建国したサリ系フランク族の封建的慣習法に由来する。その法典の基本テキストはクロービス王の末年五〇八―一一年に成立したとされる。法典に含まれる「王位継承法」はヨーロッパ各地に大きな影響を与えた。

としか映りません。祖国と自由への愛を私が今以上に語っても、私はこの国では幻視家（visionnaire）[8]と見なされるだけでしょう。そんな評判ができてしまえば、もう決して大きな成功は望めないということは、あなたも認められるでしょう。この哀れな男は頭がおかしくなった、残念なことだ、と私の友人たちは言うでしょう。彼は良識があるように見えたが、お気に入りのギリシア人やローマ人[9]――彼らはもう小説や演劇の主人公にしか役立たないのに――の歴史を読みすぎて精神に異常をきたしたのだ、と言われるでしょう。私の国の最高職にある人たちは事態をもっと重く見るでしょう。私の正当な権利にもかかわらず、彼らは私を不敬罪（lèse-majesté）に問い、あの男の言うことはまったく狂気の沙汰だ、お慈悲から施設（les petites maisons）に監禁するしかないと言うでしょう。また、女たちはといえばこぞって、なんと馬鹿げたことを、私たちが日々快適にすごしていないとでも言うの、と大声でわめきたてるでしょう。彼女たちはあらん限りのご機嫌取りの中で自由気ままに暮らしており、一寸先のことは何も目に入らないのです。

スタナップ卿、あなたは笑ってみえますね。どうぞお好きなだけお笑いください。私には共に暮らしている人々がどんな人たちか、よく判っています。私は絶対間違っていません。あなたが認められる権利、あなたがその行使を義務とさえ見なされる権利を、もし私が実際に行使しようとすれば、愚かな建築家が泥と磨り減った石と腐った材木で丈夫な建物を建てようとするようなものだ、と非難の的になるでしょう。

分かりました、と卿は大声で答えました。でも、われわれはあなたが想像されているほどたくさんの国を尋ねることにはならないでしょう。というのは、私はあなたより勇敢でもなければ、不用心でもないからです。仮にあなたがあの東洋の国々（ces gouvernements de l'Orient）のどれか――そこでは人々は屈辱や隷従に慣れてしまい、法律があることも知らずただ命令を聞くだけで、敢えて考え行動することをしません――で生きているとしたら、私はあなたに、今は祖国に自由を取り戻すことを考えるような時ではありませんと言うでしょう。人間は絶対に自分の権利を喪失しません。しかし、理性は権利の追求を常に人間に命じるわけではありません。理性は時代と状況を考慮し、幻想を追い求めることを絶対に許しません。しかしながら、人々の心と精神の中にまだいくらかでも精気が残っている諸国民においては、理性はもっと大胆になっても、賢明さが失われることはないでしょう。社会と市民について書いたほとんどの哲学者がわれわれの権利と義務について非常に混乱した観念しか与えることができず、多くの改革者たちの提案が失敗に帰したのは、この区別をしなかったからなのです。あなたの同胞市民たちの偏見のために、人の反感を招くような不用心なやり方で、あなたがその権利を使おうとすれば、それは咎められるべきでしょう。逆に、人の気持ちをよく考え、節度、用心、配慮をわきまえて行動するならば、あなたは人からきっと評価されるでしょう。打ち明けて言えば、正確な慎重さが認める範囲を時にははみ出すことが、賢明な場合もあるのです。というのは、善良な市民が共和国の救済（le salut de la République）に絶望するのは、事態が終局を迎えてしまったときです。

（8）マブリは実際に「幻視家」という評判をとった。『文芸通信』（*Correspondance littéraire*, X, 333）は、「彼の政治的見解はほとんど常に古びた幻想に向けられる」と評している。　　リザール著『マブリ賛』、*Éloge de Mably*, par Brizard, I, 95）

（9）「彼はプラトン、ツキジデス、クセノフォン、プルタルコス、そしてキケロの哲学作品をほとんど暗記していた。」（ブそして、その期待が限度を超えたものであっても、それは時にわれわれ自身のうちにわれわれの知らなかった手段を発見させてくれることがあるのです。しかし、その状況判断をするのは天才（le génie）の役割でしょう。天才でなければ、状況を有利な方向に転換できないからです。

インドのある民族は、オランダ人がわれわれの国には王様（Roi）はいないと語ったとき、馬鹿げた御伽噺と受け取ったことをあなたは思い出されるでしょうか(10)。また、ブルーツスは、あの間抜けな悪党のトラシュブルをいったいどうするというのでしょう。トルコ人は裁判官の前に引き出されると、ただ震えるだけで、規則も手続きもなしに百叩きの刑にされても我慢している朴念仁です。ロシア人についても、事情はまったく同じと言わねばなりません。スペイン人が市民になろうとするなら、フランス人より慎重に行動しなければなりません。というのは、この国民は偏見と無知と怠惰に固まってしまっているからです。ところが、あなたの国民は活動的で、興奮しやすく、落ち着きがなく、心配性で、新奇さを渇望します。それに比べ、イギリス人にはなお自由人としての有利さがあります。しかし、もしイギリス人が、バスティーユ(11)を畏れるフランス人にならう私が賞讃する程度の勇気しか示さないのであれば、彼は裏切り者と呼ばれても仕方がないでしょう。スウェーデン人はといえば、完全な統治を手に入れるのに欠けるものはもはや何もないので、もしローマ人流の自由を愛さないとすれば、卑怯者に成り下がるでしょう。スウェーデン人は、熱心な努力を持続的に傾注し、［私が先に指摘した］軽微な欠陥を修正しなければ、その国制（gouvernement）は絶えず歪められ、ついには破滅に至るかもしれません(12)。

貴殿も想像されるように、スタナップ卿に身近に接し、その人柄に魅了された私は、昨日は簡潔にしか説

(10) シャルダンは『シャルダン騎士のペルシアおよびその他の地への旅行記』で、次のように書いている (Chardin, *Voyages du Chevalier Chardin en Perse et autres lieux*, Amsterdam, 1735, t. III, p. 312)。「ペルシアでは共和政体というものはまったく知られていない。それゆえ、ペルシア人はそのような統治形態がこの世に存在することを知らず、また存在しうることを理解することさえできない。その結果、オランダ人がペルシアに大使を送るとき、バタヴィアの将軍、あるいはオラニエ公の名において派遣する。」私は、この参照事項をジャン・ファーブル (Jean Fabre) 氏から教えられ、同氏に感謝している。シャルダンはさらに、同じ版の第一巻、三五七頁の注でまったく同じことを言っている。また、シャンフォールは『箴言と思索』(Chamfort, *Maximes et Pensées*, Paris, 1953, tome II, pp. 109-10) で、次のように書いている。「アメリカ独立戦争の渦中、スコットランド人は、フランス人に数名のアメリカ人捕虜を示しながら、あなたはあなたの主人のために、私は私の主人のために戦っている。でも、こいつらは誰のために戦っているのだろうか。」この印象的な言葉は、ペグー〔ビルマの首都〕の王様のそれに匹敵する。彼は、ヴェネチア人には王様がいないと知ったとき、笑いすぎて死ぬかと思ったと言う。

〔訳者〕シャルダン (1643-1713年) はフランス人旅行家。インドとペルシアを旅し、数年をイスパハンで過ごした。後にイギリスに移住し、イギリス東インド会社のオランダ駐在員となり、ロンドンで没した。シャンフォール (1741-94年) はフランスのモラリスト作家。機知に富む才子。貴族でありながらフランス革命に熱狂。しかし、恐怖政治に幻滅し、投獄され自殺。

(11) 〔訳者〕バスティーユは英仏百年戦争の時期にパリ防衛のために建てられた要塞であったが、ルイ十三世の時代に宰相リシュリューによって監獄に変更された。この監獄は、国王が裁判手続き抜きで「封印逮捕状」によって思想犯などを逮捕・監禁する特別な監獄であった。バスティーユをフランス人の畏怖の対象として名指している点は、マブリの時代認識における慧眼をよく示している。

(12) トルコ人、ロシア人、スペイン人、フランス人、イギリス人、スウェーデン人。これはマブリが自由の高まる度合いに従って定めた諸民族の順位である。トルコおよびその他のイスラム諸国の政治体制が最高度の専制であるという観念は伝統的であり、この観念の普及にはモンテスキューが大いに貢献した。また、一七五八年の時点で、バスティーユが専制政治のシンボルとして捉えられているのは興味深い。

明されなかった彼の教義をさらに展開し、どんな確実な原理――もしそのような原理があるとすれば――によって、市民は同胞たちの気持ちを測り、彼らの期待と不安を計算できるのか、そして、市民の権利の範囲、とりわけその義務の本質を判断できるのか、私のためにもっと詳しく分かり易く説明してくださいと頼みました。

どんな革命（aucune révolution）もまったく起こりそうにない国というのは、何世代にも渡って専制君主の瞬時の気まぐれな意思に屈服させられている国々だけです、と彼は私に言いました。無知が人々の精神にはびこり、嘆きや不満の声は内に秘められ、奴隷たちの叫びは情念のうちで最も強力かつ最も愚かな恐怖心によって押し殺されています。それゆえ、一人ひとりには自分の弱さ、あるいはむしろ自分の空しさだけが見え、それしか感じないのです。そのために、不幸な戦争、君主の廃位、大臣の殺害、兵士の反乱など――これらの大事件はトルコの様相を一変させ、情念の流れに新たな方向を与えて当然なのですが――が起こっても、王宮の外ではなんの変化も起こりません。しかし、まだこのように災厄の不動の極点にたどり着いておらず、人々の間になお法律が存在し、支配者の気まぐれに従うより法律に従うほうが有利な国家、恐怖に震えず主権（la puissance souveraine）を考察することができる国家では、主権が動揺する可能性があります。その動揺は、市民、行政官、あるいは君主の情念の果実であり、政府が自らの権威を固め永続させるために取ったさまざまな手段の結果なのです。そこではまだ国民という集合体（le corps de la nation）自身が立法者（législateur）ではありませんが、国民には自らを畏怖させ尊重させるだけの、自身の誇りに負うところのある種の重みがまだ残っています。一言で言えば、主権が新たな前進を目指そうとしても、さまざまな障害にぶつかり、歩みは遅らされるでしょう。その結果、主権は揺さぶられ、移動させられるでしょう。ですから、革命（les révolutions）はなお可能であると私は信じるのです。良き市民は希望を捨てず、自分の地位、力、才能に応じて、この革命を祖国に有益なものにするために働く義務があるのです。

人民が自分の服従する法律を自分自身で作る主権者（souverain）である場合にも、絶えず自由を堅固にし、政体に加えられるごく些細な過誤をも修正する努力を止めるならば、人民はやがては絶対君主（monarque absolu）や少数の特権的家族に従属することになるでしょう。なぜなら、法律の執行を監視するためにその地位に就いている行政官たち（les magistrats）は、服従を旨とし公共の事柄に疎い一般市民に対し非常に有利な立場にあるからです。例えば、フランスのような君主政国家において、臣民たちが無思慮で事件や情念に不用心に身を委ねるならば、専制政治（le despotisme）はその企てにおいて日増しに自由を獲得し前進し続けるということを決して疑ってはならないのです。私の同胞のあるイギリス人は、仮に疫病のペストがさまざまな公職、威厳、名誉、特典、分配すべき年金などを持っているとしたら、やがてペストを支持する神学者や法律家が現れ、ペストには神権（droit divin）がある、ペストの侵食に反対することは罪であると主張するだろうと言いました(13)。この言葉を私は名言だと思っています、と卿は付け加えました。さらに注意していただきたいのは、畏怖、怠惰、貪欲、浪費、威厳と奢侈への愛着心のような専制政治の成功に好都合な情念は、魂の勇気、習俗における謙虚さ、節制と勤労への嗜好、公共善への愛が稀であるのと同程度に、万人共通なのです。

他方、自由な人民は自分を脅かす危険に十分対処せず、ときには安心しきって眠り込んでしまいます。君主政の国では、お偉方たちは隷属に向かって走り、傲慢な小ブルジョワたち（de petits Bourgeois）は卑屈な宮廷人の言葉遣いを真似れば、それで自分たちの地位が高まると信じています。ですから、自由が密かに攻撃されているとき、見張りに立ち、自由の救助に向かい、専制政治の前進を阻むために防壁を建てることは、誠実な人間の義務なのです。まず、現在なされていることがこれからなされるべきことの規則でなければならないとか、現在の統治原理は非常に賢明なものなので、問題はただ弊害を正すことだけである、[14]と信じないようにしましょう。[i]それこそ社会にとって、最も一般的で最も危険な誤謬です。この誤謬こそほとんどすべての統治の進歩にとって永遠の障害でした。それは奇妙な設計図に基づいて正常な建物を建てようと望むようなものです。人間というものは実際のところ非常に愚かです。悪の流れを止めたいなら、それを生み出す水源に遡りなさい。その水源を涸れさせたいなら、そこへ流れ込んで来る水の向きを変えねばなりません。そんなことはどんな粗野な農民でも思いつきますが、われわれの最も巧みな政治家たちの精神には考えも及ばないのです。あれこれの国制から必然的に派生する弊害を抑止するために、彼らはそれを禁止する法律を定めて満足するのです。途方もない無知の中にうずくまってはなりません。善意ある人々は、われわれを鉄鎖で縛るようにくびきに縛り付ける偏見を打破するために働かねばなりません。最低の人々にも人間としての尊厳を知らしめましょう。自然法（les lois naturelles）の研究を軽蔑してはなりません。われわれ自身を啓蒙しましょう。[15]強力になりすぎ平然と法律を犯す政府、どんな些細な抗弁も処罰せずにはおかない政府でも、[ii]自分たちの権利と義務を学んだ市民に対しては畏怖の念を抱くでしょう。もし公衆が愛国者を評価し尊重するようになれば、共和国の為政者たちがやがて自ら熱心な自由の擁護者となるでしょう。彼らの間に自ずと護民官（des tribuns）が生まれてくるでしょう。君主政は今後なお動乱の試練にさらされるでしょうが、もし国民が啓発されていれば、法の権威を愛する臣民がその勢力を広げていくでしょう。他方、専制政治の側はつねに動乱（des révolutions）を利用して、無知で愚かな者たちに対しそのくびきを重くしていくことでしょう。

しかし、自由へ向かって進むには、自らの持てる力、手段、可能性、そこに至るまでの距離に応じて、違った道を採らねばなりません。私がここからパリへ行こうとするなら、と卿は言いました。両足をそろえて一挙にそこまで跳ぼうとはしないでしょう。私は一歩一歩進み、馬車道へ出るでしょう。そこから、まずシャントゥコ山を越えヌーイ橋を渡り、危険も疲労もなくパリにたどり着くでしょう。われわれの魂は霊的

(13) これはイギリス人のトーマス・ゴードンである。ゴードンは『タキトゥスについての歴史的批判的政治論集』(Thomas Gordon, *Discours historiques, critiques et politiques sur Tacite*, trad. en 2 vol., Amsterdam, 1742, I, 174) において、次のように書いている。「神様がペストに薬を用いることを罰則で禁止したということを、私は一度も聞いたことがない。私はその理由を見つけたと思う。ペストには、追従者に褒章で報いるための財宝も権威もないからである。もしこの禁止が宗教の一箇条となる値打ちがあったとしたら、すなわち、そのような教義が権威と信用に通じる道であったなら、それは教義として確立されるだろうことを、私は疑わない。」エルヴェシウスも、同じテキストを『精神論』の中で引用している (Helvetius, *De l'Esprit*, Londres, 1781, II, 161)。

(14) この文章は決定的であり、そこから、マブリの革命的精神を語ることができる。

(15) 百科全書派と対立したマブリは、啓蒙主義哲学において別の潮流を代表する。

（spirituelle）ではありますが、肉体同様、鈍く重いところがあるのです。あまりに長い急速な競争は肉体の諸器官を疲れさせます。そして、私の魂は習慣的に馴染んでいる思想からあまりに急激に遠ざかると、魂はいわば後戻りすることになるのです。魂は未知の領域に置かれると、不安になるからです。人間精神の歩みと情念の作用を研究し、実行できないようなことは何も提案してはなりません。例えば、われわれイギリス人は今日に至るまで、王権（la puissance Royale）についてあまり明確な観念を持っていません。われわれは大権（prérogative）の名のもとに君主（prince）にあまりに広い権限を残してきたため、[16]いつか王制（la Royauté）の廃墟の上に共和国を樹立することは容易ではないでしょう。われわれはローマ人のように自らを治めるにはふさわしくないのです。この点では、あなた方フランス人はわれわれより目標からさらに遠くにいます。確実に前進するためには、まずわれわれ〔イギリス人〕が今享受している同じ自由の獲得を目指すのです。すなわち、かつての全国三部会（vos anciens États Généraux）が議会として再建されることを目指さねばなりません。

クロムウェルがチャールズ一世の追い求めた専制政治に反対して立ち上がったのは、ただ野望と狂信からだということを私は知っています、と卿は続けました。一人の暴君（tyran）がもう一人の暴君を罰したのです。[17]しかし、仮に彼が、国民の友（ami de la nation）として彼を将軍にした議会に常に従順で、公共善と自由への愛が彼の企ての魂であったとしても、私は彼が王制（la Royauté）を破壊しようとしたことを非難するでしょう。それは公衆の気質と衝突し、人々の精神を脅えさせました。なすべきは、国王大権を特に危険なものとしているあまりに曖昧で広範な諸権利を奪い、大権を縮小することであり、そこに限定すべきでした。そうすれば、わが共和主義者たち（nos Républicains）は公衆の願望に助けられたことでしょう。彼らはあまりにも長い距離を一挙に飛び越えようとして誤りを犯したのです。彼らがあまりに先へ進んだために、彼らについていけない国民は、やがてその視野から彼らを見失いました。クロムウェルの死後、国民はチャールズ二世に、彼の父が奪い取ろうとした以上の権力を与えました(18)。その後、われわれはジェームズ二世を追放し、今度は逆の行き過ぎに落ち込みました。馬鹿げたほどの用心深さに邪魔され、われわれの力がわかりませんでした。幸福に向かって一歩一歩着実に前進するという精神がわれわれには欠けていました。

---

(16) ロックは『市民政府論』(*Essai sur le gouvernement civil*) で、次のような定義を行っている。王の大権(prérogative)というのは、「予想外の不確定な状況から発生する、それゆえに固定された不変の法律では確実に処理できないさまざまな事態において、君主が公共の福祉に備えるために彼に委ねられた権限である」(§158)。また、一六八節では、次のように言っている。「法律の規定外で、時には法律に逆らって、自らの判断で行動するこの権限が大権と呼ばれるものを構成する。」

(17) クロムウェルに対する評価は、十八世紀も、十七世紀と同様甘くなかった。ジュリユー〔1637–1713年、フランスの神学者、カルヴァン派の牧師〕は、『牧師の手紙』ですでに彼を断罪していた (Jurieu, *Lettres pastorales*, III, 411)。レーナル師によれば、彼は「名うての悪党」である (L'abbé Raynal, *Histoire du parlement d'Angleterre*, Londres, 1748, p.250)。プレヴォ師の『クリーヴランド』も参照 (L'abbé Prévost, *Cleveland*)。

(18) この記述は正確ではないようである。マコーレー(Macaulay)から引用しているプラントゥーの『イギリス史』を参照。「チューダー朝、およびスチュアート朝初期において、大臣になるためには、巧みな追従者でなければならなかった。チャールズ二世の治下でも、議会の好意を手に入れるため、巧みな論客でなければならなかった」(Prentout, *Histoire de l'Angleterre*)。チャールズ二世(在位1660–85年)は当初、議会とともに統治した。彼が下院を解散したのは一六七八年であり、その後、フランスとの同盟関係や王弟、すなわち未来のジェームズ二世の過激なカトリックへの執着心を心配する世論に敵対した統治を試みた。

われわれは軽率にも、王制の欠陥を咎める代わりに、国王自身を攻撃しました。われわれは、王位を奪われ、追放され、さ迷える王の有様を見て子供のように喜び、ジェームズへの憎しみだけを満足させて、すべては旧態依然のままに放置しました。すなわち、われわれが蜂起せざるをえなかった当の国制、たまたまオレンジ公の野心に助けられたからよかったものの、さもなければ蜂起が失敗したかもしれない当の国制を、継承権を除いてほとんどすべて後生大事に保存したのです。

　われわれは自由を堅固にできたはずです。なぜなら、国民の精神（l'esprit de la nation）はクロムウェル以前の時代よりはるかに準備ができていたからです。ところが、われわれはスチュアート家を失脚させましたが、代わりにハノーヴァー家にわれわれの恐れる権力を渡してしまいました。そして、われわれを服従させておくにはもっと巧妙でなければならないことを彼らに警告しただけなのです[19]。われわれ自慢の哲学精神（l'esprit de philosophie）にもかかわらず、わが作家たちのせいで、われわれはいつかその犠牲になるかもしれない多くの惨めな考えに今もしがみついています。われわれが必ず立ち戻ることを習慣としているジョン王の『マグナ・カルタ[20]』は、かつてはわれわれが自由になるためには卓越したものでしたが、今では自由を堅固にするためにはそれを踏み超えて行かねばなりません。そのことをしっかりとわれわれの精神に刻んでおく必要があります。そして、国家の必要に応じて認められる財政や徴税の配分と操作、栄誉や公職の勝手な処理で権力の行う買収行為、市民軍（les milices）に対する王の影響力を増大させる戦争と和平の決定権、議会を召集し、分離し、解散させる権能、われわれの法案への同意によって法律の制定に協力する権能——国王はそれによって法を侵犯することも、法の効力を回避することもできます——などを、国王の手から少しずつ奪っていく必要があることを常に心に留めていなければ、そして、以上の絶対に欠かせない改革（réformes）を怠るならば、いつまでたってもわれわれは実りのない革命（des révolutions）しかなしえないでしょう。われわれはハノーヴァー家をドイツへ送り返し、ヨーロッパ中から王位継承者を募ることもできるでしょうが、そんなことは何回繰り返しても同じで、結局は巧妙な野心家の王侯に騙されるだけでしょう。

(19) マブリのこのペシミスムは歴史の確認するところではない。ジョージ一世・二世（1714-60）のもとで、ウィリアム王のときにはなお強力であった王政はますますその権威を失い、議会が強力になった。この二人の王のハノーヴァー選帝侯国への執着心が不信の原因であった。ジョージ一世は英語を話すことさえできなかった。王権は、寡頭制〔議会〕と王政との間で一六八八年に交わされた『権利章典』によって制約されていた。国王は、議会の承認なしに、軍隊を増強することも新税を課すこともできない。なんらかの法律を廃することも判事を解任することもできない。ジョージ一世以後、両院で可決されたいかなる法案に対しても、国王が承認を拒否したことは一度もない。しかし、国王の権限がかなり重要であったことは事実である。議会は国王に生計費の目録の提出を認めていた。生計費には、国王個人の生活費のみならず、民事的出費も含まれていたので、国王は年金を下賜し、選挙に影響力を行使できた。大臣の給料の一部は国王が支払っており、大臣を解任することができた。また、ジョージ二世は、議会の意見、世論を無視して、しばらくウォルポールの解職を拒んだ。特に、国王は軍と外交を統制しており、顧問官の意見を聴かず、直接将軍たちに命令を下すことができた（Basil Williams, *The Whig Supremacy* (1714-60), pp. 15 et sq.）。〔訳者〕ハノーヴァーはドイツ北西部の一領邦で、公国。一六九二年神聖ローマ皇帝レオポルト一世から選帝侯国の位を与えられた。一七一四年、アン女王の没後ハノーヴァー選帝侯がジョージ一世となり、イギリスのハノーヴァー朝が始まった。ハノーヴァーとイギリスはジョージの同君統治国であった。

(20) この章典（1215年）は長い間、イギリス議会制度の起源とみなされてきた。現代の歴史家の幾人かはこの命題を疑問に付している。プラントゥー『イギリス史』（前掲書）参照。

スタナップ卿の言葉を信じるなら、われわれの状況がどれほど絶望的に見えようと、われわれはイギリス人がその自由を利用するより、もっと有利にその状況を利用できるでしょう。われわれには支配者（un maître）がいるということを驚くほどはっきり感じています。われわれはそのことを日々体験しています。それなのに、われわれはフランスの自由を語り、奴隷であることを望みません。それではまるで、人民が自ら立法者（législateur）となり、賢明な措置によって為政者を法律の器官（l'organe des lois）、法律の忠実な代行者（ministre）に変えなくても、人民が自由になる方法は別にあると考えるようなものです。自由が終わるところで必ず専制政治が始まるということは真実でないと考えるようなものです。事物の本性に反して、われわれは自由な統治と恣意的権力との中間形態をなす空想的君主政（une monarchie chimérique）を勝手に想像し、それを一種の合理的存在とみなして自分たちを慰めるのです。君主は立法主権者（souverain législateur）であるとわれわれは言いますが、それでは彼をわれわれの主人（maître）と認めることです。ところが次に、彼には法律に従って統治する義務があるとつけ足し、実際には彼はただ法律に服従しているだけであると自慢し、そうしてわれわれは専制政治との間に不可侵の障壁を設けていると信じるのです[21]。それらすべては根本において滑稽です。現に在るものはすべて貴重であるという馬鹿げた格言に安んじてはなりません。いかに強力な団体〔以下の高等法院を指す〕といえども、懇願と諫言によらずに、このくだらない格言の不可解な意味を弁護できるとは思っていませんから、この格言が、あくまで頂点に立って統治しようとする頑迷で狂暴な野心家、権威に執着する君主を阻むことはないでしょう。このわれわれの教義はまったくの偽りですが、スタナップ卿はそれこそ専制政治に対するわれわれの反感あるいは嫌悪感の証拠と見なしています。彼の予想はそれほど間違っていないでしょう。卿の言によれば、われわれは自分たちが奴隷であることを認めるより、間違った推論をして無分別な言葉を並べて満足するほうを好むのです。この格言の誤りとそれがわれわれに与える勇気のようなものは、幸運な状況において善良な市民に公共善に役立つ真理を示し実感させるのに役立ちうるのです。

あなたのところの数名の狂信的な司教たち——余談ながら、彼らは私の国の司教と比べて、意地悪なのは同じですが、はるかに無知です——が引き起こした最近の騒動[22]では、あなたの国の法官たち（gens de loi）は大変な勇気と賢明さを示したと私は思います。しかし彼らは、国民全体はまだそれを理解し評価ができないと考えたために、知っているはずの自然法の大原則には遡らず、国王に向かって次のようには言いませんでした。「あなたは何者なのですか。今のあなたがあるのは国民がそうしたからなのです。あなたの権利が由来するユーグ・カペー[23]は、われわれ同様、臣民でした。彼は国民によって王として認められたのです。もし

(21) この見解は議会が主張する教義をかなりうまく要約している。議会は国王が「立法主権者」である権利を否定したことは一度もない。また、議会は一七七一年まで、神授権（le droit divin）を承認している。ビカール著『十八世紀における諸議会と国民主権の観念』（Bickart, *Les Parlements et la notion de la souveraineté nationale au XVIIIe siècle*, p. 15）参照。マブリの見地は一定していない。なぜなら、この先で、議会の作戦をあからさまな賞讃の対象とするからである。

(22) 「最近の騒動」にかんしては、〔巻末のルセルクル氏の〕解説二四八—二五四頁を参照。

(23) 〔訳者〕フランス王（在位987-96年）。カペー朝の祖。カロリング朝断絶後、フランス王に選出された。王領は分散し、しかも狭く、王権はパリ周辺にしか及ばなかった。

そのことを無視されるならば、国民はあなたの一族に対し、シャルルマーニュの一族が経験したのと同じ運命を経験させることができるでしょう(24)。フランスはあなたのものではありません。あなたがフランスのものなのです。あなたはフランスの人間であり、フランスの検事総長であり、フランスの財務長官なのです(25)。あなたの父祖たちは、不意打ちと狡猾と野心によって立法権を簒奪しました。簒奪が成功したからといって、あなたが自分の行動の規則として自分の勝手な喜びしかもはや認めないとき、人民がもはや時効のない永遠不変の自然法を要求できなくなるほど、あなたの資格は神聖で尊重すべきものなのでしょうか。」ところが彼らはただ、わが国には基本法がある、君主もそれに従う義務があると主張したにとどまりました(26)。いわば、彼らは、人々の精神状態を探り、どこまで前進できるかを見定めようとして、封印逮捕状(27)に反対する言葉をいくつか、できるだけ漠然とした表現で口ごもりながら述べただけでした。しかし、彼らは臣民の生まれながらの自由(la liberté naturelle)という言葉を用いました(28)。彼らはまた、法律の〔強制されない〕自由な登記は

(24)〔訳者〕シャルルマーニュ(独:カール大帝、英:チャールズ大帝)はカロリング朝フランク王(在位 768–814)。ゲルマン民族の政治的統一を成し遂げ、西ローマ帝国皇帝(在位 800–14)となった。「シャルルマーニュの一族が経験したのと同じ運命」とはカロリング朝断絶を指す。シャルルマーニュの死後、フランク王国は三分され、カロリング朝は西フランク(フランス)で存続したが、九八七年に血統が途絶えた。

(25)〔訳者〕フランス国王の地位に関するこの定義は、フランス革命が生み出した『一七九一年憲法』が国王に与えた定義、フランスの王ではなくフランス人の王とするという条項(第三篇・第二章・第二条)の趣旨を想起させる。

(26) 高等法院が王権に面と向かって権利を主張するのは、一七

五三年四月九日と一七五五年一一月二七日の大勧告（les grandes remontrances）においてである。十七世紀から引き継がれた、国王も違反できない基本法の学説は十八世紀には広く行き渡っていた。高等法院は、一六六七年ルイ十四世の示唆で公刊された『王妃の権利について』（*Traité des droits de la Reine*）を巧みに援用し、基本法について次のように述べた。「国家の基本法は、君主とその子孫、臣民とその子孫、これら両者を永遠の相互的な絆によって結びつける。それは、一種の契約（contrat）によって君主（le Souverain）の統治と人民（les peuples）の服従を命じる。それはまた、両者が相互に助け合うために交わした荘重な約束（engagement）である。」そこからさらに、高等法院は一方の主権と他方の自由との間の、相互義務の観念を導き出す（Flammermont, I, 522)。「王と国家と法律は、臣民の正当な自由の見地から見て、不可分の全体をなす」（*ibid.*, 525)。高等法院は同じく、恣意的統治と基本法を尊重する正当な統治とを対置するボシュエの『聖書から導かれる政治学』からも引用している（Bossuet, *Politique tirée de l'Écriture sainte*)。「君主の意思以外の法を持たない恣意的統治というものは、完全に文明化された諸国家（les états policés）には存在しない。」しかも、高等法院は、基本法の不可侵の性格を喚起するため一七五〇年代の危機を待っていたわけではない。「王政と同じくらい古くから、定まった不可侵の法律が存在し、それは王冠とともにあなた〔陛下〕に委ねられたのである」（一七一八年の勧告。Flammermont, I, 94)。この基本法そのものはかなり漠然としたもので、サリカ法を除けば、文書の形のない慣習に基づいていた。高等法院が基本法を正確な一覧表にまとめるのは一七八八年になってのことである（ビカール Bickart、前掲書、37頁参照）。

(27)〔訳者〕アンシャン・レジームのフランスにおいて、国王は自分の印を捺した逮捕状を警察署長に直接手渡し、自ら名指した人物を裁判なしで投獄することができた。「封印逮捕状」は「バスティーユ」とともに、ルイ王朝の専制支配のシンボルであった。

(28)実際、この時期全体を通じて、パリ高等法院が行った勧告の中には、封印逮捕状に対する明白な言及はない。しかし、恣意的な逮捕に対しては抗議を表明している。フロンドの乱のときには、高等法院はすでに人身提出令状（habeas corpus）を要求した。また、法律を定めることは国王に、法律の執行は行政官にのみ属すると主張した（この時期、執行権と司法権が明確に区別されるのは極めて稀である）。臣民の自由という言葉はしばしば名指しで用いられている。

立法の欠くべからざる本質的要素であるとも主張しました[29]。ここには、今後成長する芽があります。そこからやがて果実が実るでしょう。それは真理には弱すぎる微光ですが、晴天の到来を予告する曙光かもしれません。

私も高等法院（le parlement）にとても好感をもっております。それで、スタナップ卿の考えに深く共感しましたので、彼の言葉をさえぎり、あなたはわれわれの法曹界の人たち（gens de robe）を褒めすぎです、とは言えませんでした。彼らは確かに、多くのことを知っていますが、自然法の最もありふれた原則については途方もなく無知です。しかし、率直に言って、スタナップ卿の教義は理性にかなっているとは思えましたが、私はなお動揺させられたに留まり、確信が人の心に与える落ち着きを見出してはいませんでした。私の知るすべての博士たち、すべての法学者たちのことが頭に浮かんできました。私は彼らの論拠で理論武装し、スタナップ卿にいくつか難題をぶつけました。私のこの乱雑な手紙はすでに長くなりすぎています。もうすぐ郵便が出てしまいそうですので、対話の続きは、次の手紙でご報告します。さようなら。貴殿を心から抱擁します。

マルリにて、一七五八年八月一二日

(29) 一七五五年一一月二七日の勧告は、国王の立法権は高等法院によってしか執行されえないという理論を、長文で展開している。「正義と不可分な、というよりはむしろ、わが国王においては正義そのものであるこの立法権が、不可侵の公的権威をもって生じ、語り、行動できるのは、高等法院を通じることによってである」(Flammeront, II, 87)。君主と高等法院は同体をなす。「陛下、あなたは頭であり、高等法院の司法官たちはその四肢です」(*ibid.*, 32)。高等法院は登記の権利のみならず、勧告権、さらに法律の修正権を擁護している。

〔訳者〕フランス絶対王政において、立法権は国王のものであったが、国王の勅令が法律となるにはまず、パリ高等法院に登記される必要があった。十三世紀にまで遡る高等法院は、国王に代わって裁判を行う高等裁判所であると同時に、法律の保管所の機能をも兼ねていた。すべての勅令は高等法院の登記簿に記録され、法律として成立する。国王から登記の要請があると、過去の法律と矛盾しないかなどの審査を行い、問題がある場合には国王に勧告を行う。国王があくまで登記を望む場合、直接パリ高等法院に乗り込み、親臨法廷を開き、法官たちに登記を強制する。パリを含め十二の主要都市にあった高等法院は、売官制によってブルジョワから成り上がった法服貴族の強力な組織であり、王権としばしば対立した。「最初のフランス革命」と呼ばれる「グルノーブルの屋根瓦の日」の事件(一七八八年六月七日)は、国王の強制登記に反対するグルノーブル高等法院と市民が国王代理官と国王軍を撃退した事件である。

第三の手紙

第二の対話の続き。スタナップ卿に提出した反論と彼の回答。

貴殿は、私とスタナップ卿との二回目の対話の続きを待っておられたことでしょう。それがこの手紙です。この哲学者に私は言いました。私はいくらか恥ずかしく思うのですが、あなたの推論の力に打ち負かされたことを認めざるをえません。しかし、古い偏見は、特にそれが体系のようになった場合には、わずか一日で頭から退散してはくれません。私は習慣から自分の偏見に固執してしまいます。そして、それらを棄て去ることにはいくらかためらいを感じます。スタナップ卿、代わりに妥協案をあなたに提示したいのですがいかがでしょう、と私は言いました。古代の哲学者たちは長い試練で賢明さと慎みが試された弟子にだけ自分の奥義を明かしましたが、それに倣って、大衆にはわれわれの原理を隠し、賢明な人々にだけ国制改革の権利は認めることにしてはどうでしょうか。

卿は、それこそ私の同意できない前提条項です、と冷淡に答えました。なぜなら、真理が知られすぎ、広がりすぎて、陳腐化することはありえないからです。私は、分かりました、人間が悪用できないいくつかの真理については同意しましょう、と答えました。しかし、スタナップ卿、権利について理性を啓蒙しようとして、あなたは情念に新たな養分を与え、情念をより不安、より猛烈、より制御しがたいものにしないか、心配すべきでしょう。昨日あなたが人間の愚かさと悪意について明らかにされた原則を思い起こしていただきたいのです。彼らの理性はひ弱です。より強力な彼らの情念は理性を屈服させ、ほとんどいつも理性を制圧してしまいます。われわれは善を冷淡に眺めていることになるのです。善を愛するように仕向けるには、技術を用いねばなりません。もし事態が正反対ならば、すなわち、人間は善より悪に傾く性向のほうが強く、悪のほうにより簡単に引きずられるのでなければ、あなたの教義に不都合な点はまったくないでしょう。人々は、あなたの求めるように格率を修正し警戒心をもってそれに従うでしょう。しかし、これらの有益な格率も大衆（la multitude）の中に広まるならば、大多数の人々はその意味を十全に理解する精神を持っておらず、あなたの政治学は間違いなく、彼らを暴動に駆りたてる口実の役割を果たすでしょう。どんな小さな反抗も、情念が理性と義務の言葉を借りる結果、それだけいっそう危険なものになるでしょう。大臣たちは軽率で不公正、その上彼らを無知と見なす習慣がいきわたってしまっています。有益なことは何も決められないまま、人々は現状を嫌悪するだけになるでしょう。ですから、結局のところ、無政府状態よりは現状のままのほうがまだましなのです。そのことはすでにあなたに申しましたが、もう一度言わせていただきます。人民が垢まみれの無知を抜け出し、生半可な知識を持つと、傲慢で反抗的になるでしょう。また、大貴族たちは召使のように平伏していることに嫌気が指し、暴君になろうとするでしょう。どこを見ても、公共善にとって不吉な動乱（des commotions funestes）しか目に入りません。私はこの理由であなたの考えには絶対反対です。スタナップ卿、正直に言って、あなたの言う改革の権利を哲学者だけに制限したとしても、困ることは何もないのではないでしょうか（1）。

ところが、それこそかなり重大な誤りなのです、と卿は言葉を継ぎました。あなたの意見ですと、哲学者でなければ市民ではないことになります。彼は偏見の中で生きていかなければならないのでしょうか。彼が自力で真理を見つけることが難しければ難しいほど、急いで彼に真理を示さねばなりません。社会の幸福は、哲学者にも、そうでない人々にも、共通ではないでしょうか。彼らの権利はどうして等しくないのでしょう。近代の諸国家には、財産のない人々が無数におり、彼らは自分の器用さ（industrie）だけで生存し、いわばどんな社会にも所属していないのです。あなたの希望に沿って私にできること、それは無知と教育環境と卑し

（1）真理は人民に隠すべきか。スタナップ卿はこの「誤り」に反論していく。啓蒙思想家がしばしば論じたテーマである。フィロゾーフたちは、狂信と無知で愚鈍になった庶民が追随できない、啓蒙された少数者であることを自覚していた。ルソーもフィロゾーフが相反する二つの教義、大衆に対する公然の教義とエリートのための密かな教義を持っているとして、繰り返し彼らを糾弾した。『一七五一年、彼の論説に対してなされた返答についての、ジュネーヴのJ.-J.ルソーの考察』（*Observations de J.-J. Rousseau de Genève sur la réponse qui a été faite à son discours*, Pléiade, III, 46）を参照。また、『クリストフ・ド・ボーモンへの手紙』も参照。「この率直さは公衆には不適切だというのか。真理をすべて語るのは良くないというのか。良識ある人間があなたのように考えるのは良いが、庶民が同じように考えるのは良くないというのか。四方から誰もがこう私に叫ぶのだ」（*Lettre à C. de Beaumont*, Pléiade, IV, 966）。ルソーが「四方から」というのは、つまり、狂信家たちと同様、フィロゾーフもという意味である。同様に、『孤独な散歩者の夢想』の「第三の散歩」において、ルソーは、「このもう一つの密かな惨いモラル、他方のモラルはそれを隠す仮面として役立つ彼ら専門家だけの内面の教義」（*Troisième promenade*, Pléiade, I, 1022）と書いている。この問題はロラン・モルティエの論文「秘教主義と啓蒙」（Roland Mortier, *Ésotérisme et lumières*, in *Clarté et ombres du Siècle des lumières*, Droz, 1969）の中で扱われている。

い仕事のせいで改革への意思をまったく持ちえない公衆、この奴隷のような連中にとって、改革というこの恐るべき権利が義務とはならないようにすることだけです、と卿は微笑みながら続けました。その上、こういった連中にさらに、精神の弱さのために習慣でしか行動できない連中を加えなければなりません。愚鈍な、あるいは一般に社会の屑（la lie du peuple）と呼ばれる連中に対して私が寛大であるとすれば、ものを考える人々、考えなければならない人々に対して私は厳しいのです。これが私のぎりぎりの回答です(2)。

これから、あなたの反対意見を一歩一歩検討していきましょう、と卿は続けました。もし私があなたの提案している妥協案に同意するなら、私の教義は哲学者たちの手中で無益と化すでしょう。なぜなら、彼らはたいてい、もの分りが悪く、非常に怠惰で、自分のこと、あるいは有益というよりむしろ奇妙な自分の理論だけに拘泥するからです。しかし、仮に彼らが要職にあり、公共善への愛にあふれているとしても、もしわれわれが奥義を明かし、知識を普及することが禁じられているとしたら、これらの哲学者王や大臣たち（ces philosophes princes ou ministres）は、彼らの改革の展望を補助する準備のできた精神の人々を見つけることがまったくできないでしょう。

変化を熱望しないならば、国民は自分の欠点を絶対に直そうとはしません。そして、国民が変化を望むことができるのは、国民が啓蒙され、自分に不足しているものは何かを知り、現状とより有利な別の状況とを比較できる限りにおいてなのです。もし国民が、社会の最重要な真理、目的、目標、要するに公共善を保障し国家を繁栄させるのに最も有効な手段を知らないならば、国民は変化を偶然に委ね、自分の不幸を減らすこともできず、ただ不幸を別の性質のものに変えるだけでしょう。国民は、自分の惨めさの中にうずくまることに慣れ、方針を決めることもできないので、ついには自分を矯正する能力もなくしてしまうのです。無知な民衆（un peuple ignorant）[1]は、またとない有利な事件に遭遇しても無駄で、それを活用することをまったく知りません。革命（des révolutions）が起こり、善事が生まれずにはいないような動静（mouvements）の真っ只中にいても、民衆は運命にもてあそばれるだけで、運命を導こうとはしません。民衆はただうんざりし、退屈し、疲れているだけです。[2]展望も計画も、悪や善や最善の観念もありません。民衆は習慣の重圧によっていつも出発点に連れ戻されてしまうでしょう。

人民が無知であることを望む人がいます。しかし、留意してください。自由を恐れる国に住む人たちだけが、そんな奇想を抱くのです。地位のある人々にとって無知は便利なのです。彼らは労せずして騙し、抑圧します。彼らは人民を傲慢と呼びます。人民がいつも愛想よく彼らの傲慢さを我慢しないからです。彼らは

（2）社会の底辺の肉体労働階層に対する蔑視を、マブリはしばしば表明している。例えば、『ヨーロッパ公法』（*Droit public de l'Europe*, VI, 525）、『ローマ人についての考察』（*Observations sur les Romains*, IV, 288）、『フォキオンの対話』（*Entretiens de Phocion*, X, 120–1）、『合衆国政体についての考察』（*Observations sur le gouvernement des États-Unis*, VIII, 352）などを参照。より一般的に、マブリは無知な大衆（la multitude ignorante）を軽蔑する。『諸情念の流れと進行』（*Du Cours et de la Marche des passions*, XV, 166–7）を参照。マブリは、納税額に基づく制限選挙制の理論的基礎を準備した。この賎民や社会の屑に対するマブリの蔑視は、古代社会に起源があるが、啓蒙の哲学においては頻繁に見られる。プルースト著『ディドロと百科全書』（Proust, *Diderot et l'Encyclopédie*, Paris, 1962, 477–8）を参照。〔訳者〕なお、当時の識字率は三割程度と推定されている（服部・長谷川著『近代フランス史』、ミネルヴァ書房、1793年、42–3頁）。

人民が不満を言うといって処罰します。人民の不満は牛馬のように扱われることを拒むからです。いわゆる危険な動乱——危険なのは人がそれを利用しようと意図しないときだけなのですが——と称するものを防ぐために、何をしても許されると信じている政府の不正に身をさらすことが賢明なことでしょうか。それも、まったく処罰されないことが期待できるときに。確かに、市民たちが間抜けで、愚かで、何も知らなければ、市民たちは平安に暮らすだろう、と私も思います。けれども、私やあなたにとって、こんな平安にどんな意味があるのでしょう。それは麻痺患者の諸器官を縛り付ける痺れに似ています。あなたの召使があなたに仕えるように、あなたの市民は卑しい傭兵のように国家に仕えるでしょう。彼は服従するでしょう。貧窮の連続と我慢が彼を愚鈍にしてしまうからです。しかし、この麻痺状態、この愚かな忍耐、この死にも似た不幸な平安、こんなことを目標にして人間は結集したのでしょうか。それが社会の幸福と力を作るでしょうか。あなたは、冷たいミイラが良き市民となることを望むのですか。

あなた方フランス人は、毎日が平穏無事に過ぎないと、もう破滅だと思い込んでしまいます。ロンドンへ行くためにカレーからドーヴァーを渡るとき、必ず嵐に遭遇せずにはすまない、とあなた方は信じています。それはあなた方が船酔いしやすいというだけなのです。同様に、あなた方は国内のどんな小さな騒ぎを見、どんな些細な不平を聞いても、それは市民が殺し合う内乱の前夜なのだと想像します。それは、あなた方が軽薄な趣味に心を奪われ、何が社会の真の幸福を作り出すのか、そのイロハも知らないからなのです。私の聞いたところでは、聖職者と高等法院との最近の争いで、あなた方は最悪の無政府状態に落ち込んだと思われたようです。というのは、哀れな行商人ども（colporteurs）[3]が高等法院と〔国王〕顧問会議（Conseil）との決定が対立すると街頭で一斉に叫びたてたからです。(4) あなた方は自分たちが不幸な状況にあると評価しています。ところが私は、神よこの繁栄（prospérité）の始まりを祝福ください、フランス人の精神が啓蒙され始めました、彼らの魂が高揚するには小さな紛争は必要です、とつぶやきました。イギリスでは、われわれの名誉心が刺激されることでしょう。それで、われわれの優越を保つために、われわれの統治をさらに完成させようと何か努力をすることでしょう。私の見るところ、わが国の最高の政治家たちはあなた方が進歩を開始

（3）〔訳者〕彼らは、検閲を受けていない地下出版の秘密文書を売り歩いた。

（4）高等法院は、〔反対派の信徒に〕秘蹟を行うことを拒否した聖職者を訴追した。しかし、国王は顧問会議においてこれらの事件の判決を破棄した。そこから、矛盾した判決の抗争となり、聖職者のみならず、法律を適用しなければならない執達吏や司法関係者が分裂した。パリでは特に、一七五二年八月と九月、一七五六年二月に、人々は巷で判決の矛盾を叫びたてた（Barbier, V, 272）。

〔訳者〕ここでマブリが言及している「聖職者と高等法院の最近の争い」は重大な時事問題であった。事の発端は、フランスのカトリック宗教界へのジャンセニウス（オランダの神学者、1585-1638）の影響の浸透に始まる。正統カトリックの恩寵説と対立し、異端のカルヴィニスムに近い救霊予定説を説くこの宗派は、十七世紀にポール・ロワイヤル修道院を拠点に影響力を拡大し、アルノー、ニコル、パスカル、ケネルらの著名な宗教家を輩出し、イエズス会、フランス王権、ローマ教皇庁と激しく対立した。十八世紀に入ると、政教不分離のブルボン王政下でこの問題はさらに深刻化した。事件は、一七〇九年の修道院閉鎖、修道院長ケネルの断罪、そして一七一三年、教皇クレマン十一世がジャンセニウスの教義を断罪した「ウニゲニトゥス教書」を発して、両派の抗争は決定的となった。この教書は聖職者と世論を二分し、高等法院はジャンセニウス派支持に回った。この紛争は一七五〇年代に最高潮に達し、王権と教会の権威を掘り崩し、旧制度に対する民衆の反抗心を煽り、フランス革命の遠因となっている。

したのを知って、不安になり、嫉妬心に駆られたようです。

人の心を知るのに巧みな人間なら、安息を願うことはしないでしょう。安息は市民たちを石の如く硬化させ、そうして必ず法律を破壊することになるからです。こんな愚かさは、自分が握る恣意的権力を手放す決心ができず、また、自分の身が危険にさらされていることを隠すこともできず、威光の真っただ中にありながら自分の弱さしか感じられず、自分を取り巻くすべてのものを畏れる専制君主にまかせておきましょう。政治体（le Corps politique）は活動しなければなりません。さもなければ、それは屍です。秩序と安息にそれほど執着するなら、なぜあなた方は、国王の前で法律は無であるということを原則としないのですか。高等法院が沈黙するよう、なぜ強制しないのですか。彼らの謙虚な勧告を、反乱をそそのかす中傷文としてなぜ扱わないのですか。そうすれば、あなた方は大殿様（Grand seigneur）のこの隆盛極まりない国家を支配する愚劣さを楽しむことができるでしょう。情念は恐れなければなりません。しかし、恐れるあまり、情念を圧殺しようと考えてはなりません。そんなことは自然の願いに背くことです。情念をなだめ、情念に規律を与え導くことで満足すべきです。そのために自然はわれわれに理性を与えたのです(5)。

かつてローマ共和国では、貴族と平民の間の永遠の争いが優れた結果をもたらしたではありませんか。もし人民が何よりも安息を好んでいたとしたら、人民はやがて貴族の奴隷となっていたでしょう。そして、今日のわれわれはローマ人の名前さえ知らなかったことでしょう。反対に、彼らの分裂が統治を最高の完成度に導いたのです。分裂が市民の間に競争心を煽ったのです。法律だけが支配し、魂は強くなりました。これこそ国家の力なのです。いかなる才能も無駄になりませんでした。個人の功績が認められ、それにふさわしい地位が与えられたのです。共和国は、良き市民と偉人にあふれ、内には幸福がみち、外からは尊敬されたのです。[6] ローマの例に次いで、私が挙げられるのはわがイギリスです。わが国は、あなたが不幸と見なす混乱（fermentation）のおかげで幸福を勝ち得たのです。ヘンリー八世に脅え、エリザベスの才能に魅了され、幸福になるために彼らの強いる隷従に慣れてしまい、わが父祖たちが自由よりも安息を好むという感覚をもし身につけてしまっていたら、今でもわれわれはスチュアートの誰か、その愛人やその大臣に依存していたのではないでしょうか。

スタナップ卿は以上のような理屈で私を屈服させたつもりでしたが、私は参ってはいませんでした。今度は私が言いました。あなた方がこの民衆の興奮（fermentation）から大きな利益を取り出されたことは認めます。そこから、あなた方の自由、そして私たちの知らないあの祖国愛（patriotisme）が実りました。しかしまた、さまざまな不幸の原因にもなったのではないですか。例えば、あなたの国の諸党派はそこから生まれました。正義の精神を完全に圧殺し善を妨げること、自分たちの怨恨や利害のためにすべてを犠牲にすること、それが党派の本性です。それらの党派は党首を満足させるために、祖国の利益に反する決定や約束を何度も行ったのではありませんか。すると、卿はまた弁じ始めました。あなた方のところでは、大臣たちが分裂し、

（5）マブリはいたるところでこの命題を繰り返しているが、特に『道徳原理』（*Principe de morale*,1784）でこの命題を中心的に展開した。

（6）政治闘争が豊かな成果を生むという主張については、『ローマ人についての考察』（*Observations sur les Romains*, IV, 290）を参照。

互いが敵となり、自分たちのつまらない策略のために国家を犠牲にしたことがないでしょうか。恣意的な統治のもとでは、君主は自分の富に埋もれ、自分の長所を発揮するのはほとんど奇跡といっていいほど不可能です。彼は絶えず女たち、狂信者たち、有利な立場になって彼を支配しようと競う寵臣たちによって勝手な方向に引き裂かれているということは、誰でも知っています。国民の公的党派（les cabales nationals et publiques）は、監視する国民の視線を恐れ、自分を抑制します。他方、専制君主の宮廷の影の派閥（les cabales obscures de la cour）は、成功するために、つまらない策略や悪ふざけ、要するに小手先の手段しか用いません。(7) その他のことはいっさい無益と思っているからです。それらの派閥が作り出す害悪はどんな善によっても償えません。

しかし、あなたの国の内乱（guerres civiles）からどんな良いことが生まれたとしても、恐るべき混乱（fermentation）によってその効果は相殺されるのではありませんか、と私は卿に反論しました。内乱の日ですか……、それ以上言わないでください、と卿は興奮した口調で言いました。それこそ、自由を失ったあなたたちフランス人が自分たちを慰めるためにする口実です。しかし、それほど真実からほど遠いことはありません。よろしいですか、と卿は続けました。われわれは対話の本筋から離れています。市民には誰でも公共の幸福を作り出すのに最も適した政府を望む権利があり、慎重に検討した可能なあらゆる手段によってそのような国制を樹立するために努力することは、すべての市民の義務であると私は主張しています。それに対し、あなたは内乱を持ち出して私に反対します。まるで内乱は私のこの意見に由来するかのように。ところが、それはまったく見当違いです。われわれは赤バラと白バラの二派に別れ、(8) ただ党派の利益のために長期間にわたって殺し合いをしました。私はこれ以上無駄な血の流し方はできないと思っています。そして、宗教戦争が勃発しました。もし若干の優れた市民たちが狂信者の妄動に自由と公共善の感情を加えなかったら、この戦争によってわれわれは破滅したでしょう。それでもなおわれわれが互いに戦争をする危険にさらされたとしたら、それは国制にもっとも健全な形を与えようとしたからではなく、われわれの革命の経過の中で、無様にも君主にかなりの大権を残すことにこだわり続けたからなのです。その結果、君主は自分もときには絶対的（absolu）になりうると自惚れることができるのです。われわれは自由を堅固なものにする努力を効果的に行えなかったために、剣を取って自由を守らざるをえない羽目に時々陥ったのです。もしわれわれの父祖が、国王大権に対してわれわれが今もなお抱いているあの奇妙で機械的な敬意の代わりに、私の説く教義を知っていたなら、われわれの内部対立ははるか昔に解消していたでしょう。イギリス人は国制を改革しようとするから、いつ殺し合いになってもおかしくない。あなた方はそう思っているのです。ところが、イギリス人の自由が十分堅固でないため、自己を防衛し支えるためになお武器の助けが必要となるのは、まさし

(7) ルソーも『社会契約論』で、王政下で出世するのは目先の利く小才子ばかりであると述べている。「君主政下で出世する者といえば、たいていいつまらない差出者、たかの知れたペテン師、策士どもときまっているのであって、この連中の小才ときたら、宮廷の要職にありつくにはもってこいだが、連中がやっとのことで望みの地位におさまったかと思うと、たちまちその無能ぶりを衆目に晒すという役に立つだけである」（*Contrat social*, III, 6）。ただし、ルソーは、マブリと異なって、政治党派の有益性を否定する。

(8) 十五世紀後半のバラ戦争。『歴史の研究』（*Étude de l'histoire*, XII, 219）を参照。

く彼らが国制改革を考えないからなのです。

第二に……と言いかけて、卿は一瞬口ごもりました。第二に、と卿はまた言いました。内乱について私の考えていることをそのままあなたに語る勇気はとてもありません。あなたは私をこれまで存在した中で最も過激で反逆的なイギリス人と思うでしょう。ためらわず、さあどうぞ言ってください、と私は冗談めかして卿に言いました。今や私はあなたが何を言おうとほとんど驚かなくなっています。それに、人々の幸福を心から愛する市民は、間違うことはありえても、人の顰蹙を買うことは決してありません。

あなたは本当に聞きたいのですね。それなら、と彼は私の耳元に近寄りました。内乱（la guerre civile）は時には大変良いこと（un grand bien）なのです。どうか、私の言葉に驚かない、腹を立てない、と約束してください。今はいたずらから、乱暴にストレートに言いましたが、これから私の考えを詳しく説明しましょう。人々が社会を作るときに考えた安全と幸福という目的に反するという意味では、内乱は有害です。内乱は多くの市民を死なせます。それは、手術で私が腕や脚を切断するのが、苦痛なのと同じです。切除は私の身体の組織に反する事であり、私に耐えがたい苦痛をもたらすからです。しかし、私の脚か腕が壊疽に侵されているとき、この切除は一つの善です。同じように、この苦痛な手術の助けがなければ、社会が壊疽で滅びるというとき、比喩なしに言えば、社会が専制政治で死滅する危険がある時、内乱は一つの善なのです。

どうか、この問題を真剣に省察してください、と卿は続けました。内乱が無政府状態の結果であるとき、すなわち、善き習俗を失った市民たちが自らの権利と義務を知らず、法律と為政者とを共に軽蔑し憎むとき、また、悪党になることを恐れず処罰に反抗し、屈強なあるいは抜け目のない連中[三]が大胆不敵に何でも企み何でもやってのけるとき、そのような状況では内乱は途方もなく有害です。もはや手術も健康を回復させることはできません。壊疽はすべての血液を冒し、死はすでに全身の各所にいきわたっています。その場合には、苦悶や痙攣なしにただ静かに息を引き取ることを願っている臨終間際の人間を、成功の望みもないまま苦しませるのと同じでしょう。

しかし、祖国への愛、法への敬意、一国民の自由と権利の正当な防衛が火をつける内乱の場合には、事情は同じではありません。カエサル、ポンペイウス、オクタウィアヌス、アントニウスの戦争は愚挙です。誰が勝者になろうと、すでに消滅していた法律に支配者が取って替わるだけでしょう。政務（affaires）の先頭に姿を現したこれらの野心家の市民とその共犯者たちが互を殺戮して果てたとしても、彼らが焼かれた灰塵の中からまた別の暴君が生まれるでしょう。しかし、オランダの連合州がフェリペ二世の支配を断つために支持した戦争を、あなたは同じ目で見ますか。治療法が過酷であったことは、私も認めます。けれども、それは健全であり、命を救うために腕か足を切り落とすことが必要だったのです。オランダ人に向かって、あなたが、その勇気、粘り強さ、努力によって永遠の名声を得た彼らの祖先が、危険や弊害と不可分な内乱という代償によって今日彼らが享受している自由を購ったのは途方もない誤りであると言っても、彼らは容易には納得しないでしょう。私はそう思いますよ、と卿はつけ加えました。

不躾な言葉をお許しいただきたいのですが、あなた方フランス人がこの瞬間に内乱のような手術を行えば、あなた方は死んでしまうでしょう。それには長期の摂生による準備が必要なのです。強心剤、煎じ薬を飲み、要するに体質を強化しなければなりません。比喩を使わず、直裁に話しましょう。あなた方は、良い統治の原理も、市民の権利と義務もまったく分かっていません。内乱が最大の災禍とならないために、何を期待し、何を恐れねばならないかがまったく分かっていません。われわれイギリス人に関して言えば、これから三〇年かけて技巧と忍耐によってわれわれがゆっくり堕落させられるならば、そして法律より君主を敬い、自由より商業、金銭、宮廷の寵愛を尊重するようになるならば、われわれは内乱を起こす術を失うでしょう。おそらく、もう二度と内乱を起こせなくなるでしょう。少なくとも、内乱から何か有益なことを引き出すことは不可能になるでしょう。

さらにつけ加えたいのですが、と卿は言いました。ヨーロッパ諸国家の政治状況を見ますと、兵士と市民、軍事と民事の職が分離されていますが、この分割は専制政治の道具と犠牲者を準備するものです(9)。私は武器を用いずには自由を征服できない状況に至っている国民に限りなく同情するばかりです。その国民が、チャールズ一世が敗北した後にわれわれが経験したのと同じ運命をたどることを私は恐れるのです。わが議会軍は、まさに議会の名の下に闘いながら、議会の暴君となったのです。自由のために勝利してもなお、人は暴君となる危険な誘惑にさらされます。勝利を収めた軍隊が、武装していない市民(bourgeois)や農民(laboureurs)を軽蔑するようになるのは自然な成り行きです。オラニエ公のような人が、成功の後、共和国の首席市民(le premier citoyen)となることで満足するとしても(10)、やがて二十人のクロムウェルが登場するでしょう。いや、二十人どころか、百人でしょう。

このスタナップ卿の教義が、貴殿の精神にどんな効果を及ぼすか、私にはわかりません。しかし、打ち明けて言えば、私に関しては彼の教義を熟考すればするほど、私の古い偏見が消失していきます。社会の抑圧者たちが彼らの簒奪行為、彼らの不正義の進行を妨げないことがわれわれの利益にかなうとか、今なお内乱を活用できる有徳な人民に対し、内乱は人民を脅かす暴政よりさらに恐るべき災禍であるなどと、どんな魔術(l'habileté magique)でわれわれに信じ込ませたのか、私は不思議に感じ始めました。イギリス人流の考え、というよりスタナップ卿の賢明な哲学に親しみはじめてから、内乱は本当に奴隷状態より悪いものなのかと私は絶えず自問しています。私を怯えさせるのはネロとかカリグラといった男の冷酷さでは決してありません。幸いにも、こんな怪物は稀にしか現れません。彼らの打撃は、彼らに近づき歓心を買おうとする卑劣で軽率な追従者を襲うだけであり、世間の人々はやがて解放されます。

私を落胆させるもの、それは、わがヨーロッパの専制政治が生み出している、あの憔悴、無気力、愚かしさ、孤独、絶えず広がりゆっくり進行する、一国民を無に帰してしまうかに見える荒廃です。仮に内乱がもっと多くの害悪を引き起こしたとしても、その害悪は少なくとも一時的であり、人々の魂を揺さぶることによって、その害悪に耐えるのに必要な勇気を魂に与えます。ある著名な作家〔モンテスキュー〕が、内乱による騒動の後ほど、その人民が強くなり、尊敬され、幸せであることはない、と言ったのを私は思い出し

(9) 傭兵軍隊の非難については、『フォキオンの対話』(*Entretiens de Phocion*, X, 179, note)、『歴史の研究』(*Étude de l'histoire*, XII, 345) を参照。

(10) オランダ独立運動の初代指導者、ナッサウ家のウィレム一世は、オランダの初代総督 (stadhouder) に選出された。

ます。[11] コルシカ人は自由への愛から武器を取って以来、新たな国民として生まれ出ようとしています。[12] 混乱の中で人々が必ずしもより良い市民にならないとしても、少なくとも知識や才能のある者が増え、彼らの魂はある種の誇りを獲得します。アンリ四世がラ・リーグ〔カトリック同盟〕に勝利を収めた後のフランスがどんなであったかご覧なさい。また、リシュリュー卿の在任中に損なわれたあの活動性、あの気高い精神をフランス国民に取り戻させたのは、おそらくわがフロンドの乱でしょう。乱の首謀者たちはあまり良識があるとは言えなかったのですが、リシュリュー卿の最後の治世の華やぎとなりました。ルイ十四世の大臣たちがもっと賢明であったなら、そこからより有益な方策を引き出したことでしょう。

われわれは国内戦争（la guerre domestique）と国外戦争（la guerre étrangère）との間に好んで区別を設けますが、そこにも間違いなく偏見が入り込んでいるのです。私はこの偏見の源に遡ってみたいと思います。貴殿の私への友情を確信していますので、私がスタナップ卿の考えに添えて私の考えを開陳することを貴殿は赦してくださるだろうと信じています。すべての民族は、自然法に無知で情念に流されるために、古代ローマ人のように、外国人や隣人を敵と区別しなかったのは自然な成り行きである、と貴殿は考えられるのではないでしょうか。歴史家や詩人や雄弁家は、無反省な民衆のこんな考えから出発しました。[13] 彼らは外国との戦争を栄光と征服のイメージでわれわれに示し、他方、内戦については無秩序、不正義、混乱といった醜い言葉でしか語りませんでした。これが原初の教師たちの考えであり、その時代、まだ十分発達していない理性は差し出されるすべての誤謬を真理と取り違えたのです。続いて、彼らの書くものは気持ちよく表現されているので、彼らは熟考して書いたのだと推測し、人々は彼らの言葉をそのまま信じ込んでしまいます。私も同じように彼らの言葉に騙されたのです。

実際には、どんな種類の戦争も人類には等しく有害なのです。外国との戦争が一般社会に不吉であるよう

(11) モンテスキュー『ローマ人盛衰原因論』(Montesquieu, *Considérations sur les causes de la grandeur des Romains et de leur décadence*, chap. XI, Pléiade, II, 128–9)。

(12) コルシカ人は一七二九年の蜂起以来、ジェノヴァ人との闘争を決して止めなかった。パスカル・パオリがコルシカの将軍に選出されたのは一七五五年である。アンブロジ著『十八世紀におけるコルシカの蜂起とフランスの第2回介入(1743–53)』(Ch. Ambrosi, *La Corse insurgée, et la seconde intervention française au XVIIIe siècle* (1743–53))を参照。コルシカ人については『歴史の研究』(*Étude de l'histoire*, XII, 284)、特に『立法について』(*De la législation*, IX, 171–3)を参照。

〔訳者〕現フランス領コルシカ島は、十八世紀にはジェノヴァ共和国の属領であったが、一七二九年の農民蜂起を皮切りに、コルシカ人はジェノヴァの支配を断ち切るための独立闘争を開始した。この闘争は、ナポリ大学で啓蒙思想の洗礼を受けたパスカル・パオリ(Pascal Paoli, 1725–1807)という優れた指導者を得て一定程度の成功を収め、一七五〇年代には独自の政府を樹立し、ほぼ独立国となっていた。しかし、人口わずか十二万程度、日本の四国の半分しかない小島、しかも統一された《国民》も形成されておらず、原生の部族社会の域を脱していないコルシカが、列強の圧力に抗して独立主権国家となることは不可能であった。コルシカ人の自由のための英雄的な闘争は敗北し、ジェノヴァ共和国は一七六八年、事実上宗主権をフランス王国に売り渡し、コルシカはフランス領となった。その翌年、ナポレオンがフランス人としてコルシカに生まれる。コルシカ人民の闘争が成功していたら、アメリカ合衆国に先んじて、植民地からの独立を達成し、共和国を実現するという名誉を歴史に残したであろう。その意味で、十八世紀中庸におけるコルシカ人民の闘争は啓蒙の知識人の注目の的であった。ルソーは、コルシカ人の闘争に熱烈な関心を抱き、パオリと文通し、『コルシカ憲法草案』を書いた。

(13) ここで、マブリが誰のことを考えているかを特定するのは難しい。古代の文献にはこの種の言説があふれている。例えば、彼はプラトンを参照できただろう(プラトン『国家』V四七〇、『法律』I六二七—三〇)

に、内戦は個別社会に同じように不吉なのです。二つの社会の利害は神の目には等しいものであるにちがいありません。人々が河や山や海峡で隔てられているからといって、互いを憎み引き裂き合うために、神は人間を作ったのではありません。しかし、情念の及ぼす一連の不幸な作用によって、外国との戦争が時には有益であると言うのであれば、また、国家のこうむった侮辱を押し返し、自分に属するものを正当に獲得し、破滅を予防するために、国家の持つ唯一の手段は戦争であり、時には自然法が戦争を必要とすると言うのであれば、私は、どうして国内戦争は、国外戦争と同じように、正確な道徳に照らして時には赦されないのかと尋ねるでしょう。私のように想像力を鎮めてから、答えてください。他民族を屈服させ、その民族に加えた損害を償おうとしない外国の敵は、その民族を隷属させ、公然と法律を無視する国内の敵より罪が深いのでしょうか。両者とも不正義を働いているのではないでしょうか。もし理性が両者を等しく断罪するのであれば、理性は一方を力で押し返すことを赦すのに、なぜ他方に抵抗することを禁じるのでしょうか。ある国民にとって、十万人の血の犠牲によってヨーロッパの一都市やアメリカの砂漠を奪い合うこと、あるいは海上の戦旗、国外の宮廷にいる外交官の尊厳を守らせることは、市民が安全に自分の財産を享受でき、法律を侵さなければ何も恐れる必要のない政府を持つことの重要性と比べて、より有益なことなのでしょうか。

有徳な市民は正義に反することなく、内戦を起こすことができます。なぜなら、法にのみ属し、法律にしか属しえない権威の行使を要求し、同時に臣民を抑圧する強力な為政者、すなわち暴君が出現しうるからです。内戦を常に不正義と見なすこと、絶対に力をもって暴力に対抗しないように市民に要請することは、良き習俗と公益にまったく反する教義です。われわれに義務の規則を教えることを役目としている人たちの視野は近視眼的でお粗末だということを、貴殿も認められるでしょう。臣民は永遠不変の忍耐を持たねばならないと決めつけることは、君主たちを暴政へ導き、彼らの道を平らにならすことであることに、彼らは気づきません。権力者におもねるために気づこうとしないのです。ある民族が攻撃してくる外国人に対して自衛する権利があると信じないならば、その民族は必ず屈服させられてしまうでしょう。国内の敵に決して抵抗しようとしない国民は、必ず抑圧されるにちがいありません。ですから、私は神学者たちに説明してもらいたいと思うのです。なぜ神は諸国民の内部の敵は保護し、外国の敵はわれわれの恨みに委ねるのでしょうか。力の権利が最も神聖な権利ではないのなら、人間には理性と道徳のなんらかの原則が存在するのなら、法律を侵す抑圧者、恣意的権力を簒奪するために法律を巧みに悪用する抑圧者に抵抗するために、正義は武力に訴えることを赦すでしょう。

スタナップ卿は不毛の地に種を蒔いているわけではないことが、貴殿にはお分かりでしょう。卿は私の進歩にかなり満足しているようです。私は彼の弟子の一人に数えられる名誉を与えられただろうと思います。スタナップ卿が内戦についての教義を説明し終わったとき、私は卿に対し、あなたはどんなことも好きなように私にうまく信じ込ませられるでしょう、と言いました。すると卿は、それはあなたが理性で考え、私は理性であなたに語るからです、と愉快そうに答えました。あなたは私を誘惑したいのですね、でも私は警戒を怠りませんよ、と私は言葉を継ぎました。私はまだあなたへの警戒を解いていません。私の偏見を打ち破るには、あなたはまだ大いに苦労するでしょう。率直に言って、私は自分の新しい考え方にまだ違和感を持っています。あなたの説く改革の権利について、私にはまだいくつか疑問があり、その解明を求めたいのです。

ある自由な人民が自らの自由を防衛し、回復し、堅固にするためには、あらゆることができるし、またあらゆることをせねばならないということを、私は完全に理解できます。私はゲルマン人（Corps Germanique）〔神聖ローマ帝国〕をまったく心配してはいません。皇帝を廃位することは法律的に可能ですし、もし彼が降伏条約（la capitulation）の規定する限界を超えて自分の大権を拡大しようとするなら、力で彼を押さえ込むことができるからです[14]。スウェーデンには基本法があり、国王は一介の市民同様、法律に従わねばなりません。ただし、不条理に、少なくとも無益に思えるのは、スウェーデン人が君主のために別個に法律を一つ設けていることです。しかも君主はその法律を犯しても処罰されません。あなたのお国のイギリスには『大憲章』がありますし、最近の革命の渦中で議会が作った協約はなおいっそう貴重です[15]。イギリスにはどんな困難もありません。グロティウスやプーフェンドルフは恣意的権力に好意的ではありますが、それでも彼らも、人民が一定の条件で自身を君主に捧げるとしても、人民は武力でもって君主にその条件を守るよう強制できると認めています[16]。無条件に自分を与えるという明白な協約を結んだことのない人民はすべて、自分を抑圧する野蛮な慣習に代えて健全な法律を設けるため、あらゆる努力をする権利があるということを、私は当然のことと考えます。

しかし、不思議なのはデンマーク人です。彼らは自分たちの幸福を国王の気まぐれに進んで委ねました[17]。人にはおそらく、自分の享受している権利を譲る自由があるでしょう。それなら、立法権は本質的に国民に属しますが、国民が行政権といっしょに立法権をも君主に与えることは、なぜできないのでしょう。自由の完全な放棄を実行した後で、国民がまた自由を回復して利益を見つけると言うだけでは、その国民の企てを正当化するに十分な動機とは言えないと私は思います。また、まったく自由で明白な、完全に正当な協約（les conventions）でも人民が絶対的に拘束されることはないのであれば、この世にはもはや規則も正義もない

（14）『トレヴー辞典』（*Dictionnaire de Trévoux*）の降伏条約（*Capitulation*）の項には次のように記されている。「皇帝の選挙前に選帝侯たちが交わす一種の協定である。皇帝に選出された者は、選出後それを批准し、その遵守を義務付けられる。この帝国の慣行はカール五世以後に導入された。ドイツ諸侯や諸都市が皇帝の権力が大きくなりすぎることを恐れて導入されたものである。カール五世以前にこのような協約の例は存在しない。」『学者新聞』（*Journal des savants,* 一六六五年に創刊されたフランスで最も古い学術情報紙）は、一七四八―五四年の間に、ドイツに関する政治的著作が三つ発表されたことを告げている。『ドイツ帝国公法の歴史的政治的論説』（*Traité historique et politique du droit public de l'Empire d'Allemagne*, 1748）、バレ神父著『概説ドイツ史』（*Histoire générale d'Allemagne* par le Père Barré, t. VI, 1749）、『ドイツの歴史と公法の編年概説』（*Abrégé chronologique de l'histoire et du droit public d'Allemagne*,1754）。

（15）一六八八年の『権利章典』を指す。

（16）本書巻末「解説」二七二―三頁を参照。

（17）デンマークでは、一六六〇年の全身分議会（les Etats-Généraux）が王権の世襲制を決定し、貴族階級は一二八二年の大憲章（la grande charte）で彼らに認められた諸特権の保障を国王に強制する権限を喪失した。国王フレデリック〔三世、在位1648-70〕は新憲章を起草する権限を与えられた。彼は、一六六一年、名望家の貴族たちに国王の絶対権力を承認する宣言への署名を求めたが、反対する者は一人もいなかった。一六六五年、絶対主義の新憲法が制定され、その体制は一八四九年まで続いた。クラッブ著『デンマーク史』（Krabbe, *Histoire du Danemark*）参照。マブリは、マレ著『デンマーク史入門』（Mallet, *Introduction à l'histoire du Danemark*, Copenhaque, 1755）を知っていた。彼は『諸情念の流れと進行』（*Du Cours et de la Marche des passions*, XV, 288）の中でその本を褒めている。デンマークに関しては、『歴史の研究』（*Étude de l'histoire*, XII, 137-8）も参照。

ことになり、そのとき社会はどうなってしまうのでしょう。また一方、もし人は厳格に（religeusement）その協約を守る義務があるとすれば、哀れなデンマーク人はどうなるのでしょう。ここでは政治と道徳の掟が真っ向から対立しています。私はこの葛藤をどう考えればよいのか戸惑います。

そうですね、と卿は私に答えました。人には放棄できない権利がいくつかあるでしょう。例えば、人間と社会の本質にあまりに深く関わっている権利の場合には、それを本気で放棄することはできません。もっとも無知な立法者でさえ、そのような権利があることを認めました。いまだかつて、罪人に自己を保存する配慮を忘れ、自ら進んで自分の犯した罪に値する処罰を下すよう判事に頼みに行くことを命じるような、厚かましい法律が存在したことはありません。強盗に襲われた私を役人（magistrate）が救助に来てくれないとき、私にはその強盗を罰するために役人と同じ権限が与えられるということを、すべての道徳家が認めています。もし私が極度の欠乏状態で飢えにさいなまれ、身を養うために、盗みをした場合、私の前で法は沈黙するのです。私は泥棒ではありません。それは正当で賢明な行為なのです。なぜなら、政治法は絶対に自然の掟（la loi de la nature）に反してはならないからです。人間はひとえに暴力と欠乏から生命（ses jours）を守るために社会生活に入ったのですから、同胞市民から期待しうる援助と自助努力の手立てを一度に奪われてしまうというのは不条理でしょう。それでは、社会の条件をそれ以前の状態より悪化させることになるでしょう(18)。

もし人民が自分の君主に向かって、われわれはあなたの命令、あなたの許可がなければ、呼吸も、飲み食いもしないことを誓います、と言ったとしたら、あなたはこの契約の有効性をどう思いますか。仮にですが、この人民が言葉を変えて次のように言ったとします、と卿は私の返事を待たずに続けました。偉大にして高邁なる賢明な君主よ、われわれはあなたのすべての意思に服従します。そして、全国民が所有するあらゆる権能を自由な意思によってあなたに授けます。それがわれわれの望みですから。今後、すべての法律があなたに服従します。あなたは法律を自分の好きなように解釈し、廃止し、そこになんらかの学識や全的権力をくわえることも、それに背くことも自由です。さまざまな公職を、あなたの気の向くままに剥奪し、与え、また剥奪し、また与えてかまいません。王国の武力を思い通りに使いなさい。戦争をしなさい。講和を結びなさい。好きなように税を取り立てなさい。全権力があなたのものであり、あなたの外にはいかなる権力も存在しません。

これこそ、私の間違いでなければ、最高の譲歩です。しかし、何を為すべきかが分からない無知な専制君主が、自らの情念の赴くままに統治を開始し、彼の奴隷たちがその熱狂や酩酊から我に帰り、自ら飛び込んだ深淵から這い出る手段がまだ残っていることに気づいたとしても、彼らには幸福になりたいと願う権利はもうない、そのことは最終的に決まってしまっている、彼らの理性は自らにそう言わねばならないとあなたは思いますか。真理と正義を破壊し、自然権をことごとく覆し、社会のあらゆる観念を転倒させるには、二、

(18) 人が飢えから「盗み」をするのは、「正当な行為」で「自然法に反しない」とするマブリの言説は過激である。『人権宣言』は、所有権の神聖・不可侵を宣言した。マブリは、他人の所有権を侵害する「盗み」を、自然法に反しないとみなしている。そこから、マブリを《共産主義者》とする見解も派生する。また、飢えによる盗みを正当化する言説は、ほとんど社会的弱者の《生存権》を認める『共和国第一年の憲法』（一七九三年六月二四日）の精神に通じ、またロベスピエールによって弾圧される、パリ・コミューンの過激派ジャック=ルーやエベールの言説を連想させる。

三の間違った文句で足りるとするような法廷とは、いったいどんな法廷でしょうか。これは間違いです。理性的な存在を縛ることができるのは、理性の行為であって狂気の行為ではありません。君主の情念や愚行に対していかなる安全策も取らないような行為は、狂気の行為です。人々が社会を形成しながら、社会の本質的目的、すなわち生命、自由、安息、財産の保全に確実に違反するような行為は、狂気の行為です。すべての文明国（pays polices）において、世俗の裁判官（le magistrat civil）は発作的錯乱（accès de démence）で交わされた契約を無効とします。彼は二人の市民が相互に交わした不公正で破廉恥な約条を破棄します。理性は、人民と君主の最高裁判官（suprême magistrat）であり、自らの法の神聖性を傷つけるような馬鹿げた協約に服従することを禁じます[19]。

このような契約行為は、明らかに理性に反するので、そこには必ず欺瞞が含まれています。その契約になんらかの有効性を持たせるには、なんらかの合理性（raison）を与えねばなりません。その契約には、明記されていないけれど、推測される暗黙の条項（clause tacite）が含まれていると想定しなければなりません。それはおそらく、王侯は自分の権力を臣民の幸福のために行使するという条項でしょう。これは私個人の勝手な推測、法学者の巧妙な解釈であるなどと思わないでください。これは不変の真理です。なぜなら、いかなる場合でも、いかなる状況でも、どんな時代でも、どんな瞬間でも、幸福でありたいという欲求を臣民が捨て去ることはできなかったはずだからです。ですから、彼らの契約は条件が明記されていなかろうと、条件付なのです。それゆえ、臣民は、君主自身が厳格に（religeusement）契約を守っている限りにおいてのみ服従する義務があるのです。

卿はさらに先へ進みました。政府を樹立する行為が最大限に賢明であった場合でも、国民は為政者に委ねた権限を再び取りあげ、新たな計画や提案に従って権限を再配分する権能が減少するわけではありません。国民が快適に感じている秩序を乱したとすれば、それは不用心ということになるでしょう。しかし、その場合にも正義に反する罪を犯すわけではありません。その証明は単純明快です。主権（la souveraineté）の真の性格、主権の本質的属性——すべての法律家によって幾度となく証明されたことですが——は、主権の絶対的な独立性であり、また、状況の違いや国家のさまざまな必要に応じて主権は自由に法律を変更できるということです[20]。主権者（le souverain）は自分で作った法律に決定的に縛られるとか、主権者は明日制定する必要が起こると思われる法律に今から違反するかもしれないなどと考えることはまったく馬鹿げているでしょう。主権（la puissance souveraine）は本源的に人民に依拠します。人民は政治的統治の唯一の創設者であり、権力全体あるいは権力の諸分野を為政者に委ねる配分者です。それゆえ人民は、自分の契約というより自らの贈与物を自分で解釈し、条項を変更し、あるいは無効にし、新秩序を樹立する権限を永遠に持っているのです。

（19）この見解はルソーと一致している。「専制の自主的設立」はありえない。『人間不平等起源論』（*Discours sur l'inégalité*, 182-4）を参照。いかなる人間も譲渡できない自由が存在する。『社会契約論』（*Contrat social*, I, 4）を参照。

（20）主権を、法律を変更する権能（faculté）として定義したのはグロティウスではない（『戦争の法』*Droit de la guerre*, I, 3 : *Explication de la souveraineté*）。マブリの言説はプーフェンドルフ（『人間の義務』*Devoirs de l'homme*, II, 7, I）の忠実な要約である。また、ビュルラマキは、マブリと異なり、主権を「政治社会において最終的に命令を下す権利」と定義している（『政治法原理』*Principes du droit politique*）。

私は彼に言いました。スタナップ卿、あなたの言葉に私は悲しくなります。私の思想はまったく混乱してしまいます。自然がわれわれに与えた、誰もが認めざるをえないと感じるこの不吉な権利は、人々を常に新たな不幸へと導くことになるでしょう。もし人民は、自分の約束に自由でいつでも政体（constitution）を変更できるというのなら、基本法はいったいどうなるでしょう。卿は、それはなるようになるでしょう、と冷淡に答えました。破壊された古い基本法に新たな基本法が続くでしょう。それは判りますが不安は消えません、と私は言いました。人間の統治には一種の慣行（routine）——それが人々の性格を形成し、彼らに国民的精神（un esprit national）を与えます——が定着することが重要なのです。不満分子や反抗的な連中を抑え、法律にある種の恒常性と重み——それによって法律自体の賢明さに劣らず法律の健全さが高められます——を与えるのに、つまりは統治の全制度に安定した形式と統一された堅実な歩みを保障するのに、この慣行というものが必要であるとすれば、どの人民にとっても慣行は重要な富なのではないでしょうか。人民が自分たちはいつでも好きなときに自由に彼らの国制を変更できると信じ込んでいるなら、どんなわずかな気まぐれ、どんな小さな不満も革命を引き起こしてしまうでしょう。私はあなたに答えます。スタナップ卿、基本法が相次ぐことにはならないでしょう。そうではなく、無政府状態（l'anarchie）がこの無思慮で気まぐれな国民の常態となるでしょう。

分かりました、分かりました、フランス流の論拠ですね、と卿は反発しました。その無政府状態で私が怖気づくと思いますか。あなたが私の教義の小さな欠陥が心配だと言われるなら、私はあなたの教義のはるかに大きな欠陥が心配だと言うでしょう。なぜなら、あなたの理屈ではすべての欠陥が修復不可能になってしまいます。あー、革命（les révolutions）はもっと頻繁で、もっと容易であればよいのに！彼は私の手を握り締めながら、付け加えました。どこかの人民が、私が今あなたに説明したばかりの真理を信じ込み、基本法を変更することになったとしても、それで基本法が消滅するようなことはないでしょう。自然の配慮でそこにはよき秩序ができているのです。習慣（l'habitude）が人間に及ぼす絶対的影響力を信頼なさい。われわれ哲学者は自身のうちに沈潜し、そして真剣に自分自身を検証してみましょう。そうすると、われわれがほとんどいつもありきたりな習慣の人であることがわかり、赤面することになるでしょう。一国民は、その国家機構のあらゆる発條が相互に矛盾するような欠陥だらけの奇妙な統治体制にもしばしば順応してしまいます。その統治によって不幸な目にあっていると自覚しない国民が、どうしてその体制を変えようと考えるでしょうか。ですから、国家を破滅や一時的不幸に陥れる頻度が高いのは、むしろ慣習や既存の法律への頑固な執着であり、それらを変えたいという情念ではないのです。歴史の全体を眺めてください。国制を変えようとして無政府状態に陥った人民がどれだけいるでしょう。人民がそうなるのはむしろ旧弊にしがみつき、基本法を忘れ、ついには基本法を失ってしまうからです[21]。時と状況の必要によって、あるいは為政者の怠慢や情念によって導き入れられた単純な慣習は、次第に権威を獲得しますが、完全に法律を沈黙させてしまうほど

（21）マブリは、ロックを読んで（*Essai sur le pouvoir civil*, par. 230）、人民が無益に騒ぎ立てる扇動者に追随することを恐れる必要はないという観念を得たであろう。マブリ自身、民衆は、反抗への傾向性より、習慣の惰性に従う傾向のほうが強いと繰り返し述べている。『歴史の研究』（*Étude de l'histoire*, XII, 282）、『疑問の提示』（*Doutes proposés*, XI, 171）を参照。

の権威は持ちません。法律は疲弊してはいますが、なお慣習と争うだけの力は持っています。そして諸国民は、まさにその時、そんな仕方で無政府状態に陥るのです。

卿に対し、私は時効（la proscription）について語りたい気持ちにいくらかなりました[22]。非常に不適正な手段で獲得された所有も一定年数が経つと正当化されうるのですから、社会設立時の契約についても、時効がその欠陥を修正できるかもしれません。また、策略であるいは力づくで、自分たちに委託されたのとはまったく違う権威を徐々に獲得し、ついには絶対君主となる為政者たちにも、時効は資格を与えるのに役立つかもしれません。けれども、私は彼との対話からすでに十分学びましたので、彼が私にどんな答え方をするかは予測できました。それで私は単に、その起源をまったく協約（des conventions）に負っていない国家は存在しないのか、という問題を検討するように頼みました。

不正な戦争に火をつけたある人民が、その敵に敗北した場合を私は仮定しました。敗北後、その人民に自由への権利がなお幾らかでも残されているとは、私にはとても考えられません。ある人民に宣戦布告するということは、その人民に死刑判決を言い渡すに等しいのです。その死は、その人民の不正義への懲罰としては正当です。もし勝者は敗者の生命を支配できる（le maitre de la vie）のであれば、どうして敗者は自由の代償として生命を勝者に売ることができないのでしょうか。そうして、奴隷としてかろうじて生き、社会の構成員ではない奴隷の人民（un people esclave）に、どんな権利があるでしょう。

スタナップ卿は、人類共通の権利（les droits communs de l'humanité）があります、と激して答えました。死刑判決という言葉で、あなたは私に何を言おうとしているのですか。まるでアッティラの言葉を聞いているようです。妬み深い民族がその敵を敗北させ奴隷状態に追い込んだとしても、彼らの悪用した勝利と理性の断罪する不正義から、自然権に背く資格が生まれるわけではありません。われわれの行為の規則となるべきは、人のしたことではなく、人のなすべきだったことなのです[23]。現在われわれは敵同士ですが、それでは、イギリスはフランスを思うまま荒廃させ、フランス人を全部、剣で串刺しにしてかまわないのでしょうか。あなた方もわれわれの島を広大な砂漠にしてしまうしかないのでしょうか。戦争では、戦争するために武装した市民しか殺すことは許されません。女、子供、老人、一般市民（les Bourgeois）まで殺すのですか。私は恐怖に身がすくみます。兵士が武器を置き命乞いをするとき、その兵士を殺すことさえも、殺人（un assassinat）

（22）法学者たちは、時効は〔君主〕主権に適用されうるかという問題を検討した。グロティウスは、時効は適用されないとしているが（II, 4, 12）、その二節先では、臣民はたとえそれが可能な場合でも、自由の回復に身をゆだねることが常に許されるわけではないと主張している。プーフェンドルフは、時効の権について明確には語っていないが、征服権（le droit de conquête）を承認している（『人間と市民の義務』*Devoirs de l'homme et du Citoyen*, II, 10, 2）。ビュルラマキによれば、「万民法は、主権に関して、王と自由な人民との間に一定の時効があることを承認する」（『政治法原理』*Principes du Droit politique*, II, 3, 10）。

（23）「彼〔グロティウス〕の最も恒常的な論法は、事実によって権利を証明することである」（ルソー『社会契約論』*Contrat social*, I, 2）。

なのです[24]。

第一に、私があなたに言いたいことは、と卿は続けました。勝者が自分の真の利益を心得ているなら、共和国の最盛期のローマ人の寛大さを必ず模倣すべきでしょう。彼らは敗れた民族に対し、その法律、慣習、役人たちとその政府はそのままにしておきました。ローマ人は同盟関係と友好を敗者に求めただけでした。繁栄する大帝国はこのようにして成立したのです[25]。

第二に、敗者は社会の諸権利を享受できないというのは誤りです。法律を持った人々と共に生きるときには、痴者と悪人を除くすべての人間が市民でなければなりません。敗者は一時的に生きながらえているにすぎないというのも正しくありません。もし彼らがまだ勝者と協定を結んでいないならば、戦争状態が持続していることは自明です。その結果、彼らは勝者にいかなる義務も負っていません。彼らは勝者を殺害し、自らに課されたくびきをふるい落とすことができるのです。もし協定が成立し、戦争が終わっているのであれば、敗者はその条約を守る義務がありますが、それは条約の諸条項が自然と社会の目的に反しない限りにおいてなのです。その場合には、勝者は用心しなければなりません。勝者が横暴になって勝利と自分の力を乱用し、敗者から社会の諸権利を奪うならば、敗者は自然状態に復帰し、したがって敗者は自由で自立した存在となり、平和という空しい名前の下で実際には戦争状態が続くことになるのです。私の敵の暴力が法外[iv]であればあるほど、敵に対抗する私の権利はそれだけ高まるのです。人間性（l'humanité）の観念に不可避的に結びついている諸利益が奪われるならば、私は敵の暴政に対し人間性のあらゆる権利をもって対抗できるのです。自分を救う手立てを講じるのは私の勇気にかかっています。私は私の正義を行うのです。繰り返し強調するのを赦してください。人間は自然状態で独立の存在であるか、社会の市民であるか、そのいずれかですから、私の勝者が私を自然状態の人間（homme）として、あるいは社会の市民（citoyen）として扱わないなら、それは彼の誤りです。彼と私との間にいかなる法律もどんな役人（magistrate）もいない以上、私は彼に反抗し彼を処罰するでしょう。その処罰が成功すれば不幸なことになるでしょうが、決して犯罪にはなりません。摂理の賢明さを称えましょう。神は勝者が敗者の父となり保護者となることを望むのです。もし勝者がその栄華を乱用するならば、神の摂理は新たな隷属者（sujets）のうちに敵を生み出すでしょう。たとえ勝者が彼らを巧妙に抑圧し、彼らが反乱を企図することができないとしても、勝者は自分の力を弱めることになるのです。彼は自分の権力の土台を掘り崩したのです。外国の敵の襲来に対し、彼は奴隷たちの中にいかなる援助も見つけられないでしょう[26]。

スタナップ卿、私はあなたの推論で混乱してしまっているのですが、そんな自分にとても満足しています、と私は声高に言いました。私の精神だけでなく、私の心もあなたの推論をむさぼり聴いています。人類愛を

(24) 勝者の敗者に対する権利の問題は、良心の要求と既存社会の尊敬を和解させようと腐心する法学者たちが迷い込む解決困難な難題であった。グロティウスによれば（III, 4, 6 à 12）、敵の境界内にいる者は全員虐待し、あるいは殺害しても処罰されない。万民法は、囚人、女、子供の殺戮を許す。ところが、内面の正義あるいは自然的理性は、これらの点で万民法に対立する（III, II, 9 à 14）、とも述べている。

(25) 『ローマ人についての考察』（*Observations sur les Romains*, IV, 454 et sq., 514 et sq.）を参照。

(26) これと同じ制服権の批判は、『法の精神』（*L'Esprit des Lois*, X, 3）、『人間不平等起源論』（*Discours sur l'inégalité*, 179）、『社会契約論』（*Le Contrat social*, I, 4）に見出される。

感じさせるあなたの教義を私は聴き飽きることはありません。万事は決まりました。恣意的権力の擁護者たちが発案した詭弁から私は永久に目覚め、合理的な契約（un contrat raisonnable）に基づく権威以外はすべて正当でないこと、法律だけが人間を支配できること、法の支配を確立するためにはすべてが許されるということを、今の私は確信しています。それゆえ、すべての自由な人民は、為政者の職務を分割し、また職務の数を増加させることで権限を制限し、自らの自由を堅固にすることができます。隷属状態にあるすべての人民は、自由の回復に努めることができます。市民が社会をより合理的なものにしたいという願望を持つことは罪である、と考えることは馬鹿げています。そのことを悟るために私があなたの見識を必要としたということに驚きます。プーフェンドルフやグロティウスが暴政への反抗に立ち上がるには、悪弊が極限に達するのを待つべきであるとしているのは誤りだということは、いまや私には明白です[27]。スタナップ卿は、その通りです、それでは人が死んでから医者に助けを求めるのと同じです、と私に言いました。

卿は続けました。イギリス王もただの人間ですから、お互い同胞として寛大に扱うべきと誰もが思うような人間的弱点を、彼に対してだけは許さないというのは正しくないでしょう。間違い、失敗、うっかり、へま、などはすべてたいしたことではありません。しかし、もし彼がたった一人の市民でも犠牲にして新たな権利を獲得しようとするなら、もし彼が自分に命じられた大権の範囲を超えて一線でもはみ出そうとするなら、もし彼が自分の持てるすべては人民に由来すると考えていないのではないかと疑われるなら、そのときには国民は彼の野望の最初の兆候が見られた瞬間に、最大の活力をもって行動を起こさねばなりません。法学者はみな、そんなことは無意味だ、つまらぬことでわざわざ苦労する必要はない、と私に叫ぶでしょう。

ところが、こうした何でもないことが少しずつ積み重なり、結局最後には恣意的権力が生まれるのだ、と私は彼らに答えるでしょう。あなた方のカペー朝の王権は最初取るに足らないものでした。ところが、知らず知らずに封臣（vassaux）や自治都市（*communes*）の権利を蚕食し、結局その重みですべてを押しつぶすような巨大な権力の塊を形成することになったのです。聖職者、貴族、第三身分は、こんなわずかなことで抗議し、論争し、抵抗する必要はないと繰り返していました。この讃嘆すべき警戒心のなさによって、彼らは少しずつ弱体化し、今では無に帰しています。これがあなたの博士たちが説く教義が必然的に行き着く深淵です。こんな教えが賢明かどうか考えてみてください。

プーフェンドルフを見てください。彼はどこかで、一市民が無実のまま破滅させられかけ、しかも逃げ場を失ったとき、彼は自分の君主（souverain）が怒りにまかせて行うすべてをじっと我慢しなければならない、と書いています。君主が社会の絆を断ち切るや、臣民にとってこの絆はもはや存在しないということを隠すためにあらゆる努力を払った後、彼はやっとこの不幸な市民が力に頼ることを許すのです。しかも、〔君主への〕その信じ難いほどの寛大さによって、彼はその市民が必ず犠牲者になることを望むのです。彼は同胞

（27）巻末の解説、二七二―三頁参照。

市民たちが彼を保護し、彼の救助に駆けつけることを禁止するのです[28]。このプーフェンドルフという人は、ソロンとはまったく違った考え方をしていると認めなければなりません。ある日このアテナイの立法者に誰かが尋ねました。最も幸せな最も良く治められた都市（ville）は、どんな都市ですかと。彼の答えは、同胞市民に危害が加えられたとき、他の市民は誰もがそれを自分自身への危害と見なし、危害をこうむった人と同じ熱意で復讐を遂行する、そのような都市ということでした[29]。われわれの低級な習俗はわれわれの魂と法律とをなんと卑しめたことでしょう。ソロンがアテナイで望んだ徳は今では反逆者の犯罪と見なされるでしょう。プーフェンドルフは、自分の同胞市民に加えられた暴力は自分自身への危害であるとどうして感じなかったのでしょう。このような暴政は、芽のうちに刈り取らなければ、急速に成長するでしょう。そして、今度は私が犠牲者となる番なのではないでしょうか。

われわれの散歩も終わりに来ました、ここで帰ることにしましょう、と卿は言ってから、こう付け加えました。しかし、あれほど多くの法学者が専制君主や貴族階級（les Aristocraties）の中で主権を簒奪した特定家族に時効を認めてしまうという問題について、あなたは私に何も言いませんでした、なぜあなたはこの大問題に言及しなかったのですか、と卿は私に尋ねました。私はその問題を活用したいという気持ちになりましたが、時効という有益な法律[v]は、所有に関する市民の個別的権利が問題の場合に当てはまるが、われわれが今議論しているような高度な対象、すなわち統治原理（principes du gouvernement）には適用できないと考えるのが賢明だと思ったからです、と私は答えました。

確かに、市民相互間の権利の主張や要求に期限を設ける時効から、市民は大変大きな恩恵を受けます。もし自分の住む家や自分が耕す畑を平穏に享受できるという確信がなかったら、家族の平安はどうなるでしょう。運命の変転は尽きないでしょう。貪欲、不誠実、訴訟沙汰への扉は開きっぱなしです。判事たちは長い時間の闇に分け入り、真実を見分けることができるでしょうか。ですから、所有（des propriétés）が存在するや、時効は最も賢明な市民法（la loi civile）となります。時効は社会が目指す目的にかない、市民間に真の平和を築くからです。しかし、王侯や役人による簒奪にまでその範囲を広げるならば、それは逆に無秩序と専制政治を利すること、すなわち社会の原理と目的を転倒させることに利するでしょう。

しかも、と私が卿の言葉に続けて言いました、法律はある市民が一定年数、権利の要求を怠った場合、私有地、家屋、世襲地を要求する権能（la faculté）をその市民から奪うことができます。というのは、市民がそれらの所有を要求するのは、ひとえに民法が市民に認める権利の効力によるからです。そしてこの同じ民法は、秩序と平和を維持するために、多年にわたって実際にその世襲地を平穏に所有してきた人の方に優越権を授けることにしたのです。その点で法律は少しも不正を犯していません。市民的所有権（la propriété civile）に関しては、自然法は沈黙し、すべては市民が相互に交わした協約に依存することになるからです。その結

(28) プーフェンドルフは『自然法と万民法』（*Droit de la Nature et des Gens*, VII, 8, 5）で次のように書いている。「一人の臣民が、激怒した君主に対し自己の生命を守るために最終手段として力に頼ることが時には許される場合があると認めるとしても、そこから、同じ君主の他の臣民たちがそのために君主への服従を拒否し、あるいは君主が抑圧する無実の者を力ずくで彼の手から奪うことが許されるわけではない。」

(29) プルタルコス『ソロンの生涯』三一。

果、諸国民の間での法解釈における驚くべき多様性が生まれます。同一国家の内部でも、州（des provinces）によって違いが生じさえします。ある所有形態がドーフィネ州では合法であっても、ノルマンディ州ではそうではないということが起こるのです。

ただし、市民を社会の政治秩序との関係から考察するときは、事情は異なります。スタナップ卿、私が人間としての尊厳と自由を持つのは、私が家屋を所有するのと同じ資格によってではないということを、私はあなたから教わりました。われわれ自身に属し、われわれ自身から分離できないがゆえに、われわれが棄てることもできない権利、それゆえにいかなる人間の法律もわれわれから奪い去ることのできない一定の権利を、われわれは自然から授けられています。そのことを、私はあなたから学びました。もし限りなく自由で正当な行為によって君主に一定の〔権利の〕譲渡がなされたとしても、そのような譲渡がいかなる効力も持たないのであれば、力と策略で行われた簒奪を臣民たちの目に尊重すべきものに見えるようにするために、どのように時効が活用できるというのでしょう。簒奪が古ければ古いほど、それだけ専制君主へ向けられる人々の非難の度は高まり、人々が彼に反対する理由の数は増すだけでしょう。

今度は、卿が言いました。私は今でも時々、訳のわからない暗黙の同意（consentement tacite）なるもの――私にはそれにどんな効力があるのか一向にわかりませんが――が語られるのを耳にします。それによれば、なんらかの異常事態や予測不可能な出来事のおかげで新たな大権を獲得した君主は、彼の臣民たちが沈黙したままで反対も否認の意思表示もしないなら、それを合法的に享受できると言うのです。そんなことは、隷属した無力な国民にとってなんの意味もないことは自明です。国民のどんな小さな不満の声もどんな小さな否認の徴候も罪に問われるでしょう。臣民たちの沈黙が暗黙の同意として通るのは、身分制議会（des États）や国会（des diètes）があり、そこで国民が自分の意思を自由に表明できる場合だけです。例えば、わがイギリスの国王たちは、どのようにしたのか私は知りませんが、各種の権利を持っています。彼らがその権利を合法的に享受しているということは事実です。証人となる国民の議会（le parlement）が同意を与えたと見なされるからです。しかし、単なる慣行によって獲得され許されている権利の危険性に国民が気づいたとき、国民はいつでもそれを無効にすることができます。なぜなら、国民は、自らの最高善（son plus grand bien）のためには、明白な法律によって王位に認められた大権さえも剥奪できるからです。われわれは最も厳粛な証書さえ容赦しなかったのですから、お粗末な暗黙の同意など、どうなるというのでしょう。

貴殿とはこれでお別れです。次の機会には、もっと短い手紙にすることをお約束します。郵便の秘密を握っている役人が[30]、もしこの手紙を開封しても、彼にはさっぱり意味がわからなければよいのですが。

マルリにて、一七五八年八月一五日

(30)「信書秘密検閲局（cabinet noir）」は、起源においては外務部における通信の傍受を目的としていたが、国王個人の情報収集にも働いた。フランス革命の端緒となる、一七八九年の全国三部会への陳情書（cahiers）は、この活動の停止を要求している。「秘密と称されるが、この委員会の存在は周知のことである。この委員会は、封印を偽造し、自分が適当と思うように文書を書き換え、それを原文とともに、あるいは原文なしに国王、時には大臣に提出することが許されている。」マリオンの『制度辞典』の「郵便」の項に引用されているヌムールの陳情書（Marion, *Dictionaire des institutions*, article *Poste*.）。

第四の手紙

第三の対話。キケロの『法律について』の一節の検討。人は不正な法律に服従してはならないということ。諸国民の下で賢明な法律あるいは不正な法律が生まれるさまざまな原因。

私の手紙を読んで、貴殿は自分の魂が高まり、広がるように思えたというのは本当ですか。それは私にとってとても快い讃辞です。そのことから私は、スタナップ卿の精神を手紙で貴殿に伝えることに、かなり成功したと結論するでしょう。卿は、精神に真理を示すことで、理性の関心を喚起し、心を動かすのです。あなたが私にお世辞を言おうとされたのではないと私は思います。なぜなら、自分の権利と義務を知って以来、私は貴殿が感じられたのと同じことを自身で感じているからです。名前や地位がいかに華やかであろうと、それらはもはや私の想像力にいかなる威圧感も与えないと思います。運命によって最も卑しめられた人々さえも、私には王位を追われ鎖につながれた君主たちのように見えるのです。他方、権勢を誇る人々(les Grands)は牢番(Géoliers)と変わらない輩としか私には思えません。

昨日、われわれは三回目の散歩をしました。貴殿があれほど好まれる女神像の並ぶエトワール広場、(1)そこから放射状に延びる野生的な小道を貴殿と共に歩めたなら、と私は何度願ったことでしょう。スタナップ卿の方は、幾何学的対称性で構成された庭園の豪奢にうんざりしながら、飽きずに私の教化を続けてくれました。スタナップ卿、あなたのおかげで、私は今では各国民の権利が分かりました、と彼に言いました。自由は自然の恩恵であり、恣意的権力は不幸の極みであることが分かりました。さらに、法律がその真の目的から歪められ、君主の意思に屈服させられているのは不条理であることが分かりました。大きな困難は、真理を知ることではなく、真理が命じることを実行に移すことです。私はあなたから学ぶべきことの先回りをしようとしたため、迷路にはまり込んでしまいました。そこから抜け出すためにあなたに援助を求める前に、どうかもう一度、われわれの前回の会話と非常に密接な関係のある問題について、しばし私と語り合ってください。

問題は法律です。キケロはそれについて論文を書きました。昨日の夜、彼の著作に目を通しながら、私は偶然、とても興味深い一節に出会いました(2)。この哲学者は、正義と不正義は政治家が何を命令し何を禁止するかによって決まると主張するエピキュロス派を攻撃しています。何ということだ、暴君が作った法律が正しいなどということがありうるか、と彼は憤っています。何ということだ、もし三〇人の暴君がアテナイ人に法規を定めたとしたら、もしアテナイ人がその法規を望ましいものであると声明したら、それだけでその法規に服従すべき理由となるだろうか。間違いなく否である、と彼は付け加えています。人間に義務を命ずる権利は一つしかない。この権利を確定する法は一つしかない。この法とは正しき理性であり、何を命令し、何を禁止すべきかを教えるのはこの理性である。さらにその先で(3)、いくつかの民族のもとでは、盗賊たちの間でなされる協約と変わらないほど理性から外れた、有害で不吉な事柄が承認されているが、どんな理由で私はそれらに従うのだろうか、不正な法律はそれがどんな名前を持とうとも、たとえ人民が、無知ないかさま医者の致命的な薬を健康によい薬として受け取るように、その法律を受け入れる決心をしたとしても、法律として通用してはならない、とキケロは言っています。[1]

スタナップ卿、私の最初の反応はキケロの考えと同じでした。キケロは他の哲学者たちと真理を探すよりも、たとえ迷うとしてもプラトンについて行く方を好むと言ったのですが、私は同じ事を彼について言うでしょう。しかしながら、私は、大胆にも私個人の理性を第一の審判者、第一の司法官、至高の君主と見なすように仕向けられることにたじろがずにはいられません。神が私に理性を授けたのは私が他人の理性に引きずられないためであることは明白なので、その点で私は安心します。けれど、情けないと思われるかもしれませんが、私がその権利を自分に認める以上、私は誰にも同じ権利を拒否することはできません。そう感じるや、あらゆる疑念と不安が私の中に起こってきます。人間と同じ数だけの、異なった意見があることになります。しかしながら、社会の福利にとっては、普遍的で共通な理性、すなわち、すべての意見を和解に導く法則が必要なのではないでしょうか。スタナップ卿、つまりあからさまに言えば、理性的存在に対し理性が及ぼすべき支配力に関して、キケロの考え方はあなたの見解と一致するのですが、法律に関して私があな

(1) ピガニオル・ド・ラ・フォルス（前掲書）はこの点について何も語っていない。しかし、ドゥザリエ・ダルジャンヴィルは『パリ近郊美観紀行』（Dezallier d'Argenville, *Voyage pittoresque des environs de Paris*, Paris, 1762, p. 157）で、「女神像の部屋」をマルリ庭園の名所に数えている。「そこで、古代の女神像とアポロンの像が見られる。」〔訳者〕このルセルクルの注釈では、彫像は元来、庭園に配置されていたが、室内に集められ、展示されたものと推定される。

(2) キケロ『法律論について』（*De Legibus*, I, 15）。

(3) キケロ、同書（II, 5）。

たから教えられた教義と矛盾するように思えるのです。すべてが法律に従わねばならない、あなたはそう言われました(4)。市民は為政者(magistrats)に抵抗してはならず、また為政者は法律の奴隷(esclaves des lois)であらねばなりません。社会のすべての善はそこから生まれます。私もあなたのように考えます。けれど、私を困惑させることがあるのです。もし市民が不正な法律に服従してはならないならば、各市民は各自で法律を検討する権利を有するということになります。そうなれば、偽りの精神の持ち主(les esprits faux)に不服従が赦され、悪い市民が反抗の口実を見つけることになり、私は安心していられません。私は無政府状態が出現すると予測するのですが、そんな状況で私にどうしろと言われるのですか。

スタナップ卿は、それなら法律をいくつかの種類に分類してみましょうと答えました。この方法を用いれば、相反するように見える理性の尊厳と法律の権威とをうまく和解させ、あなたが懸念する自由な検討に伴う危険、あるいは利益を判定できるでしょう。自然法に関して言えば、それはわれわれの理性そのものの教えですから、いくら研究してもしすぎることはありません。しかも、自然法は極めて単純、明快、輝きに富むものですから、人がなんらかの情念によって混乱させられていなければ、あるいはその人の脳髄の機能が阻害されていなければ、それを人に提示するだけで賛同が得られます。どれほど偽りの精神の持ち主でも、どれほど粗野な農夫でも、最も深遠な哲学者と同じように、自分が他人からされたくないと思うことを他人にしてはならない、ということは知っています。惨めで低劣な職業と悲惨な生活で卑しめられた男がいるとします。しかしながら、その男に自分の存在の尊厳についてなんらかの観念を持たせることは間違いなくできるのです(5)。他方、アウグストゥスは神官たちが彼のために捧げる生贄や元老院の恥ずべき追従の真っ只中にいながらも、なお自分は一人の人間にすぎないと感じるにちがいありません。この自然の本源的法律(lois primitives)を深めれば深めるほど、政治法(lois politiques)の中に人間精神が行き渡るのです。われわれはこの規則から外れたために、何もかも駄目にしたのです。

野蛮でない民族(peuple)はすべて宗教を持っています。神は僧侶たちに必ず自らの意志を明かします。人は通常それを神法(lois divines)と呼びます。天をして語らしめる僧侶、あるいは天の命令で語る僧侶が、自分が騙されているのでも詐欺師でもないことが証明されているならば、彼の言葉に従わないのは非常識でしょう。しかし、その点を調べるのが極めて重要です。なぜなら、真実の宗教においても、偽りの宗教においても、僧侶たちがやはり人間であることは自明だからです。もし彼らが、理性を超えた、しかも理性と矛盾しない神秘をわれわれに啓示するならば、もし彼らが神の尊厳を汚すことも、習俗に違反することもまったくない信仰をわれわれに命じるならば、われわれはどうして服従をためらうでしょうか。もし彼らが、しばしば社会に有害で実行困難な低劣な宗規[11]を崇高なものに見せかけ、それを美徳に仕立てようとして、理性の光に反する道徳や教訓を利害心に駆られてしゃべり散らすならば、彼らの犯罪的で子供っぽい馬鹿話を神のものと見なすより、彼らが間違っていると考えるほうがより賢明だと、私は思います。そこには坊主根性(l'esprit de la prêtraille)があるだけで、神の精神は見当たりません。社会が僧侶たちの流儀で宗教的にならない

(4)「第二の手紙」注(6)参照。

(5) 理性の明白な教えである自然法はいかに卑しい下層民にも認識されうるというこの記述は、前章における啓蒙不可能な「社会の屑」への蔑視と矛盾する。

ために危険を犯すとしても、それは迷信に陥らないように注意することにすぎません。宗教改革が勃発したとき、司教連中は神の名においてルター派やカルヴァン派を焼き殺すことを命じました。彼らの言葉を信じた結果、数限りない不幸が発生しました。もし各人が、神は全能である、よって神はあらゆる宗教をお許しになる、と自分に言い聞かせていたら、平和と和解が支配したでしょう。したがって、無に等しいこの私が神を助けるなどと言い張り、一人の哀れな長老派をロンドンの司教の威光に屈服させようとして苦しめることは、まったく非常識でしょう。宗教が誤って人々を市民の義務から背かせるや、私がその誤った宗教に追従しないからといって、いったい私がどんな悪を犯すことになるのでしょうか(6)。

人間の作る法律のうち、各国家の統治体制（gouvernement）を構築する基本法が第一等の地位に置かれます。ところで、とスタナップ卿は言葉を続けました。私は彼の言葉を貪るように聞きました。もしあなたがその基本法が正義にかなっているか否かを判定しようとすることは無謀と信じているならば、あなたは謙虚すぎます。もしあなたがこの権利（ce privilège）を隣人が行使するのを拒否するならば、あなたは隣人を十分に尊重していないことになります。隣人との論争が長引くことも、激しくなることも恐れてはなりません。法律が権威から自由であるか権威の奴隷であるか、統治が全般的福祉を志向しているかどうか、社会の全体（le Corps de la société）がその構成員のうちの特定の者の犠牲になっていないかどうかを知るには通常の良識があれば十分です。もし設立された政体に欠陥があるならば、あるいは設立された時点からそれが劣化したのであれば、前回の対話から判断されるように、あなたはもはやキケロのように考えることをためらうべきではないでしょう。法律があらゆる意見と親和的であることを望むのではなく――それこそ社会の不幸を固定することになるでしょう――、法律に対して反対が唱えられるのは幸いな改革の始まりであると見なさねばなりません。反対意見を促進することはあなたの義務なのです。歪んだ精神〔の持ち主〕や不良な市民に武器を貸し与えることになることを恐れてはなりません。政府はそのような連中を恐れて抑圧しますから、彼らもその心配から自分を抑制するでしょう。それでもなお、彼らが大胆に語るようであれば、かえって彼らの間違った推論や邪悪な意図が不正な法律を非難することに役立つでしょう。

政体（gouvernement）がいかなるものであれ、法学者が経済、刑事、民事などに区分する個別的法律はすべてその政体を源泉として派生します、とスタナップ卿は続けました。法律が、自由な人民の作品として、時間をかけた賢明な思索で作製され、法律に威厳と力を与える正当な手続きを経て公布される幸せな地域では、プラトンの言う通り、市民は自分のほうが法律より賢明であるとか、自分は不正と思う法律への服従を拒否するなどと主張してはならないでしょう。[7] そのような主張をする人は理性の思い上がりもはなはだしいので

（6）この宗教批判は、ルソーの思想と多くの類似点を示す。しかしながら、マブリは無神論者のみならず理神論者をも断罪し、彼らの投獄を主張する。『立法論』（*De la législation*, livre IV, chap. 2 à 4）参照。〔訳者〕マブリは、ルソーよりはるかにオーソドックスな信仰者であることが分かる。ルソーは、マブリ同様、無神論を敵視し、『社会契約論』「市民宗教」の章では無神論者を国外追放としているが、理神論への態度は比較的寛容であった。ただし、ルソーはヴォルテールに代表される理神論（déisme）は好まず、自己の自然宗教を有神論（théisme）という語で定義する。ともに自然宗教を信奉する両者の違いは基本的に、神の摂理（Providence）を認めるか否かである。理神論者の多くは認めないが、ルソーは認める。

（7）これは、『クリトン』〔の後半部〕で展開される有名な熱弁である。

す。彼は疑問を提出し、説明を求めることはすべきでしょう。しかし、当面は服従しなければなりません。彼は服従しても罪を犯すことにはなりません。法律に疑いを抱くことは、それに反対する十分な理由とはなりません。何より、彼が賢明な統治のもとで暮らしているということが、彼の服従を正しいこととするのではないでしょうか。

しかし、市民なら誰でも自分の夢想を法律にするように提案できる純粋な民主政（pure démocratie）、邪悪な意図を持った連中の陰謀を阻むための、また、大衆の常に烈しい情念を緩和し、その熱狂を予防するための合理的な対策がまったく施されていない純粋な民主政では、すべては幻惑（vertige）のうちに決まることは明らかです。その場合に、私は自分の良識を卑しめ、愚民の群れ（une cohue）の集会の決定に盲目的に服従しなければならないのでしょうか。私には、リュクルゴスのように、祖国を不幸にする法律に反対し策謀を企てることが赦されないのでしょうか。喜劇の上演用に準備された資金を戦争費用に充当しようと提案する者は誰でも死刑であるというアテナイ人の滑稽な法律を、フォキオンは尊重するでしょうか。[8] デモステネスはこの法律に従わねばならないのでしょうか。この私はこれら二人の偉人のいずれでもありませんが、フィリッポス〔二世、マケドニア王〕の軍隊が市門に迫ってきているときに、私は楽しげに観劇に出かけねばならないのでしょうか。

君主は、勅令の冒頭に「朕が喜びはかくのごとくなり」[9] と冷ややかに掲げます。どんな理由、どんな動機、どんな資格で彼は私の服従を要求するのでしょうか。立法は人間の行う最も健全かつ神聖な行為です。いったい、それは狩猟や舞踏会[iii]と似たようなものなのでしょうか。[10] 利害心に駆られて暗闇で作製され、無規律に、あるいは私を不安にする幼稚な形式[11]で公布される命令書の紙切れを、私は厳かな法律と見なすのでしょうか。

（8）この点に関して、プルタルコス〔のフォキオン伝〕には、いかなる具体的な記述もない。前三三九年、カイロネイアの戦いの前夜、デモステネス〔アテナイの政治家、将軍、BC. 384-322〕は、それまで幾度となく主張してきた考えを実現する提案を投票に掛けた。すなわち、戦争期間中は、それまで祝典行事用の基金に組み込まれていた余剰金を軍事予算に振り当てるという提案であった。この提案は、アテナイの貧困層の利害と衝突した。それまでの政治が実現すべきは、社会福祉事業と祝祭行事のために最大限の予算をつぎ込むことであったからである。予算編成に関する法律は、基金の使用に関して完全な縦割り方式を決めており、その変更の提案は法律違反の罪に問われる危険性があった。グロッツ、コアン著『ギリシャ史』（Glotz et Cohen, *Histoire greque*, tome III, pp. 305 et 340）参照。フォキオンという人物に対するマブリの愛着は、彼の最も有名な著作の題名〔『フォキオンの対話』〕を思いつかせ、三年後にその作品が書かれた。

（9）この儀礼的表現は、「われらが〔集会の〕決定はかくのごとくなり（quia tale est nostrum placitum）」というラテン語の常套句を逆向きに言い換えて作ったものである。

（10）ルイ十五世の狩猟への熱中振りは周知のことであった。

（11）『旧法令集成』（Jourdan, Isambert, et Decrusy, *Recueil des anciennes lois*）を参照。ルイ十四世の治下では、勅令の前文は次のように始まる。「神の恩寵によりフランスおよびナヴァールの王たるルイは、現在及び未来に栄えあれ……」。前文の最後は次のような言葉で終わる。「以上の理由により、（…）の主題についてこれまでに出されたすべての勅令および宣言を廃止し、永遠にして取り消し不可能な現在の勅令によって、朕は以下のことを語り、声明し、定め、命じることを知らしめるものなり。」

法律の結論部分は次のように書かれた。「わが法廷を司る忠節なる者たち、バイイ、セネシャル、その他の司法官および役人に命令書を与える。今回の命令の内容を、彼らは読み、公表し、登録し、管理し、それに違反することなく守らねばならない。なぜなら、それが朕の喜びなればなり。それが堅固で永久に変わることなきように、朕は今回の命令書に自らの手で署名し、わが印を押させしなり」など。この書式は、ルイ十六世治下においても、わずかな修正がなされただけである。

専制君主の役割は人間の能力を超えており、人間の脆い美徳は王座を取り巻く無数の誘惑や不正に抵抗できるようにはできていないという一事によって、私は常に専制君主を疑わなければならないのです。彼の作る公正な法律は全般的福祉を目指すものであり、公衆が彼の大臣やご機嫌取りの情念の生贄にされることはない、と彼の言葉通りに信じてもかまわないと結論するには、私は自分の論理を無理に捻じ曲げねばなりません。彼の座る長椅子からは、どんな愚か者でも自分がその犠牲者でさえなければ失笑してしまうような、馬鹿げた命令が毎日下されるのです。こんな勅令に自分は従わなければならないと信じるほど私は非常識ではありません。

その通り、その通り、ですから、キケロは正しかったのです。市民は為政者に、為政者は法律に従わねばならないことを異議のない真理として認めるということで、われわれの考えは一致しました。この秩序が守られている共和国であれば、法律の不正義が有害な争論を引き起こすことは決してないと信じてかまわないのです。しかし、このような幸福な共和国はこの世界では稀であり、人間は自らの情念によって常に圧政か、さもなければ隷従へと誘われ、悪意や愚かさから不正な、不条理な法律を作ってしまうのであれば、この不服従という病に他のどんな薬が処方できるでしょうか。なんらかの混乱が生じるでしょう。しかし、なぜ混乱を恐れるのですか。その混乱自体が、人々が秩序を愛し、秩序の確立を望んでいることの証拠なのです。反対に、盲目的な服従こそ市民の精神が鈍化し、善・悪に無関心となっている証拠なのです。そうなれば、あなたは何が期待できるというのでしょう。考える人間は理性の帝国（l'Empire de la raison）を堅固にするように努めます。考えずにただ服従するだけの人間は、情念の権力を好むが故に、隷従へと馳せ参じるのです。

卿は、どうか同じ『法律について』の中で、クイントゥスが雄弁をふるって護民官の権力に反対する箇所を思い出してください、と私に言いました。[12] キケロはクイントゥスになんと答えているでしょうか。わが兄弟〔クイントゥス〕よ、これぞまさに護民官職に伴うあらゆる不都合の精彩に富む忠実な描写です。しかし、心得ておかねばならないのは、もしあなたが不都合だけを数えて、この役職（magistrature）がわれわれにもたらした値のつけようのない無数の利益も同時に示さないなら、あなたは公正を欠くことになるということです。善と悪とを比べ、それらを公平に考量する必要があります。そこから始めてください。そうすれば次に、護民官たちの野望、党派心、策謀が時に生み出す一時の弊害の除去だけを望んでいたら、彼らの活動、勇気、断固たる決意、日々の怠らない警戒がわれわれの共和国にもたらした計り知れない恩恵を、われわれは決して享受できなかっただろうということがあなたもお分かりになるでしょう。

政治に関しては、誰もがクイントゥスのように考えますが、私はキケロのように言うでしょう。あなた方の警戒心を呼び覚ますそれらの小さな争いごとは、確かに不都合なことです。しかし、それには国家の保安と安寧に役立つ利点が伴っているのです。実際、クイントゥスが語るように、護民官たちは時々、誤りを犯し、健全な企図への障害となりました。しかし、彼らは絶えず貴族の圧制と元老院の野望に反対し、人民の尊厳を維持し、そうして共和国の栄光を築いたのです。彼らは法律を確固としたものにし、法律が圧制の道

(12)『法律について』(*De Legibus*, III, 7–11.)。護民官についてのマブリの見解は変化した。『ローマ人についての考察』(*Observations sur les Romains*, IV, 314–5.) では、はるかに厳しい意見を表明している。

具となるのを防ぎました。彼らは勇気と競争心を活気づけました。そして、市民が享受したすべての幸福は彼らのおかげなのです。もし、目前の問題との関係や効果だけでなく、はるか遠方を見渡して、彼らの役割をあらゆる側面から検討する労をいとわないならば、非難するのは自由であるとしても、多くの点で彼らを賞讃することになるでしょう。

われわれは純粋な善（des biens sans mélange）を欲します。しかしながら、そのようなことを期待するのは途方もなく馬鹿げたことなのです。社会は人間でできており、人間はとても不完全な素材なのです。自然がわれわれに実現を許した程度の完成、そこへたどり着くために自然がわれわれに与えてくれた手段で満足しましょう。すなわち、悪を最小限にすること、それがわれわれの最大限の善なのです。肉体の場合にも精神の場合にも、その治療薬には自然の配剤によって苦味が付きものです。だからといって、治療薬に頼ること、子供のようにしかめ面をしながらも薬を飲むことを拒絶すべきなのでしょうか。市民の間に広まった不安や批判の精神は時として護民官以上に危険だということは私もよく分かります。しかし、それは、決められた限界を常に超えようとする政府を引き止めるためのブレーキなのです。

さらに、と卿は言い加えました。この不正で不条理な法律という問題は、われわれが昨日扱った政府の改革の問題とまったく同じなのです。なぜなら、市民が政府の欠陥を正そうとしながら、政府が課した法律にはなんら検討を加えず、卑屈に服従しなければならない、などということは不可能だからです。あなたが安心できるように、私は繰り返しますが、一種の本能しか持っていないような連中も法律の検討を行うべきだとは言いません。その無知のせいで、彼らは、権威、習慣、手本といったもの以外には行動の基準をまったく持ちえないのです。[13] 彼らに対しては、キケロも確かに緩やかな態度を取りました。しかし、教養のある人々に対しては、声を上げ自分の意見を人に聞かせることを要求したのです。彼らの競い合い（concours）は公論を形成し、公論は絶対に無力ではないからです。

ところで、もし貴殿〔手紙の相手〕が不正で不条理な法律の弁護に回りたいという人を誰かご存知でしたら、その人に持論を覚書の形で書き、私に送っていただくように頼んでみてください。なぜなら、この私は、スタナップ卿に対しまったくありきたりな理屈でしか対抗できず、卿は訳なく私を粉砕してしまいますので、私はこれ以上言い張る勇気がないからです。その上、率直に申しまして、私は自分が真理と思うことに反対して議論を続けるような才能には恵まれておりません。

今われわれは法律について議論しています、と卿は私に言いました。ですから、あなたが熱望している改革問題の詳細な検討に入る前に、公正な法律[iv]だけを持つために自然はわれわれにどんな手段を与えたか、そのことの探求にわれわれの散歩の残り時間を費やすべきでしょう。そこで、私は卿にまた答えました。賢明な自然はわれわれに理性を与えてくれました。その理性によって、自然はわれわれが果たすべき義務のすべてを必ず学べ、また、われわれの必要をすべて満たせるようにして[v]くれたでしょう。われわれは内心に回帰し、情念に沈黙を課して、自然がわれわれに命じたことを学ぶためには、われわれは丁寧に理性に相談しなければならないでしょうか。法律が、いわば自然法の子供であれば、法律は確実に良いものとなるでしょう。

（13）「第三の手紙」注（2）参照。

その場合、法律は、悪徳を禁止し、美徳の実行をより親しみやすくするように働くでしょう。そのとき、市民たちは法律のくびきを悲しまずに背負い、むしろ法律を自分たちの安全と幸福の規則として愛するようになるのが見られるでしょう。卿は、あなたの言われる通りです、あなたの方法は確実です、と私に答えました。しかし、経験から判断するとき、それは実行可能でしょうか。情念に誘惑され盲目になる可能性を常に抱えた人間が、情念の誘惑を免れ、そして、非常に有益であるにもかかわらず常に人間から逃げ去る真理の発見を可能にしてくれる技術があるかどうか、それが私の知りたいことなのです。

この問に対して、私は、国家の中で法律の研究を盛んにし、自然法教授の講座（Chaires de professeurs en droit naturel）を創設し、誠実な人々で構成された立法会議（conseil de legislation）を立ち上げるなど、この種の有力な方策を実行しなければなりません、と答えようとしました。その時、私は幸いにも、スタナップ卿がこの問題を出したのは、私が彼との対話を十分役立てたか否かを試したいという好奇心からであることに気づきました。私の方は、彼から学んだ諸原則の中に自分の答えを見つけられると直感しました。スタナップ卿、あなたの質問にはいくらか意地悪なところがありますね、と私は冗談めかして言いました。三日前であれば、私はどんな答えをしたかわかりません。しかし、今の私は断固として、国家が良い法律をもてるのは、国家が自らその立法者（son propre législateur）となる場合だけであると答えます。

スタナップ卿は私を抱擁しました。これほどの好意を示され、いわば一つの真理を発見したという喜びで心がいっぱいになり、私は卿の忍耐心につけ込んで自分の考えを述べ続けました。私は、彼のほうが私よりはるかによく理解していることを彼に説明したのです。君主政あるいは貴族政のもとでは、理性にかなった公正な法律を期待することは滑稽です。君主や軽蔑的な貴族たち（patriciens）が立法権を委ねられているとき、他の人々の情念よりはるかに盲目的で興奮しやすい彼らの情念は、すべてを彼らの個人的利益へ転換してしまうでしょう。彼らが何でもできるときに、善だけを望むことがあるでしょうか。追従者たちも、君主や貴族の計画の実行を妨害するでしょうか。どの世紀の歴史であれ、もしその実例がわずかしかないとしたら、それは奇跡といえるでしょう。われわれは、自分たちの馬や、愛妾や、飼い犬や、自己満足といったことより公共善を優先するようにと彼らに初めて警告して以来、何度同じ事を無益に繰り返したことでしょう。(14) 聞く耳を持たない連中に語りかけているのだということを、われわれはいつになったら理解するのでしょう。反対に、人民が立法権を保持することになれば、やがて法律はより賢明で、より健全になることは確実でしょう。自己の尊厳を誇りとし、法律にのみ従うことをモットーとする共和主義者（Républicain）は、本来的に真っ直ぐで公正で、気高く勇敢な魂の持ち主です。人間の支配に適応しようとする者は、気まぐれも、不正義も、狂気も尊重する気構えであり、そのために判断力を失います。スルタンの法律を尊重するあまり、トルコ人はスルタン個人の命令を法律と見なすことに慣れてしまいました。専制君主の臣民たちは、忍耐力、そして怠惰や畏れと調和したつまらない奴隷根性以外に、もはや美徳を持っていません。もし自由を羨望する人民が時に間違いを犯すことがあるとしても、それは一時的なものにすぎません。人民はその過ちそのものから学びます。しかし、足枷に隷属する人間たちにとっては、最初の誤りは不可避的に第二の誤りを準備

(14) ルイ十五世を直接の標的にしている。

するのです。

スタナップ卿は私に言いました。注意してください、あなたは興奮し、遠くへ行き過ぎでしょう。過ぎたるは及ばざるが如しで、行き過ぎた真理は真理でなくなることに留意してください。無制限に自由を賞讃するあまり、あなたがアテナイのような民主政を非難できなくなるのではないかが心配なのです。アテナイでは為政者に空しい名前と無益な権限しか残さなかったために、民主政は専制（tirannie）に堕落せずにはいなかったのです[15]。自由への愛は魂を高揚させますが、同時にしばしば危険な仕方で情念も高揚させるのです。民主政の行われる公共の広場（la place publique）では、専制の閣議（divan）が下すのと同じ不正で不条理な決定が下されます。自由への愛はすべての善の源泉です。しかし、その愛には法への愛が伴わねばなりません。これら二つの愛が結合されていなければ、法律は常に不確実で動揺がやまず、大衆（la multitude）の情念によって決定と破壊の繰り返しになるのです。そしてついには無政府状態から圧政が生まれることになるでしょう。共和国を誕生させるには、自由への愛で十分です。しかし、法への愛だけが共和国を維持し繁栄させることができるのです。ですから、政治がその主要な目的とすべきはこれら二つの感情の結合です。もし、統治を常に公平であらゆる身分の市民に好ましいものとする努力を絶えず行わないならば、この貴重な結合を打ち立て維持しようと努めても無駄なのです。この目的を達成しようとするとき、間違った法律を作るのではないかと恐れてはなりません。この目的を無視するならば、公共の幸福を期待することはできません。立法者は、国家の中に紛れ込んだ悪弊を是正するために一つの法律を加えようとするとき、その法律が直接的であれ間接的であれ、自由への愛や法への尊敬を減じるように作用しないかどうかを真剣に自問しなければばなりません。もし、その法律がそのいずれかの効果を生むようであれば、その法律が一時的に善を生み出すように見えても、それは共和国に致命的な傷をもたらすことは確実です。それだけでもまだ十分ではありません。市民の心の中でこれら二つの感情がいわば均衡を保つようにしなければならないのです。私はすでにあなたに言いました。野心、怒り、傲慢、貪欲のような情念は、法への愛によって導かれないならば、自由への愛を不可解な方法で乱用することになるでしょう。他方、怠惰、肉欲、恐怖などの情念は、自由への愛で活気づけられないならば、法への尊敬を無益で危険なものにさえするでしょう。

古代の諸共和国の歴史を追ってみてください。そうすれば、私が求めているこの均衡が失われるや否や、内紛（les dissentions）が発生するのがお分かりになるでしょう。均衡が回復されると、紛争の後に平安が訪れます。平衡を保つことがもはや不可能になると、失われた国家を救済する手段はありません。この衰退の時期に、諸共和国は自らの不幸の重みに打ちひしがれながら、賢明な法律や健全な規則を作りましたが、それは外見だけでなんの効果もありませんでした。そうなる原因は何でしょうか。それは、改革（la réforme）を開始すべき所から改革を始めなかったからです。あれこれの欠陥に対し個々に治療薬をあてがうのではなく、欠陥を生み出した原因へ遡らなければならなかったでしょう。統治体制（gouvernement）を定めている国制の

（15）マブリは純粋民主政（la pure démocratie）に対する警戒心をしばしば表明している。彼が持ち出す例は常に古代のものである。特に、『ローマ人についての考察』（*Observations sur les Romains*, IV, 273-4）および『ギリシャ史考察』（*Observations sur l'histoire de la Grèce*, IV, 59 et sq.）を参照。

法（les lois constitutives）が悪いとき、あるいはその効力が失われているときには、個別の法律はもはやいかなる効果も生み出しません。

人々はこれまで、ほとんど立法の順序と方法を理解してきませんでした。それは、法律をその重要性、権限、有効性、影響力に従って区別しなかったからです。諸国家は幸福の実現に努力しましたが、ほとんど常に無駄でした。成功したとしても、それは極めて短期間にすぎませんでした。自由な人民は通常、不幸にも彼らの政体の欠陥をただ糊塗して満足し、しかも欠陥を愛しさえしました。そのために、あれほど多くの共和国が、その自由がもたらすはずの利益の半分の恩恵にしかあずかれなかったのです。共和国は無数の障害に苦しめられ、そこから脱出できませんでした。共和国はそれら障害の原理を愛しさえしたからです。われわれイギリス人は、国王の一定の大権から生じる無数の弊害に嘆声を発します。法令によって下院の自由選挙と上下両院の権限を定めたとして、それがなんの役に立つのでしょう。他方でわれわれは、国王の持っているわれわれを腐敗させる権力を尊重しているのです。

〔統治体制の〕各部分がすべて賢明に結び合わされ、相互に力を貸しあう形になっている他の共和国の場合でも、各部分の力の調和を自らの手で妨害するということが起こるのです。ある時には、市民たちはいわば眩暈（vertige）に襲われて、為政職の権限を強化するでしょう。ところが、それが誤りであったことに彼らが気づくのは、自分たちが増殖させた憎悪や嫉妬のために、もうその誤りを修正できなくなった後なのです。またある時には、市民たちは本来結びつかない事を結び合わそうとするでしょう。彼らは自由な国家の中にあって、隣国の人々を屈服させ暴君の心地よい悪徳を楽しもうとするでしょう。自由と良き習俗との間に必ずある内密な関係を認識できる賢明な人民は、どこかにいるのでしょうか。商業を促進するという口実で、奢侈と貪欲を煽りなさい。それでは、あなた方が自由を堅固にするどんな法律を作ろうと、いずれはあなた方自身が奴隷となる[vi]のを妨げることはできないだろう、と私は予告します。悪徳に染まったとき、いったいどんな共和国がスパルタやローマの轍を踏まずにいられるでしょうか。

道徳と政治の関係についてスタナップ卿が私に語ったことを、貴殿にこの手紙で逐一繰り返すことはいたしません。彼は細部にわたって詳しく説明しましたが、確かに好奇心を駆り立てられました。あなたにお追従を言うわけではありませんが、私は以前にあなたが同じような考察を述べるのを幾度も聞いたことがあります。すべての悪徳は目に見えない絆で相互に支えあっているということを、彼は私に示しました。悪徳が危険であるのは、それが害悪（des maux）を生み出すからというより、魂を一種の麻痺状態（engourdissement）に陥れ、いっさいの活力を奪い、善を妨げるからです。良き習俗はいわば法律の前に立っている見張り番（sentinelle）のようなもので、人々が法律を犯そうと考えつくのを妨げます。反対に、悪しき習俗は法律を忘却と軽蔑の中に陥れます。貴殿はきっと覚えておられるでしょう。われわれは政治的な夢想を語り合いながら、わが国の行政の欠陥の是正策を幾度となく探求しました。どれだけの改革案を思い描いたことでしょう。ところが、われわれの対話はいつも、それらを実行する誠実な人々が見つからないと嘆くことで終わりました。

スタナップ卿は散歩の最後に、人類を悲しませるあらゆる不幸の主要な源は何かご存知ですか、と私に尋ねました。そして、彼はこうつけ足しました。それは財産所有権（la propriété des biens）なのです。私は、原初の社会は所有権を公正に確立することができたことを知っています。自然状態では所有は完全に確立していました。なぜなら、当時は人が自分で建てた小屋や自分で耕して育てた木の果実がその人の富[vii]（bien）であると見なすことを否定できる人はいなかったからです[16]。いくつかの家族が互いに助け合うために集まった社会では、それぞれの家族が自分の所有物を持ち、食糧を供給する畑を分割することを妨げるものは何もありませんでした。自然状態では、習俗の野蛮さや各人が万物に及ぶと主張する権利が引き起こす混乱、さらには、経験の欠如のために、この土地の分割がもたらす無数の不都合が予測できず、市民たちは新しく社会を作るにあたり、財産所有権を確立するほうが有利に思えたにちがいありません。しかし、われわれはこの不吉なパンドラの箱を開き、そこから無数の害悪が出てきたのを見ていますから、もしわれわれの理性がどんなわずかな希望の光でも捉えたなら、われわれはあの幸福な富の共同体（communauté de biens）を願うべきではないでしょうか。詩人たちによってあれほど称えられ惜しまれた共同体、リュクルゴスがスパルタに築き、プラトンが彼の共和国に再生させようとしたあの共同体は、習俗が堕落した今では、もはや一個の幻想（chimère）でしかありえないのでしょうか。

共和国において、最初、財産は平等に分割されますが、その平等は第三世代ともなれば、もはや市民間に存在しなくなることは確実です、と卿は続けました。あなたには息子が一人だけいるとします。彼はあなたの慈しみを受けて成長し、節約と勤勉を学び、丹念に耕されたあなたの遺産を受け継ぐでしょう。他方、力でも才能でも生まれつきあなたほど恵まれず、活発さや器用さでもあなたに及ばない不運な私は、私の遺産を怠け者かおそらく浪費家の子供三、四人に分割することになるでしょう。こうして、人間たちは必然的に不平等となるのです。なぜなら、財産の不平等は不可避的にさまざまな欲求と一種の隷属を生み出すからです。隷属は、自然法と理性によっては否認されますが、すでに富と貧困から生まれた数々の情念によっては承認されるのです。富者たちがその財産によって人から評価され尊重されるようになるや、彼らは互いに同盟し、大衆とは別個の団体を必ず作ろうとします。彼らは心のそこから、自分こそが有徳で才能ある人間だけに与えられる地位に値すると信じ込むでしょう。彼らを羨望と賞讃の念で眺める貧乏人たちを、彼らは冷酷と高慢、軽蔑と自惚れを持って眺めてもよいと思い込むでしょう。そのときすでに、社会はなんと多くの悪徳に苦しむことでしょう。悪徳は無益な技術と共にどんどん増えていくでしょう。そうなれば、公共善が市民の第一の関心であることをもはや期待してはなりません。彼の所有物と彼の自尊心が獲得した差別的地位は、彼にとって祖国よりも貴重な富なのです。彼は策謀をめぐらし、徒党を組み、分派を作るでしょう。奢侈が上層部に圧政の精神を発達させる間に、奢侈は大衆を堕落させ、彼らを日々愚鈍にし、奴隷状態に慣らしてしまうのです。

人々は当初は悪弊に不満を言いますが、それが極端にならない限り我慢します。この寛大な我慢のせいで

---

(16) マブリは、所有は労働に基礎を置くとするロックの見解(『市民政府論』、第5章参照)に従っている。ただし、ロックの理論はマブリよりさらに明解である。ロックの場合、自然の中での各人の権利は、各人が実際に享受できる物の範囲に制限されている。土地は万人に十分ある。社会の中で貨幣が発明されると富の蓄積が可能となり、その結果、大土地所有が成立する。ロックはこの論理によって、同時代のイギリスの土地所有制度を正当化した。マブリが共産主義社会の彼の夢想をかかる諸前提とどのように和解させるのか、さらに不明確である。

悪弊が根付いてしまいます。そしてついには、その弊害は人々の反抗心を掻きたてずにはいない侮辱の頂点に達するのですが、時すでに遅く、もはや施すすべがありません。農地改革法（lois agraires）や奢侈禁止法（lois somptuaires）を作るのでしょうか。それらの法律はもはや公衆の習俗にも私的な習慣にも適合しません。共和国で人々は無益に騒乱を煽り、もはや政府の存在しないことが証明されるでしょう。そして、無用な法律をなおも要求する人々を黙らせるために、怯えた市民たちが貪欲と野心から最も残忍な暴力に訴えるでしょう。情念が広大な計画を作り、その計画が成功し戴冠します。そして暴政が神罰のように、それを恐れていた市民たちの上に降りかかります。これがローマの歴史です。人々が勇気を出さず、呑気に日々の出来事と悪徳の流れに身を委ねるならば、冷たく臆病な一種の協調的暴政がその国家に成立するでしょう。公共善はまず忘れられ、次いでどこでも軽蔑されるでしょう。法律の名で公布された恥ずべき勅令は、市民たちの間に分裂を撒き散らし、卑屈、ペテン、密告が栄誉ある地位を与えられるでしょう。暴政は、奴隷たちを見下していますから、いたるところで血の雨を降らせるようなことはしないでしょう。一方には、自分たちの巨額の富に酔いしれる、怠惰で愚かな抑圧者がいます。官能に耽るあまり喜びの感覚を失っている彼らは、その感覚を取り戻させてくれる者たちに報酬を約束するでしょう。他方には、貧窮の中で思考力を失った被抑圧者がいます。この獣のような連中はもはや自分を人間とは思っておらず、実際もう人間ではなく、最低の餌も拒絶され、それを見つけるのが精一杯でしょう。これが、その奢侈と怠惰で悪名の高い古代諸民族、アッシリア人、バビロニア人、メディア人、ペルシア人などの、さらには近代の大半の国家の歴史です。

しばらくこの草地に腰を下ろしましょう、と卿は私に言いました。私はどうしても話さずにはいられませんが、このことは是非秘密にしてください。私の途轍もない考えをあなたに打ち明けたいのです。澄んだ空と健康に良い水に恵まれたどこかの無人島の記述を旅行記で読むと、私は必ずそこへ行って、全員が平等、全員が豊かか全員が貧乏、全員が自由、全員が兄弟のような共和国、つまり、個人としては何物も所有しないことが第一の法律であるような共和国をその島に建設したい気持ちになるのです。われわれは公共の倉庫(magasins publiques)に労働の成果を運び入れるでしょう。それが国庫(le trésor de l'état)であり、各市民の遺産(patrimoine)となります。毎年、家長が財務官(des économes)を選び、財務官が各個人の生活必需品の分配を決め、共同体が必要とする仕事を各個人に割り当て、国家の健全な習俗の維持に努めるのです。

私は私的所有(la propriété)が労働への嗜好と熱意をどれほど掻き立てるか良くわかっています。しかし、もしこの腐敗状況の中で、われわれがもはやわれわれを動かす動機としてこの情念しか知らないとしても、もはや何物もそれに取って替わることはできないと信じるのは間違いでしょう。人間が持っているのはただ一つの情念だけでしょうか。栄誉や尊敬への愛、もしその愛を動かす術が分かっているならば、それは貪欲に劣らず積極的なものとなるのではないでしょうか。しかも、その愛には貪欲に伴う不都合がまったくないのです。私が競争心を煽る目的で報償を授けるのは、技術の発明者に対してではありません。田畑を最も肥沃にする農夫、丈夫で多産な羊の群れを飼育する羊飼い、疲労にもどんな天候の不順にも耐えられる鍛えられた巧みな猟師、苦労をいとわず働く職工、家事の務めに専念する女性、人類の義務を家族に注意深く教える父親、素直に教育を受け、父の美徳を真似ることに熱心な子供たち、私はこういった人々に報償を授けます。このような法の下にあれば、人類は気高くなり、容易に幸福を見つけるとは思いませんか。われわれの貪欲、傲慢、われわれの追及する安楽がどんな幸福を約束しても無益です。あれほど褒められる黄金時代の夢想を実現するか否かは人々の決断にかかっていました。私の島では、どんな情念が敢えて姿を現すでしょう。われわれの頭上には、今日のあらゆる民族を打ちひしぐ無益な法律の重荷がのしかかることはないでしょう。現在のヨーロッパが示す、見るも苦痛な異常な光景に倦んだ私は、自分の想像力によって私の魂を快い希望へと開き心地よい夢想に耽ることが赦されません。私は自分が作り上げた幽霊たち（fantômes）のことを考えるのがとても楽しく、彼らと別れるときには悲痛な気持ちになるのです。あなたは私の話を以前より熱心に聴いて見えますね、と卿は私に言いました。あなたの心は今や、心を楽しませる幻影（une illusion）に騙され、そこに喜んで安らいでいるでしょう。あなたの心は、それこそ人間のために作られた幸福であると語りかけませんか。

スタナップ卿、それでは〔あなたの島へ〕出発いたしましょう、私はあなたについていきます、と私は彼に答えました。いつ、どこで、乗船しましょうか。新天地へ行きましょう。そこでなら、ヨーロッパの偏見と情念を脱ぎ捨て、われわれは永遠に忘れ去られ、もはやヨーロッパの諸政府の残酷な狂気も同胞市民の貧窮も見なくてすむでしょう。大変結構ですね、と卿は私に微笑みながら答えました。私は微笑を返しました。私は出発に異存はありません。でも、あなたと私だけでは共和国は作れません。われわれに付いて来る人がいるでしょうか。たとえ今自分の手元にあっても軽蔑するような幸福を、誰が祖国を遠く離れてまで探しに行くでしょうか。われわれの堕落はこのような途方もない地点にまでたどり着いているので、最高の英知さえ狂気の極みのように見え、実際そうなってしまっているのです。まったく新しい人間をわれわれの好みどおりの市民に仕立てることはできませんから、どうすればわれわれは彼らの考えを変えられるのでしょう。どうすれば彼らの心に根付いた、絶えず生まれ出る数限りない情念、教育と習慣によって不動の支配権を打ち立ててしまったあの情念の根を断ち切れるのでしょう。

キケロはどこかで、カトーは同時代のローマ人にあたかも自分がプラトンの共和国にいるかのように語りかけている、と咎めています[17]。これ以上同じ非難を繰り返さないようにしましょう。カトーより賢くなりましょう。われわれは深淵の底を重い鎖を引きずって這いずっています。どんな人間の力もこの鎖を切断することができません。天空に突き出た山の頂上に一挙に駆け上がろうとしてはなりません。もう遅くなりましたので帰りましょう。自由を失ったヨーロッパの諸国民が自由を取り戻し保持することができるかという大問題の議論を、今日始める必要はありません。もしお望みなら、明日また、市民の権利とそして特に理性にかなった義務の問題に戻りましょう。ヨーロッパの諸国民は、その絶望的な状況からどんな方針を導き出しうるか検討することにしましょう。どのような用心をし、どのような勇気を奮い起こすべきか、要するに、ヨーロッパ諸国民の希望と心配が何であるかを検討しましょう。

スタナップ卿が昨日私に約束した対話をわれわれは今朝行いました。私は本当に多くのことを学びました。今それを貴殿に伝えたくてたまりませんが、貴殿とはこれでお別れです。私は明日また貴殿に手紙を書きますから、どうぞ心待ちにしていてください。スタナップ卿は主張しました。そうです、それは絶対冗談では

(17) キケロ『アッティクスへの手紙』(*Lettres à Atticus*, II, I)。

ありません。卿の意見では、われわれフランス人、そう、このわれわれが望みさえすれば、間違いなくまだ自由になる可能性があるのです。それは奇跡のように思えるかもしれませんが、判断を一時留保しておいてください。スタナップ卿が正しいか否かは確かに、われわれの判断次第でしょう。

マルリにて、一七五八年八月一六日

第五の手紙

第四の対話。自由な国家における良き市民の義務に関する一般的見解。彼〔市民〕は、君主政のもとで隷属状態がさらに高まるのを回避し、自由を回復するために、いかに行動すべきか。

私は、前回の手紙で貴殿にお伝えしたスタナップ卿との語らいを今か今かと待っていました。スタナップ卿の見識は彼に対する私の信頼を高めましたが、それでも、私は彼の約束を疑っていました。その点で貴殿のご寛容をお願いします。私は、ただ空想的な改革〔談義〕をするために、彼に無人島へ連れて行かれるのではないかと心配していました。彼が市民の義務を果たす上で必要な慎重さと大胆さについて語ったことをすべて思い出しても無駄でした。いくら考えても、それだけでは私の精神には明晰な観念も安定した見地も浮かんではきませんでした。行動のプランを描き始めるや、私はすぐさま用心深くなりすぎ、あるいは逆に大胆になりすぎるのでした。私はまるで、嵐の襲来で未知の海洋に運ばれ、海図も羅針盤もなくいっそう迷うのを畏れ、進路をどの方向に取るべきか決断できないでいる船の水先案内人のようでした。

私が待ち望んでいた散歩の時間がついにやってきたとき、私は自分の困惑で心がいっぱいでした。私は前置きなしに、いきなりスタナップ卿に切り出しました。これまでの対話で、あなたは私に、マルリからパリへ両足をそろえて一跳しようなどとしてはならない、用心深くしかも大胆でなければならないと言われました。あなたは、トルコ人、スペイン人、フランス人、イギリス人、そしてスウェーデン人に[1]、それぞれ異なった行動を求められるでしょう。国民が立法権を保持している場合、あるいは、国民が君主やその他の為政者に行政権しか認めていない場合には、私は取るべき態度は単純だと思います。各々が、賢明さ、用心深さ、大胆さにおいて独自の態度を取らなければなりません。しかし、国家の全権力で武装した立法者君主(un monarque législateur)を持ち、彼の意志の代理人たち(ministres)、ご主人の権力を無制限にすれば自分たちの権力も増大すると信じる役人(officiers)を通して、いたるところに現存し行動する、そのような君主のいる国民の場合、事情は異なります。

もし私がストックホルムに生まれていたら、私はやがてかなり立派な哲学の方法論を確立し、それほど困難もなくその方法に従うだろうと思います。スウェーデンでは、市民の尊厳が明確な法律のうえに確立されています。自由が脅かされる危険があるとすれば、それは公正な法を畏れる詐欺師たち(frippons)、または、わが国のお偉方のように君主に無制限の権威が与えられれば、下役の自分たちも小暴君(despotes en sous ordre)として振舞えると自惚れる詐欺師たちが原因となるでしょう。しかし、密かに専制政治の陰謀が企てられるようなことがあれば[2]、かえって良き市民たちの公共善に対する熱意をいっそう掻き立て、彼らの警戒心をいっそう高めるのに役立つだけでしょう。徒党や陰謀はほんの一時のことでしょう。君主の権力は賢明に制限されていますから、追従者の数は日ごとに減少していくでしょう。それゆえ、自由の党派は絶えず新たな力を獲得し、国民の一般精神は自由を命じ、国民に自らの政府の諸原則を確立するよう求めるでしょう。そのとき、何が問題となるでしょうか。それは、昨日あなたが私に教えてくださいました真理を実行に移すことです。スウェーデン人が自由に対して抱く愛情と同程度に法律に敬意を抱くよう、さまざまな方策を立てることです。大臣たちが法律を無視したり悪用したりするのを妨げ、法律をいっそう貴重なものにするように私は努力するでしょう。また、元老院をもっとうまく活用すべきでしょう。元老院議員の権威は大きすぎませんから、彼らの権威を減じるのではなく、彼らの行政官職の終身制（la perpétuité）に任期を設け、彼らの利害が国民の利害から分離しないようにするのです。終身行政官というものは決して信頼感を醸成しません。私は、世論に向けて、一六人の終身元老院議員の慢心、野心、貪欲を警戒するよう警告するでしょう。彼らはいつか、国民の反抗を煽るか、さもなければ、国民を屈服させるでしょう。すると、元老院の暴虐から解放されるために、国民は絶望のあまりデンマークのように、絶対君主（un Roi absolu）を創設するという愚行を犯すことになるでしょう。

イギリスには議会があり、議会が法律の唱導者であり保護者です、と私はつけ加えました。君主はこの尊厳ある団体の協力なしには何もできないとしても、また、大臣は首をかけて君主の不正の責任を取るとしても、あなた方が王冠にたくさんの大権を付与したことは事実です。国王は議会の主要メンバーを簡単に買収し、他の議員たちの活動を遅らせ、彼らの熱意を無益にすることができます。これは残念な状況であり、あ

（1）「第二の手紙」注（13）参照。

（2）二年前〔1756年〕に遡る事件への言及。スウェーデンで、王権の強化を企てた陰謀事件が起こった。首謀者は処刑された。バルビエはその事件のことを一七五六年七月に語っている。

なた方の自由はそのために失われるかもしれません。しかし、国民は、自由への執着心が極めて強く、元から宮廷を信用しておらず、代議士が国民と同じように考えることを要求します。国民は、自分たちを守るべきはずの人々によって裏切られるならば、いつでも直ちに公共の大義（la cause publique）の救援に駆けつけます。私は次のようなことを耳にしたのを思い出します。何年のことかはわかりませんが、ウォルポールは《消費税（ACCISES）》の創設を議会で通すことに成功しました[3]。そうなれば、国王には一定の収入が確実に保証され、国王は毎年の歳費の援助を国民に頼らなくてもすむようになり、結果的に国民を屈従させることになったでしょう。ウォルポールは、雄弁によって協力させられなかった連中を金品で買収しました。この哀れな議会の愚行と裏切りは暴動によって正されました。激怒した民衆がロンドンの街頭に群がりました。ウォルポールは自分が撲殺されはしないか、国王はハノーヴァー選帝侯の地位に追い返されはしないか、そしておそらく、もっと悪い事態を恐れたでしょう。臆病風に吹かれた者の頭の中では何が起こるかわかりませんから。その結果、消費税法は破棄されました。

このような国民の支えがあれば、良き市民にできることは何であるかを推測できます。私の思い違いでなければ、政府の反対派を見捨てたり、その勢力の弱体化を放置するより、たとえ宮廷が正しいときでさえ、私は宮廷の邪魔をする方を選ぶでしょう。なぜなら、自由がゆるぎない形で確立していない場合には、人民は常に警戒態勢でいなければならないからです。人民が安穏としているとき、それはむしろ公共善への無関心の前兆として警戒しなければなりません。人民は、本物か見せかけか区別のつかない美徳に騙されないために、反論し争う習慣を身につけなければなりません。君主は、見せかけの美徳で人民を欺き、人民を熱中させるでしょう。彼の後継者はその状況を利用してさらに権威を増大させることができます。スタナップ卿、一般にあなた方イギリス国民はこの反対勢力に事欠くことはないと言われています。たとえ良き市民が不足しても、内閣のあらゆる敵、大臣職を熱望する野心家たちが結集し、反対派が増大します。いずれにしろ、もし私が名誉にもイギリス人であったなら、バスティーユの監獄さえも私の口を封じることはできないでしょう。私が自分の権利をわきまえた人間として語るならば、けちな嘲笑屋が私を《ローマ人》[4]、つまり非常識扱いすることはないでしょう。

　私は公衆の中に良い道徳規律を広めるでしょう。あなた方イギリス人は自由そのものよりむしろ法律の方に強い執着心を持っているように思いますが、私の思い違いでしょうか。私はこの感情を尊重し、それを傷

（3）一七三三年、ウォルポールは、《消費税制（l'excise scheme）》の見直しを検討し、酒とタバコの税率を上げることを企てた。ところが、彼は大量の監督官を動員し、あらゆる商品への課税を企んでいるという噂が広がり、彼は法案を議会で二度読み上げたのち、結局撤回した。この反対派は、「The Craftsman」新聞に結集し、そこでチェスターフィールドは重要な役割を果たした。この機に彼は最終的にウォルポールと袂を分かつことになった。

（4）世間で「共和主義者」と見なされていたマブリが「ローマ人」と呼ばれたのは、それほど彼の古代熱を対象としてはいない。バルビエ（V, 444, décembre 1753）は、シャトゥレの司法官たちの中で、国王反対派の法官を断固支持する者たちは「ローマ人」と呼ばれたと語っている。ルソーの『告白』は、ブーフレール夫人について、「彼女はローマ人の精神を気取っていた」と書いている（Pléiade, 543）。〔訳者〕「シャトゥレ」はパリ市内の地名であるが、そこにある裁判所を指した。この有名な裁判所はパリ代官裁判所で、パリ高等法院の直接の管轄下にあったが、高等法院に匹敵する権威があった。

つけないようにします。しかし、スタナップ卿、あなたの語られたお国の制度(votre gouvernement)の欠陥については、私は公衆がそれを知り憎むように働きかけるでしょう。私は、同胞たちが『マグナ・カルタ』に由来すると信じている危うい自由や権利以上のものを望むようになるように努めるでしょう。私は、各国民が神から直接委ねられ、われわれが理性を通して知るあの永遠の憲章〔自然法〕へ彼らが遡るように仕向けるでしょう。私は、政体が完成すると、人々は法律を愛さず尊重しなくなる危険があるとは考えません。国王に途方もない大権をわざと残しておいて、それで国王を恐れ、いつの日か国王に抵抗するのは難しくなるかもしれないと心配するのは滑稽だということを、イギリス人の哲学的頭脳は結局、理解するでしょう。

スイス人は自由です。彼らが堅固な障壁によって奢侈の浸透を許さなければ、いつまでも自由であり続けるでしょう。しかし、私はスイス諸州の統治制度(gouvernement)にいくつかの欠陥を見出します。民主政の猛烈な突出に対する予防策が不十分な場合もあれば、また統治の形態(forme)が貴族的でありすぎる場合もあります。スタナップ卿、しかしそれはたいしたことではありません。もし私がスイスに生まれていたら、私は現状をそのまま放置するでしょう。私は今享受している幸せで満足すべきだと思います。私は同胞たちを導いている一定の習慣を信頼するでしょう。為政者たちは小さな不正しか犯すことができず、また、隣国との関係が影響することもあまりないので、その習慣が彼らの邪魔になることもあまり起こらないからです。私は監察官(Censeur)の職務に専念し、奢侈、吝嗇、浪費を厳しく監視するでしょう(5)。

ネーデルラント連邦共和国ですが、この共和国はまだ自由を享受しています。まだ立法権が保持されているからです。難局に短期的に採られるべき独裁制が通常の体制となって以来、共和国の政体は歪みました(6)。

総督（stadhouder）は、まだ鎖につながれた子ライオンにすぎませんが、いつ鎖を断ち切り、本物のライオンになるかしれません。比喩など用いずに言えば、この君主が祖国を破滅に導く条件は完全に整っています。一方には貴族階級がいて総督の宮廷で顕職につき、自分たちより力のあるブルジョワを軽蔑しています。他方には、諸州とその諸都市があり、連邦としての同盟関係はギクシャクしており、利害関係も一致しておりません。その上、自由への愛着心は乏しく、銀行業と商業に対する飽くなき欲望に取りつかれています。あなたならこのオランダ人たちを遠くへ導いていけるでしょうが、私は彼らの改革を引きうけるつもりはありません。それで、スタナップ卿、私のもっと興味のある対象へ話題を移させてください。あなた方イギリス人、そしてスウェーデン人は、目標に通じる道の途上にいます。しかも、目標までの距離は非常に短いのです。ところが、われわれフランス人、そして、スペイン人、イタリア人、ドイツ人などはどうでしょう。われわれが追い込まれている状況がお分かりですか。スタナップ卿は、そうですね、と冷静に答えました。あなた方の旅路はもっと長くもっと困難でしょうが、問題はもっと多くの警戒心、もっと大規模な準備が必要になるというだけです。

（5）マブリの作品には、スイス諸州の政治体制への讃辞があふれている。その生活はいまだ家父長制的であるこの小共和国〔連合〕は、マブリにとってまさしく理想の体制に最も近いものであった。『歴史の研究』（XII, 44, 117, 144 et sq.）を参照。

（6）ネーデルラント連邦共和国の総督〔元首〕は、一七〇二―四七年の期間中は存在しなかった。一七四七年、オーストリア継承戦争中、フランスの脅威に対して、総督が一人、任命された。それがウイリアム四世であり、全州の総督兼総司令官であった。彼の職務は一七五一年、終身制が宣言され、現オランダ王室はその後裔である。

スタナップ卿がわれわれの状況について語ってくれたことは賢慮の極みと私には思えました。卿によれば、まず、あの封建領主制から生まれた偏見、恣意的権力の陰で持続し、厚かましくもわれわれの良識に逆らい、われわれを貶め続けているあの偏見を攻撃することから始めねばなりません。貴殿もご承知のように、われわれの先祖はこの世でもっとも自由な統治制度をゲルマーニアから持ってやってきました(7)。しかし、彼らがガリアに定住するや、富とローマ式風習で腐敗し、以前の精神を失ってしまいました。あまりに無知で怖いもの知らず、いかなる予測も立てず、彼らは革命に次ぐ革命に身を任せ、押し流されるままでした。彼らは現状に合わなくなった自分たちの過去の法律を忘れてしまいました。そして、封建制（fiefs）の政治組織（police）しか知らなかったために、彼らは冷酷極まる領主か、さもなければ最も卑しい奴隷となったのです。

常に戦争の成功に左右される不安定な慣習、人々が接近すればより不幸になる慣習だけで統治されているために、人々は意に反して何か規則を持つ必要があると感じました。人々は深い無知の中に落ち込んでいましたから、滑稽極まりない誤謬が公法の唯一の原理となりました。人々は封建制が社会の唯一の起源であると信じました。この最初の愚考の行き着く先は見えています。人々は次に、すべての封土はその誕生において宗主（souverain）からの贈り物であり、封土は宗主に帰属する、と信じました。そこからさらに、第三の愚かな結果が生じました。すなわち、全王国はその起源において国王に帰属していたと信じたのです。国王は自らの上に宗主を持ちませんから、すべての領主は国王の直接の臣下か、その陪臣であると結論したのです。人々は、こんな途方もない歴史認識に、権利の原理ではなく盗賊の原理を結びつけました。その結果、国王がその贈与物を取り戻すことは盗みであることがわかりませんでした。国王たちの簒奪がいかなるものであれ、国王たちはかつて彼らに帰属していたものを取り戻しているだけである、と人々は思いこんだのです。国王たちを咎めるすべはありませんでした。国民はまだ存在していませんから、誰一人国民の権利というものを考えなかったからです。公共の習俗の野蛮さ、領主たちの自尊心、そして必ず無知に同伴する偏見が論理の一貫性を妨げられなければ、恣意的権力にこれほど好都合な教義は当然、君主(prince)を専制的(despotique)にするでしょう。

今世紀が誇る哲学——われわれはそれをつまらない対象にしか適用しませんが——にもかかわらず、わが先祖たちの素晴らしい諸原理について、自信を持って推論を続けていきましょう。人々はすべてを国王に返します。それが社会の唯一かつ普遍的目的であるかのように。人々は国王を国民の首長ではなく、その支配

(7)〔訳者〕このマブリの見解は、タキトゥスの『ゲルマーニア』の「会議(民会)」の章が記述する、民主的な統治を根拠としている。「小事には首長たちが、大事には〔部族の〕民全体が審議に携わる。しかし、その決定権が人民にあるような問題も、あらかじめ首長たちの手元において精査されるという仕組みである」(泉井久之助訳、岩波文庫、65-6頁)。モンテスキューも『法の精神』で、「ローマ帝国を征服したゲルマン諸民族は、人も知るごとく、きわめて自由であった。この点については、タキトゥスの『ゲルマン人の習俗について』を読みさえすればよい」、と述べている。さらに興味深いのは、モンテスキューが代議制が成立するのは、ポリスを形成することのなかったゲルマン民族に由来すると考えている点である。ゲルマン民族が「ゲルマーニアにあった時には、全国民が集会することができた。占領地に分散するや否や、彼らはそうすることができなくなった。〔…〕そこで国民は代表者によってそれを行った」(野田良之他訳、岩波文庫、上巻、三〇九頁)。小国家〔都市国家〕主義の立場をとり、直接民主制しか認めないルソーは、ラテン系の系譜を代表する。ゲルマンの征服はラテン系の統治様式との歴史的分岐点をなす。

者と見なしました。人々は祖国に仕えるのではなく、彼に仕えます。人々がまず作り出そうとするのは王冠の幸福、王国の富です。そして、可能な場合にだけ、臣民たちの幸福を考えます。国王個人の理性が王国の普遍的かつ一般的理性なのです。なぜなら、国王の命令がすべてを正当化し、もっとも神聖な法律より彼の命令が優先されるからです。かつて貴族階級が行った暴虐と疲弊した人民の隷従の記念碑であるいくつかの旧い憲章（anciennes chartes）、いくつかの迷信的な苦行の実践に限られた、人間を冷酷で野蛮、忍耐強く悲しい奴隷にする聖職者の禁欲的道徳、幾人かの税務に熱心な、専制政治しか知らない法律家の不統一で不合理な文書、われわれを治めるために神によってわれわれの頭上に置かれたと宣言し、あらゆる問題を自分の都合だけで決める君主の勅令、それらが、三世紀以上も前から、われわれが自然法と公法の源泉としている不純な資料なのです。

そこからわれわれが何か真理を発見することが可能だったでしょうか。否です。それどころか法外な不条理と馴れ合ってしまったのです。かくして、自由を障害と見なし、専制政治をもっとも賢明な統治と考え、ほどほどの馬鹿かほどほどの悪人にすぎない君主にすべてを委ねる習慣を身につけた結果、われわれは自由になる機会が無数にあったにもかかわらず、それを利用しようとさえ思いつきませんでした。人々は君主を軽蔑し憎むあまり、彼に抗して立ち上がらず、結局、彼の権勢を尊重し、彼が君主としての義務をいっそう裏切るようにしむけたのです。カトリック同盟(8)の期間も、フロンドの乱(9)の最中も、自由を口にする人間は一人もいませんでした(10)。人々は何をしたいのかも分からず、ただ妄動し騒ぎ立てただけですから、結局不首尾に終わりました。大いに働き、大変な苦労を重ねたのですが、結局事態は以前のまま少しも変わりませんでした。

スタナップ卿は私に言いました。あなたの国の文人たちは統治の欠陥を美化するためにその才能を浪費してはなりません。彼らは啓蒙するという口実で、あなた方を騙し、外国人にあなた方を軽蔑させているのです。あなた方の学士院は、リシュリュー枢機卿とルイ大王への退屈な讃辞をいつまで繰り返し続けるので

(8)〔訳者〕宗教戦争の渦中、一五七六年にカトリックの熱狂的信者ギーズ公アンリ一世によって、ユグノーの壊滅を目的に組織された同盟。同盟は、プロテスタント王アンリ四世の即位(1589年)を認めず、パリの十六人委員会を中心に戦争を継続したが、アンリ四世のカトリック改宗によって事態は収束に向かった。

(9)〔訳者〕ルイ十四世の治世初期、王権の伸張に反発した貴族たちの反乱(1648-53年)。内部分裂が原因で鎮圧された。この反乱を最後に絶対王政が確立する。

(10)この点は事実に反する。カトリック同盟期には、民主的理論はプロテスタントによってだけでなく、カトリック同盟側の人々によっても支持された。ピエール・メナール『十六世紀における政治哲学の飛躍的発展』(Pierre Mesnard, *L'Essor de la philosophie politique au XVI e siècle*, 370-85)を参照。フロンドの乱の時期については、『反マザラン文書選集』(C. Coreau, *Choix de mazarinades*, I, 439)中の一六四九年のパンフレット「良き市民の手引き」を参照。「神がわれわれに約束した自由への期待に逆らい、われわれを卑しめ屈服させようとする、あの奪われた良心を改心させ本来の道に戻そう。自ら同意して奴隷となりたがるような人間が存在しうるだろうか。」また、ダヴェンヌは、『王の人民に対する権威と人民の王に対する権力』(Davenne, *De la puissance qu'ont les rois sur les peuples et du pouvoir des peuples sur les rois*, 1650)の中で、抑圧に対する抵抗権を支持した(cf. Lacour-Gayet, 314)。確かに反マザラン文書は個人攻撃で満ち溢れ、問題を原理的高みで提起するものはごく稀である。しかし、自由という言葉は使用されており、騒擾中は街頭でも自由が叫ばれた。レッツ〔枢機卿〕『回想録』(Retz, *Mémoires*, éd. Pléiade, 247)参照。

しょう[11]。その冷酷で不公正な統治で有名なこれら二人の暴君を褒めることは、公衆がこれからも彼らの模倣者を讃美するように仕向けることではありませんか。あなた方の歴史家たちはとりわけ哀れです。彼らはその華やかで優雅な文体といくらかの狂信的ではない考察にもかかわらず、自然権、諸国民の権利についてこの世でもっとも無知な、凡庸極まりない人たちなのです[12]。彼らの著作は高潔な自由を鼓吹するでしょうか。わずかな年金や軽蔑的な大臣のお世辞を拝領したいという期待で、彼らは自らの魂を卑しめていないでしょうか。

歴史は、道徳と政治の学校とならなければ[13]、せいぜい子供の好奇心を満足させるにすぎません。歴史は人民の諸権利を展開して見せねばなりません。歴史は、他のすべての権利の源であるこの第一の真理から決して外れてはなりません。人間は他者の意志に服従するために作られてはいません。人間はただ法のみに服従するのです。為政者の呼称が何であれ、その優越性が何であれ、彼は法の機関（organe）か代理人（ministre）となれるだけなのです。

『法の精神』には多くの欠点があります[14]。著者の体系の基本的観点は間違っています。全体に脈絡が欠け、

(11) アカデミー・フランセーズへの入会演説において、当学士院の創設者リシュリューと庇護者ルイ十四世への讃辞を述べることが儀礼となっていた。これら二人にルイ十五世も加えられた。一七四六―五八年の期間になされた全演説を調査した結果（『アカデミー・フランセーズ会員演説集』、*Recueil des harangues prononcées par Messieurs de l'Académie Française*, t. VI.）学士院の雄弁術賞を競う演説では、ルイ十四世への讃辞は稀であり、リシュリューに対してはさらに少ない。しかし、ルイ十五世へのお世辞は非常に多いが、最大は聖王ルイへの讃辞である。『フランス学士院賞を獲得した雄弁と詩の作品集』（*Recueils des*

pièces d'éloquence et de poésie qui ont remporté les prix de l'Académie Française, in *Bibliographie générale des travaux historiques et archéologiques publiés par les sociétés savantes de la France*, t. III, Paris, 1901.）参照。マブリ自身、『ローマ人・フランス人比較論』の中でリシュリューとルイ十四世への讃辞を書いている（*Parallèle des Romains et des Français*, t. I, 228, 248 et sq）。ブリザール師によれば（l'abbé Brizard, I, 117）、後に、リシュリュー元帥はマブリに学士院への入会を提案した。彼は拒絶する勇気がなかったが、兄弟のコンディヤックの下に駆けつけ、自分を候補からはずすようにと、次のような言葉で頼んだ。「もし私が受け入れれば、リシュリュー枢機卿を賞讃しなければならない。それは私の主義に反する。また、もし私が彼を賞讃しないならば、この状況で彼の甥〔リシュリュー元帥〕に恩義がある私は忘恩の罪を犯すことになる。」この逸話はドゥリル・ド・サルも確認している（Delisle de Sales, *Discours préliminaire aux Droits et Devoirs.*）。

（12）これは明らかにヴォルテールへの言及である。ヴォルテールは、一七五一年『ルイ十四世の世紀』を公表した。マブリの名誉となるものではないが、彼はヴォルテールの死〔1778年〕を待って、一七八三年『歴史を書く方法について』（*De la manière d'écrire l'histoire*, 261 et sq.; 272, 291, 298, 337, 364, 368, etc.）を書き、ヴォルテールへの敵意をあからさまに表明した。モープー独裁期のヴォルテールの態度で、両者が政治的に直接対立するに至ったのは事実である。

〔訳者〕モープー（Maupeou, René-Nicolas-Charles-Augustin de, 1714-92年）は、ルイ十五世の治下、一七六八年に大法官に就任。テレ、エギヨン公と組んで三頭政治の独裁体制を実現、税制改革、高等法院の権限縮小を企てた。とくに、高等法院改革で王令登記権を奪おうとして強権を振るい、反対する法官一三〇人をパリから追放処分にした。七四年、ルイ十五世の死により、十六世が即位すると、高等法院派は巻き返し、モープーは引退した。モープーの改革を支持するヴォルテールと高等法院派のマブリは、敵対関係に陥った。モープーは、革命前夜の一七八八年に再び大法官に登用され、王権に反抗する高等法院を無力化するため「司法改革」を企てるが、これも失敗に終わった。

（13）これはマブリの確定した理論である。『歴史の研究』（*Étude de l'histoire*, 1re partie, chap. I.）参照。

（14）モンテスキューが『ローマ人盛衰原因論』を公表した直後には、マブリの語り方は違っていた。「わが国民が生み出した最も偉大な天才の一人である。」「彼の批評は常に学識を啓発し、導く。」『ローマ人についての考察』（*Observations sur les Romains*, IV, 357, 571.）参照。

相互の関連性がまったくありません。一口で言えば、著者は自分が垣間見る対象の掘り下げに熱中するあまり、一つの対象について、いくつかの巧みな考察を集めると、それですべてを見通したと思い込んでいるのです。しかしながら、それでも彼の作品は高い評価に値します。その作品を読み理解する多くの人々は、恣意的権力への憎しみを掻き立てられ、読書によって自由の諸観念に慣れ親しみます。あなた方は気づかないうちに前進しています。あなた方の最近の紛争の過程で導入された、高等法院の判決や勧告を印刷する習慣[15]は、あなた方が思索し、反省し、自らを教化する機会を作り出しました。あなた方は英語を勉強し、われわれの作品を翻訳し、それを味読しています[16]。あなた方の著作家の幾人かは政治学に専念していますが、これはあなたの国民がこの種の研究にもはや無関心ではないという証拠です。

卿はさらに言葉を継ぎました。確かに、あなた方の政治的著作家は『法の精神』を自然の法典（le code de la nature）と見なし、それに注釈を加えることしかせず[17]、正確な原理からは遠くにいます。しかし彼らは探求を続けることで、いずれそこにたどり着くでしょう。彼らは自分たちと衝突するものをすべて排除しようとします。そうした彼らの熱意を賞讃しながらも、あなた方の現政体（constitution actuelle）には、欠陥ではあっても、あなた方の安全に役立つもの、啓発された良き市民なら尊重し大切にすべきものがいくつかあることに気づいてほしい、と私は思います。例えば、世襲的な権威が存在することそれ自体は確かに悪いことでしょう。健全な競争が窒息させられてしまいますから、合理的な政治の根本理念にこれほど反するものはありません。あなた方の貴族階級がその領地で世襲的裁判権（justices patrimoniales）を持っていること、聖職者階級が他の市民には未知の権利を持っていること、いくつかの州が全体の調和を乱すいくつかの自治特権

(15) マブリの記述は不正確で、〔オルレアン公フィリップの〕摂政時代〔1715-23年〕の印刷物が実際に存在する。しかし、バルビエ(V, 27)は、一七五一年三月に、コファン事件に関する高等法院の勧告が印刷され、「異例なことに」、パリで販売されたと述べている。この習慣が広まるのは、特に一七五〇年以降である。〔ウニゲニトゥス〕教書は信仰箇条ではないことを宣言した、一七五二年四月八日の〔高等法院の〕判決に関して、ヴォルテールは、「パリの人々はこの判決文を一万部以上買った。彼らはみな、これが私の告解証明書であると言っている」、と書いた(*Histoire du Parlement de Paris*, 82)。高等法院の絶大な影響力は世論の支持にある。賛否両論の冊子があふれた。高等法院は、自らの判決の印刷を、〔検閲を経て〕出版許可を得ていないとして有罪と宣告している。印刷は実際、二重に違法であった。勅令によって判決は公表しないことが命じられていた。しかし、これらの禁止はなんの効果もなく、かえって印刷物へ公衆の関心を引き寄せ、高等法院内部でも販売されていた。

(16) ドゥディユー『モンテスキューとフランスにおける英国政治学の伝統』(Dedieu, *Montesquieu et la tradition politique anglaise en France*, 73-4.)は、一六八八—一七四九年間に、英国政治学関係の五五作品が仏訳されていることを確認しているが、実際はそれ以上であろう。ロッシュデュー『英国作品の仏訳目録(1700-1800)』(Rochedieu, *Bibliography of french translations of english works*, 1700-1800.)を参照。一七五八年以前に仏訳された英国作家は、アディソン、ベーコン、バークレー、ボリングブルック、ジョン・ブラウン、デフォー、ドレイク、ゴードン、ハービン、ヒューム、ロック、マクワース、シドニーらである。ダルジャンソンは、一七五〇年一一月二〇日に、「これらの問題では、数年前から、風は英国から吹いてきている」と書いている。ピエール・ベイルからアベ・プレヴォにいたるまでの定期文学雑誌は、イギリス思想の普及で決定的な役割を果たした。

(17) 奇妙な断定である。確かに、『法の精神』は賛否両論の一大文学を生み出した。カルカソンヌ『モンテスキューと十八世紀フランスの政体問題』(Carcasonne, *Montesquieu et le problème de la Constitution française au XVIIIe siècle*)を参照。しかし、モレリの『自然の法典』やルソーの『不平等論』を『法の精神』の注釈とみなすことはとても不可能である。マブリはここでは純粋な理論書を念頭においてはいないようである。

(franciscs) を享受していることなどを承認することはできないでしょう。一つの社会に法律を与えることが問題の場合、そういったことは確かに手本として役立ちません。しかし、プラトンもこれらの欠陥を取り入れて自らの共和国を汚すようなことはしないとしても、今改革を始める場合には、彼はわれわれの国制からそれらすべてを一掃することには警戒するでしょう。彼は、国民を脅かす厳しい専制に屈服しないように国民を維持するためには、ある種の欠陥は必要な場合があると感じるでしょう。悪弊でも、それがより大きな欠陥への予防策として役立っている場合には、必要なのです。頭脳は立法権についての立派な原則でいっぱいのまま、国王の権威にはいかなる限界も定めないまま、私が今お話した悪弊やその他同種のものを改革してご覧なさい。自由な政府を確立する前に、自由な人民が当然志向するあの賢明な平等へすべてを導いてご覧なさい。そんなことをすれば、トルコとまったく同様に、フランスでもすべてが卑しく卑劣で屈辱的になるでしょう。全員が人民となる結果、全員が奴隷となるでしょう。大臣たちは、自分たちをトルコの太守のように思い込み、恐れもなく不正義を犯すでしょう。

イギリス人にも残しておくべき欠陥があります。それが、彼らの統治形式（la forme de leur gouvernement）に内在する、より重大で危険な欠陥への対応策となっているからです。国王大権を制限する前に、立派な規則を作ってロンドンの民衆を警察署長の指図どおりに動く、控えめで温和で従順なパリのブルジョワのようにしてしまうのに成功すれば、宮廷は怒りっぽく傲慢かつ専制的になるでしょう。スタナップ卿はそう確信しています。議会も、国民の全般的気風を感じ取り、勇気と自由を維持する性格の荒々しさをやがて失うでしょう。時々誹謗文書を生み出す放縦は、市民の無知を生み出すもっと大きな害悪を予防するとスタナップ卿は信じています。大臣たちが理にかなった活動をしていても、風刺や中傷文で混乱させられることが起こるでしょう。しかし、公衆が注目し大臣たちを吟味し非難することで、彼らの野望にブレーキをかけるのに役立っていることは確実です。スタナップ卿は、議会に提出されたいくつかの法案について説明してくれました。フランスの政治家ならそれらをほとんど知恵の傑作と見なしたでしょうが、イギリス人にとっては現在の政治状況下でそれらに法的効力（force de loi）を持たせることは非常識なことでしょう。[18]

私はこれらの適切な考察を聞いて、しばらく前に公表されたサン゠ピエール師の『政治年誌』を思い出し

（18）マブリが正確にどの法案を指しているかはわからない。マホン卿は『ユトレヒト和平後の英国史』（Lord Mahon, *History of England from the peace of Utrecht.*）で、いくつかの法案をあげている。時期的に一番近いのは、一七五七年に提案された国民軍の新組織法のようである。また一七五八年には、上院は人身保護法（loi de habeas corpus）の拡張に反対した。しかし、マブリがそれらのことをなぜ褒めるのか、理由がよくわからない。

ました[19]。何という公正さ、なんと思いやりのある政策、なんと有益な観念の塊！　私は皆と一緒にそう繰り返しました。これらの讃嘆すべき理論が実行に移されたら、どれほど幸せなことだろう。なぜわれわれの堕落した精神は彼の正論を単なる善人の夢としか見なさないのだろう。ところが、卿に教化されてから、私の意見は変わりました。この善良な市民の全作品を注意深く読みました、と卿は私に言いました。才気も十分、真理への愛はそれ以上です。哲学者や社交界の人々と交わって八〇歳を過ぎ、政府の途方もない過誤をいやというほど見てきたのに、それでもなお彼が人間と社会の発條を認識しえなかったということに、私は驚きを禁じえません。スタナップ卿は、公共善に対する熱意にかけては当代随一のこのフランス人が、自由とは反対の専制に好都合な改革しか思い描かなかったことを、心底残念がっていました。

確かに、サン＝ピエール師がフランスの大公たちの存在を有益にする方法、そして聖職者の免税特権、貴族階級の諸特権、高等法院の権限と義務についての彼の教義を読んでみてください。そうすれば、貴殿はいたるところで、彼に対する私の非難はもっともだと気づかれるでしょう。彼はどこかに弊害を見つけるや、たちまち王権（l'autorité Royale）の重みでそれを押しつぶそうとするのです。しかも、彼は正直者の大臣をいとも簡単に見つけ、大臣はいとも簡単に善行を望み、それを実行します。彼は、市民は為政者に服従しなければならないことはわかっていますが、為政者が法律に服従することはそれ以上に必要であることをまったく忘れています。彼はいつも法律の代わりに国王を置きます。合理的な改革案は、万事において国王を法律に従わせる方向に向かわねばなりません。われわれの不幸は臣民の従順さのせいではなく、政府が彼らの服従を悪用することに由来するのです。ここにわれわれの病の根源があるのです。そこを治療しなければなりません。絶えず近視眼でものを見ていますから、サン－ピエール師はいくつかの偶発事を予防しようとはしますが、原因はそのままです。反対に、法律が陥っている隷属状態から法律を引き出すような改革を提案すべきなのです。そうすればやがて弊害は止み、知らないうちに善事が自ずと実現するでしょう。卑しめられ疲弊した国民の精神を立て直すことこそが問題なのです、とスタナップ卿は言われました。国民には隷属状態がふさわしいと信じ込ませようとする人間はすべて、それがどんな善意から出ていようと、あなた方の騒

(19)『政治年誌』（*Annales politiques*）は、一七五七年にロンドンで出版された。それは、一六五八年から一七三九年までの編年体のヨーロッパ史である。そこで、著者は無数の改革提案を行っているが、特筆すべきは「名誉称号をより国家に有益ならしめる計画」で、世襲制によらない新貴族階級の創設を提案している。著者は、国家が聖職者とは契約を交わすのに、貴族とはそうしないのは不公正とみなしている（『年誌』、三九三頁）。また、司法の改革、とくに、高等法院の司法官職の売官制の廃止を夢見ている（同書、二九、六四、一七〇頁）。マブリの批判は、ルソーの『永久平和の構想批判』や『ポリシノディ〔複数会議制〕批判』におけるサン－ピエール師批判と近似している。最近、マール・L・パーキンズ『サン－ピエール師の道徳・政治哲学』（Merle L. Perkins, *The Moral and political philosophy of the Abbé de Saint-Pierre*）によって、彼を《空想的》とみなす見解への反論が提出された。しかしながら、それぞれの提案に対し、改革の現実的手段は示さず、単に「〜すべきである」としか書かない文体は空想的の批判を免れない。サン－ピエール師の案は、それぞれの分野で優れた改革の提案を受け付ける部局を設立することであるが、最終的には理性的な啓蒙君主が現れ、すべての弊害を除去するという解決策に尽きる。マブリの非難するのはその点である。ルソーは、デュパン夫人のサロンに足繁く通ったサン－ピエール師は甘やかされすぎたと語っている。デュパン夫人を通して、ルソーにサン－ピエール師の著作の抜粋集を作るように進言したのはマブリである。

ぎ好きの大司教以上に、盲目で有害な市民なのです。あなた方は考えている以上に大司教[20]のおかげをこうむっているのです。彼の頑迷さのおかげで、あなた方は無気力な精神状態から引き出されたのです。

この恣意的権力の大海にも、まだあちこちにかつての独立の残骸が漂っているのに気づきませんか、とスタナップ卿は私に言いました。よろしいですか、と彼は言葉を続けました。それらの残骸はあなた方を難破から救うために幸運にもあなた方に提供されている板切れと同じなのです。あなた方はそれに力任せにしがみつかねばなりません。それはあなた方が溺れないように水に浮かんでいるための救命具なのです。勇気を出して、もう少し泳ぎなさい。絶望してはなりません。予期しない風が吹いて、あなた方は港にたどり着くかもしれないのです。用心しなければなりません。トルコの専制政治は度を越えています。トルコには、市民たちのいかなる商会（Compagnie）も、いかなる〔社会〕集団（Corps）も、特許団体（ordre privilégié）もまったくありません。州も町も村落も、トルコ皇帝の宮殿から派遣された横暴な大臣によって治められています。彼らは自分の治める県では大いに恐れられていますが、サルタンは、われわれが森のウサギを殺すようにいとも簡単に、彼らを絞め殺させるのです。反対にあなた方には、社団（agrégations）[21]があり商会があります。聖職者階級も団体を形成しています。貴族階級はかつての偉大さと個別的な諸特権の記憶を保持しています。彼らの虚栄に対しては一定の配慮をする必要があるでしょう。高等法院はいたるところにあります。いくつかの州は今もなお〔地方〕三部会（des États）で統治されています。それらすべては、有象無象から這い上がったトルコの大臣や地方長官が絞め殺されるように、絞め殺されることはありません。

それらの社団（ces corps）には、その慣習や旧来の制度によって一定の存在様式が備わっているのです。それらの社団の特権が、完璧な国制を提案する政治学の格率に反するからといって、それらを壊せば改善へ一歩前進すると信じてはなりません。財務総監を務めたマショーなる人物を思い出しませんか。彼は、国家の必要に対し全市民は等しく援助を提供しなければならないという口実で、聖職者から免税特権を暴君のごとく剥奪し、新税制に屈服させようとしました。自由な統治の格率を君主政の中に移設するとは、何たる不条理。そこに隠された罠に気づかず、マショーの行動を拍手喝采した人々は、実のところ愚か者にすぎなかっ

(20) 一七四六年来パリ大司教のクリストフ・ド・ボーモン（Christophe de Beaumont, 1703-81）を指す。彼は熱烈な立憲主義者で、誠実であったが、視野は狭く、騒ぎ好き（これはバルビエが用いた表現である。Barbier, V, 226.）、頑な性格で通っていた。彼は告解聴取済証事件（l'affaire des billets de confession）の主要責任者の一人である。そのために彼はパリでは不人気であった。ルイ十五世は彼の行き過ぎた執拗さに手を焼き、一七五四年追放処分にしたが、五七年一〇月に呼び戻し、五八年一月に再び追放した。
〔訳者〕ボーモン大司教は、ジャンセニウス派とフィロゾーフへの猛烈な敵意で活動した反啓蒙の闘士であった。プラード師事件（1752年）やエルヴェシウス事件（1758年）を告発する教書によって、『百科全書』を発刊禁止に追い込む活動に専心した。また、ルソーに対しても、『エミール』（1762年）を告発し、その教書によってルソーを《キリストの敵》と名指した。ルソーも敢然と対抗し、『ボーモンへの手紙』で反論した。

(21) 『トレヴー辞典』は、この単語を次のように定義している。「人々が参加し、結集する行為。団体を作っている人々の仲間になること。」『アカデミー・フランセーズ辞典』の一七一八年版にはこの単語は見当たらない。一七七八年版はトレヴーと同じ定義を与えている。マブリは、構成団体の意味に用いているが、マブリ特有の用法のようである。
〔訳者〕トレヴーはフランスの一地名であるが、当地にイエズス会が一六九五年に印刷所を設け、一七〇一年から定期雑誌「メモワール・ド・トレヴー」を発行し、さらに一七〇四年からは、『辞典』を刊行した。

たのです[22]。仮に聖職者の特権が廃止されたとしても、粗忽な連中の自慢とは裏腹に、タイユや人頭税が一文でも減じられることはなかったのです。政府が国家のある集団から盗んだものを他の集団に返還すると信じるのは、滑稽なことです。フランス人はあまりに信じやすく、また性急に期待しすぎるのです。その結果はどうなったでしょう。聖職者階級が卑しめられるのを見ることになっていたら、他の諸身分はいっそう愚かに自らの屈辱を耐え忍ぶことになっていたでしょう。

自由のない国民においては、大臣が提案してくる改革はすべて人民の信頼への罠であることを深く心に刻んでおいてください、と卿は私に言いました。最初は善い事を約束し、人々を欺くためにしばらくはその約束を守ります。しかし、不幸が近いことは確実なのです。専制君主というものは、彼らが触れるすべてのものを腐敗させる不幸な秘訣を持っているのです。君主政の歴史をどれでも紐解いてご覧なさい。国民の些細な悪弊が抑え込まれることによって、どこでも、恣意的権力の赦しがたい弊害が生じてくることがお分かりになるでしょう。貴族階級はどのようにして成立したか、検証してご覧なさい。為政者たちはどんな手管で人民の支配者となったのでしょうか。どこでも、改善という口実で改悪がなされていることに、あなたは気づくでしょう。貴族階級（la Noblesse）と第三身分（le Tiers État）とは愚かにも聖職者の免税特権を攻撃し、今では国王を自たちの運命の支配者に仕立ててしまったことは明らかではありませんか。眼前で今起こっていることは目新しいことではありません。巧妙なやり方で獲得された権利が定着するや、その権利はさらに別の権利を奪い取るための口実に使われてしまうのです。要するに、ある社団（un Corps）が自分の権利のどれかを失えば、全市民がその喪失の反動をこうむらずにはすまないことは、常に真実な一般法則なのです。われわれが下位者であるなら、上位者が落ちればそれによってわれわれは押しつぶされます。われわれが辱められる社団の上位にいるとしても、われわれの立っている階段の一段が崩れ落ちるのです。

人民がくびきを振り払おうと行動するとき、政治学は一定の秩序を要求します、とスタナップ卿は続けました。しかしすべての状況が同じではなく、そのような企てがいつも成功するとは限りません。多少とも大胆に振舞おうとするとき、状況をよく観察しなければ必ず失敗することになるでしょう。どのような人民にも興奮（fermentation）の瞬間がありますが、それに騙されないよう用心しなければなりません。運動が偶然の出来事がきっかけで起きた突発的な場合には、どんな期待も抱いてはなりません。運動が長期の不満[1]の果

(22) 二〇分の一税（le vingtième）は、一七四九年、マショー〔Machault d'Arnouville, 1701–94、時の財務総監〕によって新設された。一七五〇年、聖職者会議は新税を免れるために教会財産の申告を拒否した。この聖職者の抵抗は各地の州三部会の抵抗を呼び起こした。結局、大量の特権者がこの税金を免除されたため、すべては平民の肩にのしかかった。財務総監は、二〇分の一税の課税を繰り返し、第二回は一七五六年、第三回は一七六〇年となる。その都度、一リーヴルにつき四スーが上乗せされた。
〔訳者〕マショーは、財政赤字打開のため、免税特権を廃し、全身分の所得に五％を課税する二〇分の一税を新設しようとした。ところが、まず聖職者階級が、神以外の命令に服しないと宣言し、頑強に抵抗して王権の要求を退けた。貴族階級は法制上の免除とはならなかったが、実際には正確な申告をせず、また監察官も厳しく取り締まらなかったため、この新税は平民階級の肩に降りかかることとなった。聖職者会議は、税の代わりに、自主的な意思で貢納金（don gratuit）を納めるとした。フランス革命の前夜、財務総監カロンヌは、一七八七年、宮廷財政の膨大な累積赤字の解決策として、「二〇分の一税」を「補助地租」に改め、特権階級の全土地収入への課税を企てるが、「名士会」の反対で挫折し、革命の導火線に火がつく。

実であり、人々の精神がゆっくり、苦しみと共に高揚したのであれば、その時には私は彼らの固い決心に期待を寄せるでしょう。そして、自由のみが彼らを幸せにできるということを彼らに示せば、彼らは自由になりたいと思うでしょう。それだけではありません。人民を憤らせる動機に特別の注意を払う必要があります。善（un bien）の代償がそれを獲得するために払う労苦に劣るように見えるならば、人民は善を望むことに飽きてしまいます。一つの税の軽減や廃止のために自分の運命を犠牲にはしないでしょう。しかし、ルターやカルヴァンの教義がある程度浸透し、われわれの父祖の心が現世のいかなる富にも勝る関心で活気づけられた時、父祖たちはどんな大きな犠牲を払うことも、どれほど長期の危険に耐えることもできることに気づいたのです。宗教への関心によって喚起された辛抱強さが、われわれの国制の改革に必要な忍耐力を彼らに与えたのです。同様の原因は同様の結果を生むでしょう。

しかし、物事の通常の流れでは、何事も適度な運動でしか実現しませんから、今ではほとんど忘れられ放棄されている、かつての国制の諸原則に少しずつ遡るようにしなければなりません。むらのない安定した経験によって確認されたこの方法なら、人々の精神を企図の斬新さや大胆さに脅えさせることがありません。この方法によって、人々の心（les coeurs）に革命（une révolution）への準備ができるのです。なぜなら、われわれには生来的に父祖伝来の知恵を尊敬する気持ちがあるからです。この方法は専制君主を過度に刺激することがないので、彼が極端な手段に訴えることを防止するでしょう。

したがって、いくつかの社団や州が旧来の政体に由来する権利、特権、特典の残りを大切に保持することが、いかに重要かがお分かりになるでしょう。それらは、いわば、あなた方がこれからたどらねばならない行程の道標であると言っても良いのです。貴族階級からブルジョワが妬むすべての栄誉を奪い去ってご覧なさい。そうしたところで彼らは何かを得るわけではありません。そうなれば、各州の長官はいっそう過酷で無節操になり、より多くの不正を働くでしょう。聖職者階級がその免税特権を保持している限り、貴族階級と平民は、今は聖職者だけが保有しているその権利がかつては全市民に共通であったことを記憶し続けるでしょう。そして、好機が来れば、その権利を回復できるという期待がそれを取り戻す能力を彼らに培うでしょう。貴族階級が市民の下位団体に対して抱く誇りを傷つけない方が良いでしょう。市民たちが完全に押しつぶされるならば、やがて貴族階級自身も自らその誇りを放棄するように強いられるでしょう。今日、大貴族たちが王の控えの間でへつらい[23]、ちっぽけな好意を物乞いせざるをえないのは、彼ら大貴族の祖先の強さ、輝き、偉大さを作っていた小貴族たちが、今では州長官や軍司令官の命令にびくびくしているからではありませんか。高等法院が自らの秩序（police）、形式、威厳を力強く防衛する限り、国王はトルコ皇帝のように自分の気まぐれですべてをひっくり返せる支配者ではないと人民は考えるでしょう。このような思考法は人々の魂に一定の高揚をもたらすでしょう。要するに、諸々の社団や大職能集団の勇気こそが市民の保護に役立ち、彼らが結集する拠点となるのです。それらが屈服すれば、個人の精神と心は萎縮し、ひれ伏して

（23）この動詞 valeter（へつらう、追従する）は、当時のすべての辞書が掲載している。リトレ〔『フランス語辞典』（1863–81）の著者、1801–81〕は、アミヨ〔人文主義者、1513–93〕やルサージュ〔小説家、1668–1747〕の例を引用している。〔訳者〕valeter の名詞形 valet は、「召使」の意。

しまいます。

貴殿は、以上のような考察から、スタナップ卿がどんな結論を導き出したかを容易に見抜かれるでしょう。いくつかの社団がその原初的形態（forme primitive）をなお保存しているのであれば、その形態を防衛する権利があるだけでなく、それは義務でさえあるのです。もしそれをしないなら、社会への裏切りとして必ず罪を問われることになるでしょう。恣意的権力の進歩によって、それらの社団がすでに荒廃させられているのであれば、失った権利を修復するためにいかなる努力も怠ってはなりません。それらの社団はいわば性質が変わってしまったのでしょうか。最初の制度から引き継いでいるものは何もないのでしょうか。かつての慣習を現状で適用することはもはや不可能なのでしょうか。状況の許す限りにおいて、新たな権利を獲得する努力もしなければなりません。かつての基本法がもはや参照されず、基本法と呼ぶに値しないのであれば、自然法（le droit naturel）に助けを求めなければなりません。自然法は、あらゆる時代、あらゆる場所において、常に同一だからです。

諸社団（les Corps）の行動は、用心深く導かれねばなりません。ただし、その用心には勇気が伴わねばなりません。彼らが犯す一番ありふれた誤りは、自らの力を知らないこと、自らの力を信頼しないことです。率直に申しますが、常に軽蔑と厚顔無恥な図々しさでそれらの社団を情け容赦なく攻撃すれば、攻撃は確実に成功します、と卿は私に言いました。挑発的言動で彼らを苛立たせ、同時に将来がいかに不安かを彼らに教え込むのです。高慢な態度で彼らを見下し、情念によっても理性によっても等しく彼らを自らの利害に執着させ、最後に、彼らの歩みを遅らせる日常性から彼らを引き離し、彼らが冒険的になるように仕向けます。

相手は、どのような恩恵で彼らを腐敗させるか、あるいは、彼らを休息の中に埋没させ、どのように欺くかを研究します。そのとき、私は彼らが心配で身震いします。

彼らを誘惑するために、政策（politique）という立派な名前で呼ばれる策略、手管、甘言が使われるや、万事休すです。事態は交渉という方法で処理されることになります。もし、専制君主が卑しめ破壊しようとする諸社団が、自分たちの義務だけを語り、公衆を審判官あるいは判事と見なす代わりに、自分たちの理屈を口ごもりながら不器用に繰り返し、自らの尊厳と生存を巧みな術策で守ろうとするなら、この交渉という不吉な技術は暴君が期待するとおりの結果を生み出すでしょう。これが事態の自然な成り行きです。弱者が不用意にも交渉の道に入るや、策略が次第に功を奏し、結局最強者が成功するのです。すべての交渉（négociation）において、最強者の道理（raison）が最後には最強の道理になるのです。諸社団は法律、名誉、不屈の良心によって敵と対峙するしかないのです。屈するより、決裂する——これが座右の銘です。寛大で荘重な態度は、公衆の評価というよりむしろ賞讃を彼らにもたらすでしょう。まだ公然と暴力に訴えようとはしない専制君主は、後退するか、いっそう醜い姿を現すか、どちらかの道をとる必要を自覚することになるだけに、情勢は諸社団にとっていっそう有利になるでしょう。

貴殿は、一人の小男が格言風のお決まりの真理を哲学的表現で飾り、一部の人々の間で大哲学者の評判を勝ち得ていることをご存知でしょう。まるで文人たちの護民官にでもなったように社交界で動き回るこの小男は、つまらない小事に異常なほど大きな野心を抱くのですが、それでも彼は、公衆の間で、追従者や卑劣漢とは見なされておりません。というのも、彼は公衆の前では乱暴な断固たる調子でしゃべり、人と差し向かいになると謙虚で愛想よくなるのです。ところが、この小男は、どこかの小さな町で訳のわからない小さな利益と引き換えに市長に奉られ、権利の剥奪が問題になっている当の州三部会に登場したのです。不幸にも神が彼に授けた無敵の大声で、彼は紛争を二つに割り、権利の半分を犠牲にし、代わりに残りの半分を保存すべきであると吠え立てることを忘れませんでした(24)。

かまいません。こんな大哲学者や彼のご同類には好きなだけおしゃべりさせておきましょう。貴殿と私はスタナップ卿を信じましょう。彼らは存続が問題だと叫びます。きっと、卿も同じことを言うでしょう。しかし、卿は名誉と安全を伴った存続を望みます。彼は高貴で偉大かつ安全な存続手段を提案します。それに対し、彼らは何か報償をもらいたいという期待で堕落し、臆病風に吹かれていますから、不安定な存続で満足し、そうして自らの破滅へと走るのです。彼らの最大の論拠は、国王が臣民の前で後に引くのは好ましくないということです。王の威厳に傷がつくからでしょう。卿の言葉に従えば、それでは、社会の観念を根本からひっくり返すことになります。言い換えれば、国民は君主のために存在し、君主は国民のために存在するのではないことになるのです。あの連中の考えでは、国王の前では、真理、正義、理性が引き下がる方が礼にかなっていることになるでしょう。

私は経験に訴えているのです。歴史を紐解いて見てください。すべての歴史において、行動の軟弱さは、例外なく、その行動に信頼を託した党派を破滅させてしまいます。反対に断固たる態度は常に最大の成功をもたらしたことを、貴殿は認められるでしょう。なぜでしょうか。それは、どんな人間の心にも心配の兆しがあり、それに身をゆだねて破滅するからです。私がいくらか勇気を出して、ある敵を脅えさせたとします。

しかし、もし敵が内心では私が彼を恐れていることを悟るならば、敵は大胆になるのです。これが情念の教訓なのです。パリ高等法院が宮廷に対して勝利を収めたのは、それほど昔のことではありません。高等法院は追放を恐れませんでした。いっそう危機的な状況においても、この職能集団（compagnie）は断固として態度を緩めないことで身を持ちこたえました。[25] 自らを貶めるくらいなら、全員が辞職し、いわば無に帰するほうが良いと決断していなかったら、この集団はわれわれと共に自滅したでしょう。勇気はもっとも穏健な

---

(24) これはデュクロ（Duclos, Charles Pinot, 1704–72）を指す。彼は、一七四四年から四九年までディナン市長、一七四四年―五四年にかけてブルターニュ州三部会の第三身分代表を務め、一七六〇年には宮廷歴史編纂官に任命された。彼は、一七五一年に王の居室への入室許可を獲得し、翌五二年には「自分の召使いに陛下の召使いと同じお仕着せを着用させる」許しを得た。一七五五年には貴族証明書を手に入れ、同時にアカデミー・フランセーズ終身秘書官の資格を得た。宮廷の処世術に長けたこの成り上がり作家は、文学者の間で大活躍をした。彼は小柄であったが、轟く声量とぶっきらぼうな性格で名を馳せた。マブリが問題としているのは、一七五二年の州三部会での出来事である。ブルターニュの貴族階級は二〇分の一税を拒否していた。第三身分の支持を得ていたデュクロは、貴族階級の説得を試みたが不首尾に終わった。ダルジャンソンは、一七五二年一一月一日に、「人々は、デュクロ、黙れ！と数回繰り返し、彼を黙らせた。その後彼はディナンへ追い返された」と書いている。デュクロに対するマブリの敵意は、『歴史の書き方について』（*De la manière d'écrire l'histoire*, XII, 477）にも見出される。ポール・メテ『シャルル・デュクロ』（Paul Meister, *Charles Duclos*, Genève, 1956）、ル・ブルゴ『デュクロ、その生涯と作品』（Le Bourgo, *Duclos, sa vie et ses ouvrages*, Bordeaux, 1902）を参照。

(25) 追放は一七五三年のことである。「いっそう危機的な状況」は一七五六年一二月一三日の親臨法廷（le lit de justice）を指す。法官たちはこぞって辞職の挙にでたが、一七五七年八月に復職した。二度とも王権側の降伏で終わった。巻末解説、参照。

人々の想像力にも訴えます。しかし、用心深さは、誰もが共有するというだけで、ほとんど評価されることはありません。用心深ければ深いほど、公衆はますますそれに気づかなくなります。

私の手紙は少し長くなり始めていると思います。しかし、貴殿にもう一つの重要な考察に加わっていただかずに、この手紙を終えるわけには行きません。社会団体（les Corps）や職業団体（les Compagnies）には、自らの権利を擁護するために、あらゆることを試みる義務があるとすれば、それはただ全国民を助け、全国民に奉仕し、全国民を保護するという目的でなされねばなりません、と卿は私に言いました。さもなければ、彼らは単に、すべてを抑圧する権利を国家の抑圧者と奪い合うだけになるでしょう。彼らは自ら専制君主になろうとして、国民の心（le coeur de la nation）を売り渡してしまうでしょう。そのとき、国民が彼らを背後から支える集団として姿を現しませんから、彼らは自分たちの力だけで防衛することになり、必ず屈服することになるでしょう。

私は卿に尋ねました。もし一人の聖職者が、強要されている二〇分の一税の支払いを拒否して、われわれの財産は神聖で神に属するから、世俗の手（mains profanes）がそれに触れることは冒涜であると答えるとしたら、あなたは彼をどうお考えになりますか。もし滑稽にも神授権で身を隠し、愚か者たちを驚愕させ、宮廷の不興を買うことを恐れ、かつて諸社団は貢納金（dons gratuits）という形でしか国王の要求する課税に応じず、また免税特権は君主政の旧憲法（l'ancienne constitution de la monarchie）から由来することをわざと隠して、貴族階級や第三身分にそれを教えず、また、そのことを思い出させないようにするとしたら、あなたは彼をどうお考えになりますか。この聖職者が自分を収奪から守るために、君主は他の臣民から好きなだけ搾り取って、聖職者から取り損ねる分を補うことを邪魔するものは何もありません、と君主に冷静に進言するとしたら、スタナップ卿、あなたは彼をどうお考えになりますか[26]。

そんな聖職者はまったく不正で卑怯な愚か者だと思います、とスタナップ卿は私に答えました。言語道断な不正義を好み、確かな真理を人々に示す勇気がないのです。彼は私が今あなたに説明したばかりの明白な格率を理解しないでしょう。諸社団は、その権威がいかなるものであれ、自分たちの個別的利益を国民の全

(26) 一七四九—五〇年、聖職者階級は、主として二〇分の一税に反対するため、神権説(le droit divin)を論拠として用いた。それは伝統的なもので、すでにフェヌロンが、「貧しい人たちの〔寄付した〕遺産(le patrimoine des pauvres)であり、民衆の罪の代価である彼ら〔聖職者たち〕の収入を利用することはなおさら許されない」と書いている(フェヌロン『女子教育論』、Fénelon, *De l'éducation des filles*, éd. Defodon, Paris, 1907, p. 89)。しかし、聖職者階級は同時に、教会財産はフランス王政の歴史と同じほど古い特権によって保証されたものであるとも言っている。彼らはあくまで特権一般の名において抗議しただけで、国王専制と明確に対決することはなかった。そのためには一七八八年の〔聖職者〕総会(l'assemblée générale)を待たなければならない。一七五〇年には稀に、税はかつて国民の全体会議によって承認さていたことを控え目に喚起する文章が見出されるが、そのような考えは聖職者階級外から主張された。マリオン『マショー・ダルヌヴィル』(Marion, *Machault d'Arnouville*, 200-96)参照。

〔訳者〕一七八八年の聖職者総会は、五月五日〜六月五日にパリで開催された。前年の八七年、高等法院の王権への反抗を押さえ込むため、ラモワニョンが〈司法改革〉を強行し、高等法院の権限の剥奪を試みたので、フランス政界は大混乱に陥った。パリ高等法院は八八年五月三日、フランスの基本法は、国民が税を承認することを認めていると声明し、全国三部会を招集するように要求した。聖職者総会は会議開催中に高等法院を支持する声明を出した。王権は屈し、翌年の三部会開催となり、フランスは革命に突入する。

般的利益から分離しないで恣意的権力と闘わない限り、安定した成功はありえないのです。

さようなら。筆を置く時が来ました。私は長々と書きました。貴殿はたっぷり読むことになるでしょう。あなたを明日は、私があなたにお伝えしてきた対話の最も興味深い部分をご報告することになるでしょう。

心から抱擁します。

一七五八年八月一七日、マルリにて

第六の手紙

第四の対話の続き。君主政から離脱して自由になろうとする州について。フランスで全国三部会を開設する手段。そのための行動はいかなるものであるべきか。

昨晩、光栄にも私が貴殿に報告できました、いわば自由へのプロレゴメナ（prolégomènes）[1]とも呼びうる教義をスタナップ卿が私に説明している間、私はほとんど卿の言葉を遮りませんでしたが、最後に私は卿に言葉をかけました。私に約束してくださったことを、あなたは偽りなく実行されました。われわれの自由への旅路は長くなるようです。われわれは旅をいそいではなりません。卿は冗談めかして、私もそれが心配ですと言いました。しかし、それは私のせいではありません。非常に険しい、いたる所で寸断された、急峻な崖沿いの、しかも強盗が出現する道を旅せねばならない以上、疲労に耐える装備を整えることから始め、道筋をあなた方に説明し、先導者たちにその道を修理させ、あなた方を待ち受ける危険に対し十分な用心をする必要があったからです。

卿は続けました。あなた方の州（provinces）のどれか一つだけを自由にすること、国家全体からその州を

（1）「長文のたっぷりした序文、前書き」（リトレ『フランス語辞典』）。

切り離し、共和国として独立させることが問題なら、私はそんな期待は持ちません。初見では、そのような企ては君主政国家全体（la monarchie entière）の改革を目指すより容易に見えるかもしれません。このような大闘争を決するのは力だけです。反逆者たちがどのような危険にさらされるかは、あなたも直ちに察知されるでしょう。なぜなら、その他の州すべてが国王に忠誠であるときに、一州だけで国王に抵抗できるとはおよそ考えられないからです。何か好都合な状況を選んで蜂起すればよい、外国との不幸な戦争、財政破綻、悪辣な将軍たち、また、自分たちが今何をしているのか、何がしたいのかも分からないさらにひどい大臣たち、これ以上の好機は望めない、この瞬間に自由への叫びを上げ、税を廃し、徴税請負人を追放し、外国人と連携し、ブルターニュ州、ギュイエンヌ州、プロヴァンス州、その他国境周辺の諸州をそのまどろみから引き出せば十分ではないか、そうあなたは言われるかもしれません。私はそれでは駄目だと答えます。それは単なる反乱にすぎません。民衆は、一度は発作的に行動しても、自由と法への愛が彼らの企図の魂でなければ、彼らはやがてまたいつもの停滞へ落ち込むでしょう。

あなた方のどの州にも、内乱を有益とするような生活信条はほとんど存在しません。短気を起こして内乱に訴えるようなことをしてはなりません。というのは、もし内乱から自由が生まれねば、かえって専制政治が促進され、いっそう過酷になるからです。今日あなた方のところでかろうじて見出されるリーダーといえば、ネーデルラント共和国連邦の基礎を築いたナッサウのような一族[2]ではなく、政府の要職、枢機卿の帽子、公爵位の特認状、あるいは年金と引き換えならいつでも身を売るつもりで、そのためにだけ威嚇的態度を取る小粒の反逆者でしょう。ご存知のように、わが国の海軍があなた方の国の海岸に上陸を試みました[3]。ブルターニュ州やノルマンディー州はただ恐慌をきたしただけで、自由の思想は芽生えませんでした。あなた方は、臣民の資格以上のものになろうとはまったく考えないのです。以前、あなた方はもっと図太い神経をしていましたが、それでも、反逆の首謀者たちは舞台となった州で、どんな形の政府も樹立しませんでした。不満分子たちは、いかなる安定した目標も、いかなる集結点も人々に示さず、何に執着すべきかわからないために、結局、旧体制(ancien gouvernement)に復帰するしかないと見なしました。〔反乱の〕指導者たちが自分たちの企図に関心を持たせることができたのは、兵士たちだけでした。彼らは戦争の災禍にじっと耐える地方住民(pays)の力と援助を失っていたのです。住民は戦争を継続しても、自分たちの利益になることは何もないと思っていたからです。

(2)〔訳者〕西部ドイツに成立したナッサウ伯家は十二世紀末にまでさかのぼるが、一五四四年に南仏のオランジュ公領を相続し、オラニエ＝ナッサウ家が成立した。同家はネーデルラントに多くの所領を持つ、大貴族でもあった。ネーデルラントを支配するハプスブルク家に仕えたオラニエ公ウィレム一世(1533-84)は、総督職(stadhoulder)を任じられた。カトリックの守護者を任じるフェリペ二世が一五五六年スペイン王位につき、新教徒弾圧、重税政策を強行すると、ネーデルラントは全土が蜂起し、八十年戦争(1568-1648)に突入した。ウィレム一世は一貫して反乱側の指導者として活躍した独立戦争の英雄である。南部諸州の脱落後、ネーデルラントの北部七州は一五八一年に独立を宣言し、連邦共和国が誕生した。一六八八年、イギリス名誉革命に際しては、ウィレム三世が姻戚関係から英国王に迎えられた。ナポレオン没落後、ウィーン会議でオランダ王国が復活し、ナッサウ家は現オランダ王室として存続している。

(3)イギリス人は、〔七年戦争の渦中〕、一七五七年にシャラント河口のエクス島を占領、一七五八年には沿海部のサン＝マロ市とシェルブール市を攻撃し、ブルターニュのサン＝カスト湾に上陸した。

この誤りが彼らの大惨事（désastres）の主要因でした。ネーデルラント連邦の成功をもたらしたのはまったく逆の行動でした[4]。あなた方の今日の反乱は前国王〔ルイ十四世〕の未成年期のものより巧みさにおいて勝っていない、と私は断言します。たまたま新政府の樹立の必要性を感じ取ったとしても、専制政治の観念で頭がいっぱいの彼らは、どう振舞えばよいのでしょう。彼らが身につけたすべての習慣は彼らをひたすら盲目的服従へ向かわせるのです。誤解しないでください。武器を持って自由を打ち立てようとする人間には、確かに軍事的才能が必要です。しかし、もし彼が政治家でなければ、戦闘に勝利しても無駄でしょう。多分、あなたのところの不満分子たちはまたも大臣の失脚を企むくらいでしょう。彼らは、〈マザランなど要らない〉（point de Mazarin）と叫ぶだけで満足し、その企図の卑小さ、無益さのために、醜い軽蔑すべき存在になるでしょう。

支配者のくびきを恐れ、そこから離脱することを真剣に望んでいる州があるなら、その州はどんな統治形態（forme de gouvernement）を築くべきかについて、時間があればあなたにお話できるのですが、と卿は補足しました。かつて私は、ネーデルラント連邦共和国の形成過程を検討しながら、夢見たことがあります。最初から完璧すぎる政体を築こうとするのは危険だと私は思います。それではあまりに多くの偏見に逆らうことになり、あまりにたくさんの人々の利害を傷つけることになるでしょう。このような危機的状況では、立法者はいわば、彼の理論の高みから降り、どのような形式の自由であれば、人々がより自由を愛し、より自由を望むようになるかを考え、人々に最も相応した制度で我慢しなければなりません。ほとんどヨーロッパのどこでも、貴族たちの頭はその封土と所領についての漠然とした観念でいっぱいであり、君主政体（government monarchique）によって衰退させられ、本物の権力よりむしろ人々の敬意、尊敬の徴を求めています。聖職者たちはたいてい無産階級の生まれですから、何より金銭を愛好します。ですから、前者の虚栄心と後者の貪欲を満足させながら、彼らの情念を利用して第三身分の信用を高めるようにしなければなりません。ただし、第三身分が強力になりすぎるのも良くありません。なぜなら、自分より地位の高いものを尊敬する習慣に馴染みすぎているため、自分たちの未知の権力をもてあますか、あるいは権力に酔いしれてしまうからです。こう言ってよければ、私は封建的共和国（une République féodale）を建設するでしょう。そのような共和国であれば、誕生と同時に人々を満足させ、人々の精神を結集し高揚させるのに適しており、人々は啓蒙され、ついにはより良い何かを願望するようになるでしょう。

しかし、これらの細かいことはすべて脇におきましょう。強力な国家から分離する州、その法律と政策が武力紛争の渦中で形成される州については、極めて一般的な展望しか示せません。そのとき、すべては事件の激流に押し流され、各状況の必要に沿って決定されます。時には、幸運な成功が、用心すれば、大胆な企図を許すかもしれません。時には、予期せぬ事件が最も深い知恵の政策をも邪魔することになるでしょう。人々はしばしば運命に身を委ねざるをえず、嵐の中で自由への勇気と愛の他には羅針盤はないでしょう。これら二つの案内人の一つが欠けたなら、あなた方は自分たちが見捨てた道へ最初の機会に戻れなければ、あ

（4）マブリは少なくとも、グロティウスの『オランダ戦争の年代史』（Annales et histoire de la guerre des Pays-Bas）を読んでいる。彼は『歴史の書き方について』（XII, 378）の中で、同著作を激賞している。

なた方はやがて暗礁に乗り上げ、挫折するでしょう。

反乱を起こした人民が想像できる最も賢明なことは、多分、法律の冒頭に、この法律は一時的なものにすぎず、人民は平和が訪れたときにこれを再検討する権能(faculté)を留保する、共和国の成立時に有効であった諸規則は共和国が堅固になったときに修正され変更される、と書きこむことでしょう。この方策は、より良い運命への期待を維持し、彼らの自由を妬む人々を怖気づかせる無数の出来事に対し、人々の気持ちを寛大にするでしょう。団結の一番必要なときに、彼らが分裂するのを妨げるでしょう。不完全な憲法に対するすべての未熟な心酔を予防するでしょう。その結果、改革の準備ができた国家が、平和が訪れたあと、戦時中に感染した偏見と慣習に屈する危険がまったくなくなるでしょう。この利点は途方もなく大きなものです。なぜなら、どれほど多くの人民が個別的状況で成功した規則を、彼らの統治の一般原則としたために不幸になったかが確認できるからです。

スタナップ卿、あなたのお考えが理解できます。私は注意深く卿の言葉を聞いてから言いました。私の希望はすっかり消えてしまいます。あなたのお言葉通りです。われわれの性格の軟弱さや軽率さについて、あなたは礼儀を重んじて何も言われませんが、何を言おうとされているかを察するのは簡単です。しかし、わが国のどの州も自由を獲得するのに必要なものを持っていないとすれば、君主政下の全民衆(la masse entière)にはどんな手段が残っているとお考えですか。暴力に訴えることは軽率で、われわれの不幸を増すだけならば、すべては絶望でしょう。自分の権威に執着する君主が、われわれを彼の庭園の鹿のように自分の持ち物とみなし、(5) われわれは彼の快楽のために自分を犠牲にして当然であると真面目に思い込んでいるとすれば、彼は人々の懇願や政治と道徳の道理に心を動かされ、自ら全権力を放棄することなどありうるでしょうか。私は奇跡を信じません。今しがたあなたが言われました、われわれのかつての独立のみすぼらしい残骸をわれわれはどうすればよいのでしょうか。どんな板でわれわれはこの難波船を修繕するのでしょう。専制政治の悪弊と闘いながら、われわれにできるのはせいぜいその進行を遅らせることぐらいでしょう。お許しください、スタナップ卿、私はまたも最初の哲学に戻ってしまいます。奴隷状態から抜けられないことが確実なのに、自由になろうとして頭を悩ましても仕方がないではありませんか。この状況は過酷すぎ、覚悟を決めるしかありません。私の方針は決まっています。私はこの隷属状態と可能な限り和解するようにします。後世には現世代を非難できるいかなる理由もありません。われわれの子孫がわれわれの立場にあったら、今われわれがしているのと同じことをするでしょう。政治機構全体（toute la machine politique）にかかる圧力は強力すぎ、それを変えようと試みることは無駄です。専制主義は高まり、悪弊は増大するでしょう。勝手な税制によってすでに揺らいでいる所有権は、もはや尊重されないでしょう。やがて人身の自由（la liberté de la personne）がためらいなく攻撃され、バスティーユは囚人であふれ、彼らには自分がどんな誤りを犯したのかを

（5）鹿は一匹もいないのに、鹿園と呼ばれた庭園への愉快な冗談。一七五三年、ポンパドゥール夫人は〔ルイ十五世の〕愛妾の地位を正式に去ったが、王との交際は続き、ヴェルサイユにあるかつて鹿公園と呼ばれた土地を購入し、そこに館を建てさせた。ルイ十五世は自身をポーランド貴族と偽って秘密裏にその館を訪れ、集められた平民の若い娘たちと戯れた。館の隣には分娩室があった。王のこの密かな楽しみは公然の秘密であった。

知らされもしないでしょう。封印逮捕状（lettre de cachet）の前ではすべてが沈黙します。残虐性に対してわれわれの軟弱な習俗が築いている脆い防壁をこじ開けるには、ルイ十一世〔在位1461–83、王権強化の強権政治で知られる〕やシャルル九世〔在位1560–74、サン＝バルテレミの虐殺事件を起こした〕のような、酷薄で陰気な、疑り深い君主が一人現れれば十分でしょう。スラ[6]の命令といえどもわがサン＝バルテレミ〔の大虐殺〕に比べれば、たいして恐ろしくもありません。暗殺が企てられるでしょう。ローマ皇帝たちに倣って、どんな拷問を受けるかはわれわれの選択に任されるでしょう。残念ですが仕方がありません。私にはなすすべがないのです。

それで、あなたは共和国の救出に絶望しているのですか、と卿はすぐさま私に言い返しました。彼の言葉の調子は冷やかで落ち着いていました。もしその調子にいくらか私に自信を回復させてくれるものがなかったら、私は顔を赤らめたことでしょう。卿は言葉を継ぎました。私なら、これまで私があなたに説明した方法で専制政治の前進に対抗すれば、それを転覆させることができると考えたでしょう。恣意的権力を憎むこと、それは自由と法律を愛し始めることではありませんか。そのような感情が広がり増幅するにつれ、人民は不可避的に自由になるのに必要な資質を獲得するのではないでしょうか。スペインの諸州やその他いくつかの王国では、多分自由を回復するには公然と反乱を起こす以外に手段はないでしょう。なぜなら、彼らの国制の中には君主政を改革する手がかりになるような制度がまったく見当たらないからです。ですから、もし反乱が起こせるなら、そうすればよいでしょう。しかし、と卿は続けました、あなた方フランス人はまだそれほど過酷な限界にまで追い詰められてはいません。まだ合理的な期待の余地があるのに、どうして絶望から無為や諦念に身を任せるのですか。私の見るところ、高等法院と宮廷との間のつい最近の紛争でも、もしあなた方が自由になりたいと望めば、(7)そうなれるチャンスがあったのです、と卿は付け加えました。同じチャンスはまだ一度ならず訪れるでしょう。それは確実だと思ってください。

〔パリ〕高等法院は勇敢に追放処分に耐えたので、結局、宮廷は高等法院の要求通りの条件で呼び戻さざるをえなくなったではありませんか。確かに、あなた方が大法廷(la Grande chambre)と呼んでいる組織の幾人かは、その間、国家と自らの仲間の利益を裏切りました。しかし、残りの人々は、確か一七五六年の最後の数ヶ月間のことだったと思うのですが、親臨法廷が開かれた後に辞職を決意しました。その毅然とした振る舞いによって、高等法院は大臣たちの傲慢と聖職者の権威に完全に勝利したのを、あなたはご覧にならな

(6)〔訳者〕古代ローマの将軍、前一三八―七八年。政争で反旗を翻し、前八二年、自分の軍隊を率いてローマに侵入し、政敵を虐殺して独裁官となった。

(7)ここで、マブリは一七五六―五七年の危機だけを言おうとしているのか。それとも、一七五三―五四年の危機をも含めているのか。双方の場合において、パリ民衆の興奮が国王の譲歩を引き出す原因の一つであった。

かったのでしょうか。[8]

それは確かな事実ですが、あなたはそこからどんな結論を導かれるのでしょうか、と私は卿に尋ねました。卿は勢い込んで答えました。もしその同じ高等法院――この機関は国民を統治することはできませんが、自由にすることはできると私は信じます――が、数ヶ月前、二〇分の一税が再度課せられたときに、同様の寛大さを示すことを自らの義務と信じていたら、あなた方は今日にも自由を享受し始めたことでしょう。[9]この団体は、新税が最初に提案された時に国王に勧告を行い、公租(charges publiques)の重荷に苦しむ国民の貧窮を誇張せずに力強く訴えるべきであったと私は思います。臣民の支払い能力を超えた租税は、最悪の戦争と北アメリカの喪失〔英仏間のフレンチ=インディアン戦争の終結は一七六三年〕より国家にとってさらに不吉であり、このような税を課さないよう国王に嘆願すべきであったでしょう。要するに、新税に同意することは自らの名誉も良心も赦さないということを、高等法院にきっぱりと声明してほしかったのです。

すべてがその通りに実行されましたよ、と私はスタナップ卿に言いました。[10]けれど、宮廷はそれを単に形式としか見ませんでした。高等法院には彼らの名誉と良心に関わるあらゆる儀礼的な常套句が伝えられました。高等法院は、口では実行せざるをえないと言いますが、何一つ実行しないことが分かっているからです。結構なことです、しかし、私の求めているのは滑稽な猿芝居ではありません、と卿は私に答えました。私は真剣な話し合いを考えているのです。もしあなた方の高等法院が〔二〇分の一税に関する〕第二の命令に対し第二の勧告を行ったとき、その中でかつて新税に同意したことは自分たちの越権行為であったと率直に認めていたら、まったく形式的な声明と見なされはしなかったでしょう。そこで高等法院が、課税する権利が

あるのは国民だけであるという、確実で証明の容易な原則を疑いえない真理として提起し、これまでの国王

(8)パリ高等法院は四部会に分かれていた。その一つである大法廷は、最高齢の判事たちの集まりで、他の部会の管轄に属さない民事、政治、宗教のあらゆる重大問題の裁判権を持っていた。宮廷は彼らの間からしばしば政府の要員を採用したので、大法廷の判事たちは最も権力に近い立場にあり、王権に降伏する傾向が著しかった。前述の危機においては、彼らは実際に屈服した。刑事法廷、尋問法廷、再審法廷の評定官たちは常に彼らより先んじていた。マブリが言及する一七五六年一二月一三日の親臨法廷後、三法廷の評定官たちは一団となって辞職した。大法廷からは一四名だけが彼らに追随し、一九名は留まった(Flammermont, t. II, Introduction)。

(9)一七五六年七月、対英戦争における軍事費の支出問題が起こった。国王は、ミノルカ島の奪取がもたらす世論への効果をたよりに、軍事費に関する三つの勅令を登記させようとした。それに対し、高等法院は、課税期間の短縮を要求するなどの比較的穏健な意見を表明するにとどまった。しかし、国王は勅令の即時登記を命じた。高等法院は拒絶し、八月一〇日に意見書を提出したが、国王は再度登記を命じ、高等法院も再び拒否。高等法院は勧告の準備に入ったが、国王は機先を制し、八月二一日に親臨法廷に臨んで登記を強要し、法院は屈服した。この税問題に関する高等法院の抵抗は、宗教問題や、国王顧問会議に対する自己の特権擁護の場合に比して弱く、その違いに世論は敏感であった。ダルジャンソンは日記に次のように記している。「二〇分の一税の倍増を要求する宮廷の意思に屈服し、登記を受け入れる高等法院の第一議長と議論をしていた議長の友人は、彼にこう言った。『高等法院は自分たちの利益に関わらない場合には、圧制に反対しませんね』」(IX, 301)。実際、八月二一日に高等法院が行った勧告は、ボルドーとルーアンの高等法院にたいする不当な処遇に抗議するだけのものだった。階級連帯が第一なのである。

(10)実際、〔一七五六年〕八月五日と一〇日に提出された主席議長の単純な意見書は力に欠けていた。高等法院は延期のことしか問題にせず、〔税に関する〕国民の権利を訴えなかった。高等法院が、〔マブリの期待とは裏腹に〕、「かつて新税に同意したことは自分たちの越権行為であったと率直に認める」ことは決してなかっただろう。

たちによる権利の簒奪の歴史を跡付けていたら、結局、全国三部会の開催を要求することになっていただろうと私は思うのです。

そうしていたら、どんな結果が生じたでしょうか。あなたはそのような勧告が公衆に奇跡的効果を生み出すのを見ることになったでしょう。市井の町人たち（petits Bourgeois）さえ、自分たちは市民（citoyens）なのだと直ちに考えたことでしょう。高等法院は国家の全身分から支持されるのを見出したでしょう。賛同の叫びがいたるところで上がり、宮廷を屈服させたことでしょう。あなた方が大貴族と呼んでいる人たちさえ、いくらか勇気を取り戻し、威厳を回復し、三、四人の大臣（ministres）[11]によって押し込められていた屈辱から立ち直り、仕返しできると感じたのではないでしょうか。宮廷は、今では、高等法院の司法官たち（magistrats）を国王の名で個人を裁く単なる官吏（commis）であり、高等法院による法律の登記も最悪の場合には手続きを省略してかまわない無意味なただの形式と見ています。したがって、登記は法理上宮廷のものだから、宮廷はいかなるやましさもなく国民を代表できるということを証明するため、当の高等法院と交渉することになったでしょう。しかし、あなた方の大臣たちは、臆病と興奮を交互に繰り返し、何か障害にであうといつも平伏してしまいますから、結局、論争と交渉を終わらせるために親臨法廷が開かれるでしょう。宮廷の重臣や高級官僚たちは自分たちの内心の意見を表明する勇気はまだありませんから、追従的な意見しか述べません。ですから、登記簿（les Registres）にはこの世で最も立派な勅令が書き写され、無効を宣した〔高等法院の〕〈告示〉（ARRETÉS）はすべて奪われ、大法官は有頂天で語ることでしょう。しかし、それですべてが終わるわけではありません。高等法院が、法律に加えられた暴力に抗議し、登記は無効と宣言し、それゆえ、二〇分の一税の徴収を禁止し、全国三部会の招集を再び要求し、その間職務を停止し、全法廷集会（chambres assemblées）を開くのを誰が阻止できるでしょうか。[12]

（11）親王（princes du sang）および重臣（ducs et pairs）を指す。〔一七八九年の記録では、国王直下の重臣の数は四三名。〕一七五二年秋、高等法院とパリ大司教との確執は悪化し、高等法院は大司教を裁判にかける決定をした。顕職を裁くこの種の法廷は、高等法院独自には開けず、重臣（pairs）の列席を必要とした。高等法院はその法廷を重臣法廷（la cour des Pairs）と称していたからである。しかし、国王は親王や重臣に高等法院の招集に応じることを禁じた。その結果、彼らの間に一定の不満を表明するものが現れ、オルレアン公（duc d'Orléans）とコンティ大公（prince de Conti）がその中心人物であった。コンティ大公は、高等法院の追放期間中、宮廷との仲介役を務めた。一七五六年初頭、高等法院は、国王顧問会議との抗争で、再び重臣を招集し、国王は再び拒否した。重臣たちは高等法院に対し詫び状を送った。重臣たちの幾人かが請願書を起草して署名し、それをオルレアン公が直接ルイ十五世に手渡しに行くが、王は請願書を公爵の眼前で暖炉に投じたとさせる。一七五八年六月、前年の勝利に勇気づけられた請願審査委員会は、重臣会議との合同会議の開催を要求し、国王が認めない重臣会議を招集する高等法院の権限について議論した。高等法院はこの問題で国王から一定の満足のいく声明を勝ち得た。高等法院は、オルレアン公とコンティ大公の忠告に従って、国王が正しい判断を下したことに対し感謝の意を表明した。

（12）国王へ提出する勧告（remontrances）を議論するときには、高等法院の全部会総会が必要であった。また、この会議の召集手続きはかなり複雑であり、会議の開催中は法廷の進行は中断された。国王は、裁判の再開を促すために、特認状（lettre de patente）や勅命状（lettre de jussion）を発したが、常に効果があるわけではなかった。ダルジャンソンは次のように記している。全法廷集会が開かれるとき、「高等法院は国民的団体となり、全国三部会や英国議会に似たものとなる」（VII, 271）。

この団体は、無視すればよかった紙屑同然の教書や憲章を辱めたために、追放や投獄の憂き目に会いましたが、今回はその時以上に名誉を失い力を削がれた、とあなたは思いますか。聖アウグスティヌスや聖トマスの恩寵が何なのか、私はまったく知りません。あなた方は、自分たちのお金のことより、博士たちでさえまったく理解できない煩瑣な（argue）[14]問題の方に執着するでしょうか。皆がみなジャンセニストやモリニストではありませんが、誰もが自分の財産の主人であることを望み、弾圧や課税を恐れます。これほどの重大事では、パリ高等法院は地方のすべての高等法院から強力に支持されただろうと思いませんか。彼らの利害は一致しているのです。[15]下級裁判所は、上級司法官たちのお手本、公衆の賞讃と讃辞に勇気づけられ、奮って英雄主義を発揮したでしょう。高等法院や司法行政なしでやっていけるとお考えになりますか。法曹評議会（Robe du Conseil）[16]と呼ばれる機関は恐ろしく困惑したことでしょう。評定官のお歴々は、心中では追従者ですが、法廷で身を滅ぼしたくなければ、公正さの評判を維持せざるをえないのです。混乱が大きく見えれば見えるほど、その結末は秩序の再建により近づくでしょう。私自身が確信していること、それはこのような状況下では、すべての厳正な行為は政府を困惑させ、政府の弱さを白日の下に晒すのに役立つだけだということです。あなた方の大臣たちは世論の判断を軽蔑します。しかし、信じてください、彼らは公衆の不満の声を恐れているのです。自分たちの奴隷全体の意見が世間に知られたとき、その意見に譲歩せずにすむような君主もスルタンもこの世には一人もいません。

二万人の軍隊を擁するフランス国王は、彼に力で対抗しようとする人間なら誰をも恐怖せしめるでしょう。また、たとえスパイ活動（espionage）や密告（délation）のような手段で事態が保たれているとしても、勇気も知恵もない国王でさえ、百人の部隊を召集するまでもなく反乱（un rebelle）を押さえ込んでしまうでしょう。

---

(13) 一七五三年、「告解証明書」事件の結果、請願審査会の評定官たちは追放、大法廷（la Grande Chambre）はポントワーズへ移送された。

(14) 辞書には argutie の形しかなく、マブリの用いている argue の形は載っていない。

(15) 一七五五年以降、地方都市の高等法院〔一二都市に設置されている〕は、パリ高等法院の支部という考え方が広まった。他の高等法院は「単一の高等法院の多様な審級（diverses classes）である」（一七五六年八月二二日の勧告、Flammermont, II, 138）。高等法院はこの命題を主張するために、大法官ロピタルの声明を引き合いに出した（一七五五年一一月二七日の勧告、*ibid.*, 73）。

(16) 大評議会（grand conseil）を指す。ヴォルテールの考えでは、その起源は国王評議会（conseil des rois）であり、王が地方へ旅する際には随行した（『ルイ十五世治世詳史』*Précis du règne de Louis XV*, 384）。確実なことは、この会議はシャルル八世〔在位 1483-98〕によって再組織されたことである。一種の司法官職法廷（cour de judicature）で、裁判移送、裁判官の適正、王権を除くすべての特権に関する訴訟を裁いた。国王はこの法廷を高等法院の代替機関として維持し活用しようとしたため、両機関はしばしば対立した。アンシャン・レジーム下では、諸制度は複雑に絡み合い、管轄領域も不明確なため、無数の抗争が起こった。一七五五年、大評議会の元評定官の一人が、シャトレ裁判所の判決について大評議会へ控訴した。ところが、彼の相手方は、高等法院への上訴を望んだ。その結果、両法廷が対立する判決を次々と下し、その判決合戦は数ヶ月に及んだ。国王は、一七五五年一〇月一〇日、声明を発して大評議会を支持したが、高等法院は一七五六年四月六日、王の声明を無効とした。国王は再度、譲歩した。パリ高等法院は地方の高等法院のみならず、世論の支持を得ていたからである。この大評議会は、国王顧問官（conseillers d'État）、請願審査官（maîtres des requêtes）を中心に構成されていた。マブリは、高等法院のポントワーズへの追放期間中に権力が相次いで組織した休廷期臨時法廷（Chambres des Vacations）と王立法廷（Chambre royale）をも暗に示唆しているかもしれない。両法廷は国王顧問官で構成されていたが、弁護士や検事が彼らの承認を拒んだために、なんの実効性もなかった。

しかし、立派に統率された軍隊がどれほどの数であろうと、剣を握って反撃しようとしない司法官たちに対し、この軍隊はいったい何ができるでしょうか。彼らは内乱（la guerre civile）をしかけるどころか、法律への深い敬意を表明するだけなのです。彼らは追放にもたじろぎません。彼らの無抵抗（inaction）と世論の尊敬は、苛立ち紛れに仕掛けられる攻撃を押し返す盾になるのではないでしょうか。

私はあなたに心に秘めていたことを語りました、と卿は笑いながら言いました。イギリス人として、私は、あなた方の病を癒せる唯一の方策をあなたに教えるべきではなかったかもしれません。私はあなた方の国制、習俗、偏見、教義を研究しました。専制政治によって少しずつ破壊されたあなた方の魂、性格、そして国民として必要な美徳を取り戻す手段が他にあると言うなら、私におっしゃってみてください。あなた方の子孫が恥ずべき屈従に陥るだろうことはすでに予見されていますが、それを防ぐ手段が他にあるでしょうか。革命（une révolution）か奴隷状態（l'esclavage）か、どちらかを選ぶしかありません。中間はないのです。恣意的権力の改革はいくつかの州になお存続する個別の三部会の仕事ではありえません。地方三部会はあの手この手で腐敗させられてしまっています。もしそれらの三部会が不正義に屈することを拒み分離を選択するなら、この自由の亡霊〔地方三部会〕を恐れる専制君主は、できたらそれを破壊したいと思っているので、さぞ安堵することでしょう。もし三部会が自己防衛のために武力に訴えるなら、どのような危険に身をさらすことになるかはすでに見たとおりです。もし仮に、一連の事件や状況によって、一州だけが首尾よく独立したとします。そんなことが起こると予想することは非常識であり、期待するのはなお愚かなことですが、その州は寛大な気持ちから君主政国家の残る部分の救援に来るとあなたは思いますか。自分が満足する利益を獲得した後に、あなた方のために新たな戦争を開始し、生まれつつある幸運を新たな偶然に委ねるような軽率なことをするでしょうか。貴族階級は、もし結束していれば強力でしょう。ところが、この階級はもはや一体をなしていないので、弱いのです。聖職者たちは、個々には軽蔑されていますが、職業上の権威によってなお尊敬されており、高等法院同様なお必要な存在です。司法管理同様、秘蹟の管理なしで済ますことはできません。ただし、聖職者が公共善を愛し自らの権威を統治の改善に役立てると期待してはなりません。聖職者たちは自由の敵です。彼らは自分たちに向けて自由が乱用されることを畏れます。この階級の役割はひとえに自由な人民を欺くことであり、来世への恐怖心を抱かせて君主を篭絡します。現世で君主を支配するほうが簡単で手っ取り早いのです。

それに、正義の規則と真の栄光を理解し、自由な国民の首長であることだけを願ったシャルルマーニュ(17)のような人物が現れることはないでしょう。それなら、あなた方は、不運な状況に打ちのめされ、どうしてよいか分からなくなった君主が、進んで〔全国〕三部会を通告し、召集するのを待つのでしょうか。そんな三部会は実際には無益でしょう。なぜなら、それに先立つなんらかの世論の高揚がなければ、三部会には知恵も勇気も湧いて来ないからです。このような君主の率先した行動を、国民が君主の後悔した兆とみなすなら、国民はいっさいの過去を忘れてしまうでしょう。代議員たちは予期せぬ栄誉にうれしくなり、意見を具申し

(17) シャルルマーニュ〔フランク王国の祖、(独) カール大帝、742-814年〕は民主的君主 (souverain démocrate) という神話は、『フランス史考察』(Livre II, chap. 2 et 3) の中で展開されている。

て本来の権威を取り戻す代わりに、政府に世辞を振りまくでしょう。フランス人の頭脳は麻痺状態に陥るでしょう。異を唱える人には不幸が降りかかるだけでしょう。自らの義務をほとんど理解しないこの束の間の三部会は、形だけの臆病な勧告（Remontrances）をいくらか述べた後、〔国王〕顧問会議（conseil）の英知と大いなる善意の決定にすべてをゆだねると声明するでしょう。それに対し、私があなたに示した方法で慎重に準備された革命（une revolution）は、放縦な自由ではなく、秩序と法律への愛を原則としますから、はるかに多くの利点を持つでしょう。私は軍人（gens de guerre）が復讐者（vengeurs）となるような自由を警戒します。彼らが暴君を弾圧しても、次に彼ら自身が暴政を実施しないことは稀なのです。クロムウェルの模倣者は絶えないでしょう。あなた方の司法官たちの英知が国家の全身分に伝わり、人々は法を守るために勇気をもって、しかも慎重かつ秩序よく行動するように心がけるでしょう。

スタナップ卿の高説は私の心の奥に、いくらか希望の光を芽生えさせました。私は確信したいという願望から、卿の言葉に貪欲に耳を傾けました。彼は黙りました。私は、今聴いたばかりのことについてしばらく考えた後、彼に言いました。あなたは私に自分の心の秘密を打ち明けたと言われますが、残念ながらあなたの言葉にはイギリスを裏切る恐れのあるようなことは何もありません。私はさらに付け加えました。失礼を省みず言いますが、あなたはわれわれの高等法院を買いかぶりすぎです。外国で遠くから見ておられますから、正しく認識されていないのです。高等法院は国王を万能にするために、あらゆる努力を傾注した後、まるで自分が築き上げた権力の巨人（colosse de puissance）に恐れをなしているかのようなのです。自分で作ったもので自分が破壊されるのが心配で、後戻りできるならそうしたいと思っているでしょう。高等法院は、もはや存在しない国民の立場に身を置き、民衆に対する自分の威信を利用して、国王を動かし、国王の名で民衆を統治する計画のようなものを立てたのです。多分、法曹官たち（gens de lois）自身このシステムについて十分に発展させた明確な観念を持っていません。なぜなら、彼らは手探りで歩いているように見えるからです。彼らは状況が有利になるか不利になるかによって、前進したり後退したりするからです。それでも、彼らが自分たちは国民を代表していると自惚れていることは疑いありません。彼らは公然とそう言っています。彼らは覚書の中に、高等法院は国王の存在と不可分である、したがって自分たちは三部会より上位にいる、という文言を印刷させるという卑劣な野心さえ抱いたのです[18]。ですから、どうして彼らが三部会の開催を要求するでしょうか。彼らは何もしないでしょう。そんなことをすれば、彼らは威信や敬意を失うと信じるでしょう。

卿は、なんと愚かなと私をさえぎりました。高等法院が初期の国王たちが開いた法廷をシャン・ド・マルスやシャン・ド・メ[19]と混同したいのであれば、それも結構。あなた方の高等法院は自らの起源と権限について好きなように考えればよいでしょう。しかし、時間の経過、諸事件、新たな状況、新たな慣習、絶えざる革命によっても高等法院の性格はまったく変質していない、などと真面目に信じられるでしょうか。あなたの国では、法服貴族（la Robe）はブルジョワの寄せ集めとみなされており、民衆の尊敬は集めますが、多くの貴族（Noblesse）からはほとんど重んじられていない、と私は聞きおよんでいます。ですから、私は予告できます。もし司法官たちが世間の慣習に逆らって、法曹貴族階級（Aristocratie parlementaire）を形成し、国王と権威を分かち合おうとするならば、彼らの企ては必ず挫折するでしょう。もし高等法院がフィリップ四世美男王〔在位 1285–1314〕以来の王権の進歩を検証するなら、高等法院は自らが国家を裏切ってきたことを自らに咎めなければなりません。また、弁解しようとするなら、自分が背負えると思っていた荷が重すぎ、国民を代表してその権利を守ることができなかったことを認めねばなりません。そこから、未来に向かってどんな結論を導き出すべきでしょうか。厚かましくも、法の番人、法の守護者などと自称できるでしょうか。一方、国制はあなた方の眼前でどんどん歪んで行っているのです。

もし国家の全分野が抑圧されれば、奇跡的に高等法院だけが全般的破滅から免れるということがありえる

(18) 私〔ルセルクル〕は、フラメルモンの収集した高等法院の勧告集を調べたが、マブリの言う〔高等法院は三部会より上位という〕命題を明確に述べたものを、少なくともこの時期には発見できなかった。ただし、高等法院の権利の賛否論争で、一七五〇年代に多数出版された著作のどれかで、マブリがその命題を読んだ可能性はある。高等法院が、全国三部会に言及しているケースはない。しかし、一七五五年一一月二七日の勧告で高等法院が主張している命題は、マブリの主張と変わらないものである。高等法院は、立法権の源泉としての王権に異議を唱えないが、自分たちの権限と国王のそれとを混同する傾向を示している。国王は全権力を握っているが、高等法院はそれを国王と分けあう、という混乱した教義である。「高等法院は、君主がその意志によって維持し保障するところの法律に合致する自然な唯一の機関（organes）である。司法権（la justice）と不可分なこの立法権、あるいはむしろわが国王たちのもとでは司法権そのものでさえあるこの立法権は、高等法院によってのみ生み出され、侵すべからざる公共の権威をもって語り、行動する」(Frammermont, II, 1764)。高等法院の弁護士ル・ページュ（Le Paige,『高等法院についての歴史書簡』*Lettres historiques sur le Parlement*, 1754）は、この教義の熱烈な弁護者の一人であった。彼によれば、高等法院の起源は、クロヴィス以前のフランク族時代にまで遡る。フランク族の最初期においては、すべての重要な政務、すべての刑事裁判は、王が議長を務め、誰でも参加できるシャ

ン・ド・マルス（champs de Mars）、あるいはシャン・ド・メ（champs de Mai）と呼ばれた野外集会において討議された。ル・ページュはその集会を総議会（Parlement général, parlamentum）と呼んでいる。比較的軽い事件については、宮廷内で、国王が伯爵（comtes）、高位聖職者（prélates）、法曹界の元老（sénateurs）たちの列席の元に処理した。やがて、総議会の召集が不可能になると、以上二種類の会議が混合し、現在の高等法院を形成した。当初、高等法院は巡回したが、フィリップ四世美男王の治下、一三〇二年に定在となった。では、全国三部会についてはどうなのか。七〇〇ページにおよぶ著作の中で、ル・ページュは、ただ一度、注の中で次のように述べている。「フィリップ美男王の治下で始まった全国三部会は、かつての〔総〕議会と同じものではなく、その不完全なコピーにすぎない。かつての集会の権威と機能は高等法院に凝集されているので、三部会が開催されると、高等法院はその権能を停止するどころか、逆に三部会に向かってその権威を行使する。王国の法律に反することが三部会で起こるならば、高等法院はさまざまな決定によって三部会を押さえ込む。旧議会を唯一代表するものとして、高等法院は、王国の法律の受託者であり、保管者だからである。」（1, 142）これは、高等法院は三部会より上位にあると主張していることになる。モープーのクーデタ〔一七七一年、大法官モープーは、パリ高等法院の権限を剥奪する司法改革を試みた〕の際に、ヴォルテールは、『パリ高等法院の歴史』を書き、高等法院側の命題を掘り崩すことに専念する。彼によれば、高等法院は総議会（parlamentum）の語とは無関係な事柄を寄せ集めている、高等法院は全国三部会のどの会議においても、いかなる役割も果たさなかったし、果したとしても極めて制約されたものである、と記している。高等法院が全国三部会の開催を要求し始めるのは、これと同時期である。その要求は、ルーアン高等法院が、一七七一年二月八日に国王へ送った書簡で始めて表明された。他の法廷も同じ趣旨の手紙を即座に起草した（Bickart, *op. cit.*, 249–50）。

(19)〔訳者〕シャン・ド・マルス（champ de mars）はメロヴィング朝時代に自由民が王を選出するために集まった集会の名称。シャン・ド・メ（champ de mai）はカロリング朝時代に戦士が国王を選出した集会名。

でしょうか。今は高等法院は強力です。というのは、パリ全体は自分をジャンセニストと信じており[20]、軽率な大臣たちはまったく軽視され、彼らの行動は無策で、公衆は専制政治への防壁が存在するのを見て安心しているからです。しかし、この公衆は、自分たちの利益しか考えず、無益な勧告を繰り返す団体を尊敬し保護することに、いつか嫌気が差すのではないでしょうか。もし市民たちの各団体が貧窮と隷従に耐えることに慣れ、しかも政府が、その意図を改めないまま、偶然いっそうの才知を獲得するならば、高等法院は自らのうちに衰退を防ぐためのどんな手段を見出せるでしょう。これまでの経験から、政府は、高等法院の口を封じ、勧告の慣習を禁じ、登記簿に思い通りのことを書かせられることを知っています。そうなると、この崇高な司法官たち、国民の守護者たちは追い詰められ、単なる田舎判事と化してしまいます。卿は、以上の考察はとても単純で、誰にでも分かる理屈であり、高等法院も必ずそう考えるでしょう、と付け加えました。現下の状況では、確実に……。

スタナップ卿、それは違います、と私は勢い込んで卿の言葉をさえぎりました。私はあなたの期待に同調することはできません。現在、高等法院を構成する人々[1]は不幸にも、まったく愛国心（patriotisme）に欠ける人たちなのです。彼らはあなたほど遠くを展望していません。多分、自分たちの社団の栄光や幸福さえ気づかっていないでしょう。彼らは自分たちの職務の遂行において強力であろうとします。なぜなら、彼らはただそこから人々の敬意を引き出しているからです。おそらく彼らは、自らの威光は不変であると思い込むほど盲目になっているのです。おそらく彼らは、他の諸階級がその地位を低下させればさせるほど、自分たちの重要性が高まるという偏執的な考えに陥っているのです。スタナップ卿、今度は私が秘密を明かします。

もしあなたが、あのお歴々を私のように直近でご覧になっていたら、もしあなたがこの一団のリーダーの元老たち（PERES CONSCRITS）と議論されていたら、もしあなたがジャンセニストでない連中がどれほど腐敗しているかを知っておられたら、もしあなたがジャンセニストの連中でさえも自分を少し高く売りつけるためだけに役立とうとしていることを知っておられたら、もしあなたがこの法律屋ども（Robins）がその虚栄心にもかかわらず、大貴族と親密になることに敏感で、宮廷人のお世辞にどれほど簡単に騙されるかを知っておられたら、あなたはそうは考えられないでしょう。スタナップ卿、どうか私の言うことを信じてください。このつまらない連中からは何も期待しないでください。彼らは目先のこと、お役所から受け取る年金のことしか気にかけず、その日その日で行動するだけで、自分たちが生きている間、機構（la machine）が存続すればよいと考えて働いているにすぎないのです。背後に大洪水が迫っているのに、彼らは将来に少しも不安を抱いておりません。

いやはや、私はそんなことをまったく信じる気になりません、とスタナップ卿は反発しました。専制政治はまだそれほど人々の精神を弱らせ、習俗を腐敗させるには至っていません。あらゆる非難の言葉にもかかわらず、フランス国民の中で最も評価すべき階級を構成しているこの市民たちの性格が、それほど卑劣なものに変質してしまっているとも思えません。もし高等法院がなすべきことをしないなら、あなたは高等法院

(20) バルビエは次のように書いている。「パリの大多数は、民衆もブルジョワも、それ以上の者さえも、ジャンセニストである」(V, 226)。

だけを責めるのではなく、公衆全体を責めねばなりません。いったいどうしてパリの公衆は、この社団(compagnie)[ii]の習俗だけが他と異なり、彼らだけがより啓蒙されているなどと思うのでしょうか。啓蒙の光(les lumières)が広がり増大すれば、市民たちは改革の必要を感じ、改革を望むにちがいありません。法律を守ろうとする司法官たちが自由に反対を唱えることはないだろう、と私はあなたにお答えします。全ヨーロッパが彼らの勇気と忍耐力に感化され、全ヨーロッパは正当にも讃辞で彼らに報いたのです。高等法院がジャンセニスムの名誉のためにしたことを、いつか公共善のためにするのではないでしょうか。しかし、と卿は続けました、たとえつまらない利害のためであれ、私は人々の法律に対する研究心が活気づけられ、人々の秩序と正義への嗜好が少しでも高まってほしいと思います。全国三部会の開催を執拗に要求し獲得すれば、市民たちが羨んでいるとあなたの言われる権威は格段に高まり、〔国家の〕破産(une Banqueroute)によって市役所(l'hôtel de ville)と市民の財産が脅かされることを心配しなくてもよくなる、彼らがそう判断するには、彼らに超自然的精神の物差し(une mesure de l'esprit surnaturel)がなければならないのでしょうか。

国民の全階層が自らの利益に目覚め、大臣たちが怖気づき混乱するさまを、あなたは想像できますか。そのとき高等法院はどんな目覚しい働きもしないでしょうか。彼らが三部会を創設したとなれば、彼らは非常に大きな威信を持つことになるでしょう。私の勘違いでなければ、アンリ二世〔在位1547–59〕の治下で彼らがしたように、彼らが別個の団体を形成するならば[21]、彼らは間違いなく三部会の支配者(maîtres)となるでしょう。宮廷の恐れとあなた方のような血気にはやる国民の熱烈な感謝とは、二つの強力なバネです。しかし、もし高等法院が、貴族振り(gentilhommerie)の偏見をすべて脇において、自分たちは第三身分の先頭に立つのだという確固たる精神を持つならば、彼らは本質的に最強であるこの〔第三〕身分に格別の重みを持たせることになり、それによって彼らも貴族階級（la noblesse）としての権利と自由を堅固にするという大きな利益を引き出すでしょう。なぜなら、この社団は、人民がくびきに繋がれているような国では、決して自由にも強力にもなれないからです。

貴殿は、スタナップ卿がわれわれに全国三部会を回復させるために、どれほど努力されているかを知って、きっとご満足でしょう。貴殿は三部会に好感を持っておられます。あなたがかつて開催された三部会につい

(21)『フランス史考察』（III, 156）参照。ヴォルテールの見解はマブリとは異なる。「王〔アンリ二世〕は、財源を簡単にまかなうため、一五五八年、パリ高等法院内において大集会を開いた。何人かの歴史家はこの集会を全国三部会と呼んでいるが、実際は名士会であり、出席者はパリにいた名士と地方の数名の代議士であった。本物の全国三部会を開こうとすれば、もっと長い時間と大掛かりな準備が必要であり、それに〔高等法院内の〕大法廷といえども、小さすぎて全員を収容することなどできなかったろう。財務官たちは独自の会合をもった。その集会では、財務官も高等法院も第三身分と同席することはなかった。高等法院は、元老院であり、自分たちの施設内での会合とはいえ、特別の会場を持たないということはありえないだろう」（『パリ高等法院の歴史』、XV, 503）。しかしながら、ピコはマブリと同じ解釈をしている（Picot, *Histoire des États-Généraux*, II, 153）。一五五七―五八年に三部会が行われた。全国の高等法院の主席議長たち、パリ高等法院の国王付司法官たちも出席したが、国王は彼らを第三身分から切り離し、「司法身分という名目で別団体を作り、貴族階級（la noblesse）と第三身分（le Tiers）の間の地位（rang）とした。」

て語るのを、私は何度も聞きました。あなたは三部会が開かれなくなったことを残念がっていました[22]。三部会の歴史は、わが国の歴史のうち、あなたが最大の関心を持って研究された分野です。私自身は、まだそれに希望を託す勇気はありません。それゆえ、われわれのかつての自由を取り戻すために、高等法院は何をなすべきかを判断するにとどめています。われわれの習俗の途方もない腐敗、政府の権力は弱まってはいるがなお強力であること、公衆は行政（l'administration politique）に関してまったく無知なこと、私がそれらのことをもし納得していなければ、専制政治の進歩を阻止し、わが国民の魂を高揚させるのにこれほど有効で簡単な手段を手にしながら、わが司法官たちの誰もそれを活用することを考えなかったことに、私は驚かずにはいられないでしょう。

卿がこの大問題を議論し始めるのを見て、私は彼の言葉をさえぎらずにはいられませんでした。こんな議論は砂上の楼閣です。開かれそうもない全国三部会のことを論じてなんの益があるでしょうか、と私は彼に言いました。スタナップ卿、いいですか、われわれが三部会を回復する手段は他にもあるのではないでしょうか。私は〔高等法院に〕信頼が持てません。卿は、他にはありませんよ、と勢いよく答えました。私はあなたに全部お話しました。それ以外の方法はすべて幻想にすぎず、あなたを満足させはしないでしょう。あなた方の高等法院は、あなたと私が望んでいることを実行するために、わずかに残った権力を活用はしないでしょう。しかし、高等法院が現在保っている自分たちの地位からさらに墜落することを自覚すれば、自らの運命の脆さを反省せずにはいないでしょう。そして、絶えず専制政治の鞭に脅かされたくなければ、国民を自由にする必要性を看取するでしょう。いずれにしろ、全国三部会が開かれたとき、それが有益であってほしいと思うなら、三部会はどうあるべきかを開催される前に知っておくのは良いことです。

私は、三部会の話になると、皆悪口しか言わないことを思い起こしました。私はそれで、三部会はなんの役に立ちますか、と卿に言いました。三部会はこれまでにも開催されましたが、何か良いことがあったでしょうか、これからまだ何か良いことが生まれるでしょうか。われわれには十分な忍耐力、毅然たる態度、断固たる決意がありません。要するに、われわれには三部会を有益にするだけの十分な資質（caractère）がないのです。三部会は、大きな善を生まなければ、大きな悪を引き起こします。三身分の代表たちは買収され、卑劣な愚か者になり、その結果、良識の通じない一団の群（une cohue）と化してしまいます。われわれは三、四名の国王秘書官の手管で不幸な目に合わされるのです。そんなことはもう十分です。われわれは六〇〇人の代議員に欺かれ犠牲にされ、彼らの愚挙に辛吟しなければならないのでしょうか。

これは、私の思い違いでなければ、貴殿も耳が痛くなるほど聞かれた反対論でしょう。私は勇気をだして、この反論を卿にぶつけてみました。卿は、私の言い分に最後まで耳を傾けた後、あなたはそんな高説を本気で私に語っているのではないでしょうね、と言いました。確かに私はこの議論をいくらか無理してあなたに

(22)〔訳者〕全国三部会は、ブルボン王朝の絶対王政確立とともに、一六一四年の開催を最後に開かれなくなった。フランス革命の契機となる一七八九年五月開催の全国三部会は、それゆえ、一七五年の空白を経て再開されたことになる。マブリが本書で説く、高等法院の権威を梃子に世論の圧力で全国三部会の開催を促し、そこから共和国実現へ向かうという革命戦略は見事に的中した。

ぶつけています、と私は笑いながら彼に答えました。しかし、パリでは誰一人それ以上良いことを何も考えず、何も言わないとしても、私のせいではありません。彼は、これまでの三部会が悪かったから、これからも良いはずはないというのは滑稽です、と答えました。三部会が大きな善をなさないからといって、大きな悪をなすことが証明されているわけではまったくありません。人々は、この会議が規則も手順も秩序もなく進行し、そこから害悪が生じるのを阻止できなかったとき、その害悪をこの会議の産物とみなすのです。それでは、わがままな馬鹿者は何もできないのだから、同様に、才気ある人も名誉を重んじる人もなんの役にも立たない、と言うようなものではありませんか。パリ市民の理屈には呆れるしかありません。

卿は続けました。私たちは今お世辞を交えず語り合っています。私は、三部会を最大限に有効にする資質は現段階のあなた方にはないと思いたいのです。しかし、三部会の開設を延ばせば延ばすほど、あなた方はますます軽薄、ますます愛想よくなり、善事には無関心で、偏見の虜になっていくでしょう。おそらく、あなた方は恐怖に茫然自失し、もはや軽口をたたく勇気さえもないという瞬間が来るかもしれません。自然はあなた方を他の人たちより粗悪な泥土（limon）で作ったなどと、自然を非難してはなりません。無原則な政府に服従する国民が、どうして個性を身につけられるでしょう。君主とその愛妾たち、大臣たちの矛盾した言行ばかりを見、彼らのあらゆる気まぐれに何度となく屈服してきたのですから、あなた方は融通をきかせて何にでもなり、時には無にさえもならねばなりませんでした。人民は公共の業務に関わらなければ、単なる見物人に成り果てます。人民は貧窮と色事で退屈を紛らわさねばならず、精神と心はますます卑小になっていきます。まずは集団（cohue）[23]を作りなさい、そうすればそこに良識（le sens commun）が浸透するでしょう、というのが私の答えです。五、六百人の代議員たちは三、四人の国王秘書官とその事務局ほど愚かなことはしないでしょう。

スタナップ卿、私はあなたを信じたい気持ちになっています。あなたの言い分の正しさが幾らかわかります。祖国と自由への愛が私の心の中でささやき始めています。三部会の代議員たちのほうが、大臣たちより善をなすことに関心を持つだろうということは理解できます。しかし、私があなたの注意を喚起したいことは、イギリス議会は君主によってしばしば買収されますが、フランス国王はイギリス国王よりはるかに金持ちで強力だということです。ですから、生まれたての三部会はどうしたら王権に対抗できるのでしょう。心ならずも三部会を招集した君主が、会議を滑稽な儀式に転じてしまう手段を持ち合わせていないとあなたは信じておられるのですか。卿の反論には熱がこもっていました。それではあなたは、状況の圧力に屈せざるをえなかった君主が自分を恐れ畏敬させる力をなお持ちうるだろう、すべての州を封印逮捕状で埋め尽くし、〔三部会〕選挙を支配するだろう、そう信じているのですか。君主の魅力は消え去り、人々の目は開かれるでしょう。彼の追従者たちも彼が失脚したものと見なし、古い感情がまだ残っているとしても、用心してそ

(23) 今日では「人込み、雑踏」を指すにすぎないこの単語には、かつては司法上の意味があった。『トレヴー辞典』は次のように定義している。「この古い言葉は、かつては裁判が行われる場所に集まる司法官たちの会合を意味していた。同時に、村々で開かれる裁判の開催場所を指示する言葉としても使われた。そこから、各人が勝手にしゃべる無秩序な騒々しい集会を指すようになった。」

れを表には出さないでしょう。蹴りだされた拍車に逆らって、専制君主が甲冑の中でもがけばもがくほど、三部会を貶める手段はますます少なくなるでしょう。公共善にたいする代議員たちの熱意は抵抗に会えば会うほど、高まるでしょう。

私の言葉を信じてください、というより、常に変わることのない人間の情念の歩みを信じてください。フランス国民が知恵に目覚め、全国三部会の開催を要求するや否や、そして要求を獲得するぞという決意を十分に固めるや否や、国民は空しい意見表明（représentation）で満足するほど愚かではなくなるでしょう。反対者たちも同盟はしないでしょう。今日、人々はもはや途方もない無知の中にうずくまってはいません。研究し議論する方法を身につけ、歴史的政治的真実をどこで汲み取ればよいか、その源泉を知っています。無数のパンフレットが即座に現れ[24]、公衆に彼らの利益を知らしめるでしょう。

人々は過去の三部会の誤りがどこにあったかその原因を究明するでしょう。会議の形式（forme）と秩序（police）を検討するでしょう。三部会がどのように衰退し、そしてついには完全な忘却に落ち込んだのか、その全般的かつ個別的原因を探求するでしょう。船乗りは海図を持っています。それが彼らの航海の最大の助けです。もしこう言ってよければ、あなた方は、岩礁、砂洲、海流、着岸できる岸とできない岸、港、等々を正確に記した政治地図（Cartes politiques）を作るでしょう。外国の歴史が知識を提供してくれるでしょう。あなた方の隣人たちの知恵と不用心をともに活用できるでしょう。フランス国民の古い友人であるスウェーデン人はあなた方の良い手本となるでしょう。わが英国議会が国王と大臣たちの買収策動に抵抗できないからといって、あなた方の誕生しかけの三部会に反対すべきであるなどと結論しないでください。自由を保全するために必要な手段を取らなかったために、われわれイギリス人は今、衰退の時にいます。どんな不運な衝動がわれわれを屈辱へ突き落とすか分かりません。他方、逆の衝動があなた方の三部会を良い方向に運んで行くでしょう。あなた方の三部会には青春の熱意が生じるでしょうが、わが国の議会は老衰で鈍化しているのです。

あなたは三部会の姿勢が軟弱になりすぎるのではないかと心配しているのでしょう。私は反対に、過激になりすぎないかが心配なのです。いったん悪弊改革の途に就くや、あなた方は突如として完璧な人間になろうとするのではないかと恐れるのです。ところが、生まれかけの三部会には一本の道があり、その道から外れれば極度の危険が待ち構えているのです。彼らは用意周到に行動しなければなりません。彼らは弊害を何一つ見落とすまいとしてはなりません。彼らは非常に鷹揚な態度で対処しなければなりません。子供の受けた誤った教育の効果を正そうとするとき、家庭教師はどれほど巧妙に対処すべきか、あなたもお分かりでしょう。彼は影響力を獲得するために、寛大に振舞うのです。悪徳が大きく広く行き渡っていればいるほど、正面からそれを攻撃してはだめでしょう。なぜなら、社会の悪弊を利用している不誠実な連中が一斉に反抗

（24）〔訳者〕このマブリの明言は、一七八九年の三部会選挙の時期に、一〇〇〇冊近いパンフレットが氾濫した事実を思い起こさせる。なかでも、シィエスの『第三身分とは何か』（稲本他訳、岩波文庫、2011年）は、フランス革命始動に圧倒的な影響力を発揮した。マブリの本書とシィエスとの関連が自ずと念頭に浮かんでくる。『第三身分とは何か』は、一七八九年一月に出たが、マブリの本書『市民の権利と義務』も同年刊行である（巻末、ルセルクル氏の「解説」参照）。訳者の調べた限り、八九年の何月かは不明。

し始めるからです。彼らは同盟するでしょう。そして、善良な市民たちを中傷し、おそらく策謀と嘘で賢明な政策、しかし時期尚早の政策を邪魔し、その立案者たちを大声で非難するでしょう。

以下は、スタナップ卿が提案する三部会の進行（marche）です。活動を開始する前に、三部会は存在し、存在を確保する必要がある、と彼は言います。ですから、三部会は、基本法、〈事実認可〉（PRAGMATIQUE SANCTION）[25]を布告せずに、絶対解散してはなりません。その基本法の命令によって、二年[iii]ないしは三年間隔で、権力を委任された国民の代表者たちが会議を開くのです。どんな理由によっても、その開催は妨げられず、召集には特別な詔勅（un acte particulier）も必要ありません。法の指示する固定された一定の時期に、それぞれの州が代議員を選出するでしょう。議員たちはパリへ行き、決まった日に三部会を開くのです。三部会は押し潰されることも、解散させられることも、分離も延期も中断もなく、討議を遂行するでしょう。閉会するとき、臨時議会（assemblée particulière）を指定し、状況の必要に応じて集まるのは、彼らの自由でしょう。

まずわれわれは、議会の形式、秩序、治安と、三部会のみが正当化しうる代議員たちの特権（les privilèges）とを確立し、彼らの選挙での自由を保障する規則を作るでしょう。しかし、無政府的な混乱を回避するだけでは十分ではありません。三部会には強力な敵が現れるでしょう。ですから、三部会は尊重される味方を作る努力をしなければなりません。軽率に興奮してはなりません。それが卿の口癖でした。虚栄と貪欲、この二つが現代のわれわれのあらゆる行動の動機ですから、これら二つの情念を激昂させないように用心しなければなりません。その情念ほど執拗なものはありません。ですから、お偉方（les Grands）に国民の重荷になる特権を放棄するように要求するのではなく、逆に、もっと彼らの心に甘い栄誉とより現実的な地位が期待できるようにしなければなりません。また、特に、各市民には自分の財産への安心を保障し、経済上の誤解によって国家の債権者たち（les créanciers de l'état）に不安を抱かせてはなりません。今の時代は平凡な人間ばかりですから、彼らに英雄主義（l'héroisme）を要求するような馬鹿な真似をしてはなりません。われわれの国王は、何代にも渡り専制的でした。われわれがこの〔専制の〕狂気をまだしばらく我慢するのが正しいのです。三部会は領主や貴族に万全の敬意を払い、三部会が国王のすべての負債を背負わねばなりません。まず国家を病から回復させる必要があるのです。ただし、それは穏やかな節制によって。この国家は長期間の病気で衰弱した病人であることを忘れて[iv]はなりません。その体質は腐敗し、回復は緩慢です。劇薬で回復を早めようとすれば、かえって回復を遅らせる危険があるでしょう。

それだけではありません。卿はさらに続けました。三部会は、解散する前に翌年の召集を決め、次期の会合までの間、首都といくつかの州に三部会の役員（commissaires）で構成される各種の事務局を設置することを、国王に了承してもらいます。三部会の管轄権にのみ服するこの法廷（Tribunaux）のようなものは、行政のあらゆる分野に進入した悪弊を見つけ、各社団や自治体が行う嘆願が正当か否かを判別することに専心す

（25）「事実認可（PRAGMATIQUE SANCTION）」は、起源においては、宗教問題に関して世俗権力が行った決定をさしていた。そこから意味が拡大し、君主が自らの国家と家族に関して行う決定を意味するようになった。ただし、マブリはこの表現に民主的な意味合いを持たせている。

るでしょう。国民の苦しみとそれに対処する最適の手段について協議し、次期三部会が討議する議題を準備することになるでしょう。そこがすべての良き市民の集結拠点（un point de ralliement）となり、陰謀家や悪意の連中には脅威となるでしょう。もしも、その役員たちが州の個別問題に取り組むために、毎年会合する地方三部会を各州に設立し、その代表団が全国三部会を構成するようになるならば、自由への愛と法への尊敬が共に新しい力を回復するでしょう。

貴殿もお分かりのように、われわれの現在の慣行とは逆の慣行が知らず知らずのうちに定着するでしょう。国王の権威は少しずつ形成されました。全国三部会の権威も同じように前進することでしょう。しかも、それは暴力を伴わず、より迅速に進むでしょう。国民の代表者たち（représentants）が最初は誤りを犯すとしても、三部会の存続を確実にするように心がければ、過誤は修復されるでしょう。自由は祖国愛を生み出します。祖国愛は無知や愚昧といつまでも手を結び続けることは決してありません。われわれは、何がしかの者（quelque chose）[26]となるために、なぜこれほど苦労するのでしょう。われわれの習俗、知識、才能はわれわれの置かれている状況に左右されます。恣意的権力は愚か者や詐欺師を勇気づけるため、彼らは善事をなそうとは考えもせず、いとも簡単に財産を作ります。こんな光景は変わらねばなりません。そうすれば、われわれはわけなく才知と誠実とを手に入れ、われわれの努力は心地よいものとなるでしょう。

高等法院が自分の利害をよくわきまえ、国民への義務を全うするという仮定から出発して、われわれは、全国三部会を設立し、現在のイギリス人に劣らない自由を実現するに至りました。本当にそんな瞬間が来るのでしょうか。スタナップ卿は期待していますが、率直に言って私は卿ほど確信は持てません。いずれにしろ、明日、自由な国家はどんな技術によってその自由を保持することができるか、また保持しなければならないかを、私は卿から学ぶことになっています。仮にその教えがわれわれには永久に無益なものであるとしても、おそらく他国の人民たちには役立つでしょう。さようなら、心から貴殿を抱擁します。

マルリにて、一七五八年八月一八日

(26) 〔訳者〕この表現は、シィエス『第三身分とは何か』の第三命題「第三身分は何を要求しているのか？——何がしかのもの（quelque chose）になることを」を連想させ興味深い。

第七の手紙

第五の対話。前回の対話の説明。自由を確実にする諸手段。立法権、および、行政権の諸分野への分割について。

私が昨日、貴殿に報告しました対話は、私に不思議な効果を生み出しました。会話を交わしたときは、スタナップ卿が提起した諸対象は半分しか、いわば霧に包まれた感じでしか見えていませんでした。習慣とわれわれの偏見のなんと奇妙な影響力でしょう。われわれの理性が真理を賞味するには、真理に馴染む必要がありますす。ある時は、昨日の会話で最も自明と思えたことに私は疑問を抱き、卿がその雄弁、その観念の豊かさ、それらを私に示したスピードによって、私は幻惑されたと暗に卿を非難していました。彼の推論に対し、私はどんな難題も、どんな反論も提起しませんでしたが、問題が無数にあると私は思っていたのです。またある時は、自分を超越する法律しかもはや目に入らず、私は想像力で、卿が私に何を教えようとしているか見抜こうとしました。すべての難題が消滅し、すべてが平坦になり、すべてが容易に見えました。私は高等法院の評議員となり、百合の花の上に登り（1）、デモステネスの調子で自由への愛を語っていました。しかし、陶然とした時間は長く続かず、私はこの音のない荘重な集会での演説に飽き、恥ずかしくなって演壇を降りました。それでも、私の心を占めている改革の諸観念は、私が裁判職を辞したほど簡単には、私を解放してくれませんでした。

期待と不安に同時に屈服し引きずられ、私は、自分が全国三部会に与えたいと思う自由と権力に好都合な制度を想像しました。すると、直ちに私は無数の障害と困難に取り囲まれました。貴族、聖職者、平民階級の偏見と情念にどう立ち向えば良いのか私には分かりません。私の祖国愛と私の政策（ma politique）に同調しない、多くの敵の努力に耐え抜くことは不可能でした。私は心の中で敗北を認めていました。私は、敗北の中で自尊心を慰めるために、あれほど多くの政治家が言っていること、一度失われた自由は二度と戻って来ない、自由を失った人民は同時に習俗も失ってしまっているから、という言葉を想起していました。

卿のほうが間違っている可能性もないわけではない、と私は自分に言い聞かせていました。彼はわれわれのことを良く知らない、分かっていないのだ。彼がわれわれの法曹家たちに好感を持っている様子をご覧ください。彼は褒めすぎでしょう。すべての高等法院が結集し、全国三部会の開催を要求する決定はできるかもしれません。しかし、三部会が開催されて、どんな成果が生まれますか。大山鳴動、ねずみ一匹でしょう。この自由という優しい名前がわれわれの耳に気持ちよく響いたことは一度もありません。王権に気に入られるためにまるで売春婦のように、毎日身を売ることばかりを考えているお偉方に、どうすれば自由の価値を教えられますか。彼らは無数の惨めな欲望に取り付かれており、本来なら赤面して当然なのに、彼らの堕落した魂はそれを誇りにしているのです。宮廷は当然召使の共有物のような悪徳に染まってしまっています。聖職者に目を向けてご覧なさい。期待など持てますか。われわれの司法官の幾人かは、まだ法の代理人（les organes des lois）である資格があるでしょう。しかし、屑のようなローマ人の中で、カトーのような人たちがなんの役に立つでしょう。彼らは、堕落している臆病で無知な連中、ジャンセニストやモリニスト、狂信家、時には公共善など眼中にない不信仰な連中に取り巻かれています。パリを見てご覧なさい。怠惰に飽きたブルジョワ（le Bourgeois）が快楽に耽り、宮廷人の悪徳を真似るその有様は、滑稽なほどです。この流行はすでに地方にも浸透し、荒廃をもたらしています。

スタナップ卿、あなたのせいで昨日の夜は最悪でした。散歩の初めに、私はそう切り出しました。私は、わが三部会の状況を整理しようとしました、われわれの自由と称するものを確実にしようとしても私の心は乱れるだけで、自由が定まるようにはまるで思えず、私は一睡もできません、それで、仕返しを考えました。私はあなたが昨日言われたことをただ一言も信じまいと決めたのです。以下がその理由です。自由を回復するには優れた習俗が必要です。その助けがなければ、自由の維持は不可能だからです。そして、わが国の習俗は不良というより劣悪です。ですから、私はあなたの言葉にうれしくなったのですが、自由はわれわれに

（1）高等法院の法官たちの椅子は、百合の花が散りばめられたつづれ織りの布地張りであった。そのために、「百合の花の上に登る」という表現は、高等法院の一員となることを意味した。この表現はとりわけ、同院の議員となるのに必要な手続きをすべて完了した候補者に対して用いられた。

は美しい幻想でしかありません。いったいあなたは、これにどんな反論ができますか。卿は、その難問に私はすでにお答えしていますよ、と笑いながら言いました。あなたの国民に大した価値はないので、自由を獲得しようと企てるときに、三部会はまず大変な警戒心と節度を持って行動するしかない、と私はあなたに何度も繰り返しました。

彼は付け加えました。もしあなた方が、奢侈、貪欲、柔弱とは無縁で、恣意的権力という言葉を聞けば、武者震いするほど勇敢であれば、私はまったく別の言葉であなたに語るでしょう。金銭への愛着があなた方のあらゆる思想の魂であり、あなた方が恥辱にまみれても、名誉で身を包もうとしていることを、私は知らないわけではありません。それで、私は私の救済策をあなた方の気質に釣り合うようにしたのです。というのは、どんな平等の観念もあなた方にショックを与えます。また、あなた方は〈封印逮捕状〉さえそれほど悪い制度ではないと思うほど専制政治の悪弊に慣れ、国家のあらゆる身分がこっけいな競争心で分裂させられ相互に軽蔑しあい、浮気女（femmes galantes）に育てられた男たちはまったく女々しいのです。要するに、あなた方はすぐに自由になるにはふさわしくありません。あなた方は少しずつ自由になるしかなく、最初からあまり完璧な国制（gouvernement）を望んではいけません。

卿は続けました。国王が自分の権力をスキャンダラスな仕方で悪用せず、彼の愛妾たちもただ高慢なだけであり、大臣たちは過度に愚かでも悪人でもなく、事態が普段どおり進行していれば、あなた方はそれ以上良い事を望むほどの徳を持っていないことは、私も認めます。そんな時には、賢人が、留まるものは何もない不安定な状況の危険をあなた方に示しても無駄でしょう。法律に堅固な支持を与えるように、あなた方を誘っても空しいだけでしょう。これまでわれわれが熱心に語り合ってきた市民の義務について、あなたと対話しても役に立たないでしょう。お笑い草になるだけです。こう言っては何ですが、そんな状況で自由を提案しても、あなた方は当然それを拒否するでしょう。しかし、何もかもが悪い方向に進み、各人が家族の運命を脅かされ、国民は国内ではいつもより不幸で、国外では名誉を汚されるというような治世が来たとしたら、私はあなたにお尋ねしますが、そんな状況にも無感覚なほどあなた方の魂は鈍化し堕落してしまっているのでしょうか。もしそうなら、あなたが正しいでしょう。あなた方は、マルクス＝アウレリウス帝が少しでも自由への嗜好を取り戻させようと試みたが無駄だった、あのローマ人たちとそっくりです。それなら私は黙ります。けれども、感情に身を任せないでください。あなたの同胞市民たちをありのままに見てください。そうすればお分かりになるでしょう。数年前から、あなた方は専制政治に憤っています、その悪弊を終わらせたいと望んでいます。あなた方の精神は高揚し、一昔前なら秘密裡にしか語られなかった思想を、今ではかなり公然と、しかもかなり大胆な言葉で語っているではありませんか。あなた方の司法官たちは大変勇敢になりました。以前なら、公衆は彼らを軽率と思ったでしょうが、今では賢明とみなしています。私はフランス国民の進歩に感嘆しています。そしておそらく、あなた自身がすでに、自由へ向かって人々がもっと大股で進むことを望むほど自由を愛しているのでなければ、あなたも私と同じ驚きを感じるはずなのです。

状況の変化を望むようになるためには、現状にうんざりするだけで十分です。しかし、何か希望が伴わねば、この願望は無力です。そして、専制的統治（gouvernement despotique）の下では、人々の心がこの希望へと開かれるのは容易なことではありません。市民は、同胞を信頼する勇気がなく、自分の弱さ、というより自分の無（son néant）を、統治する支配者（maître）の無制限の力と比較するからです。万人に奇跡が起こることなど求めてはなりません。国民のあらゆる階級の中で、不満の声が音もなく広がらねばなりません。情念の先鋭化と鎮静化が交互し、長期間にわたって革命（une révolution）が準備され、ついにそれを実行に移す好機が訪れるのでなければなりません。

あなたに注目していただきたいのです、と卿は私に言いました。高等法院が全国三部会の招集を提案するだけで、あなた方の勇気、見識、そして秩序と善への愛は必然的に高まるでしょう。なぜなら、その時あなた方は明確な目標を持ち、その目標への到達があなた方の希望となるからです。もし三部会が、私が昨日あなたに説明したように行動し、公衆の偏見と個人の利害に配慮し、君主から剥奪した権威を法律に与えるならば、フランス国民の自由に対する今なお不確実な嗜好（goût）は非常に積極的な情念へと変化するでしょう。あなた方が改革の必要性を実感するや、あなたの考えに反して、あなた方の気風（moeurs）は矯正され始めると思いませんか。あなた方に多くの愚挙をなさしめた、あなた方がとても感染しやすいあの熱狂さえも、有利に作用するでしょう。たとえ虚栄心からでも、誰か誠実な人が最初に他人の賞讃する行動を起こせば、誰もが彼の真似をしたくなるでしょう。そうなれば、今ではあなた方を追従屋に仕立てる競争心が、次にはあなた方を有徳の士にすることになるでしょう。あなた方の落ち着きのない性格そのものがあなた方を矯正するのに役立ち、あなた方からその軽率さが取り除かれるでしょう。あなた方の百万長者（millionaires）の誰かは自分の富を恥じるようになり、また大領主は寛大さの手本を示そうとするでしょう。私はそう断言できます。習慣の絆が切れ、怠惰が揺さぶられ、善への第一歩が踏み出されれば、あなた方は第二歩、第三歩、さらには第四歩さえ踏み出すことができるでしょう。あなた方は目標をもう今のような仕方では見なくなるでしょう。あなた方の性情は変化するでしょう。成功があなた方の知見と期待を広めるにつれ、あなた方の勇気も智謀も次第に増大していくでしょう。

カエサルとポンペイウスの時代のローマ人の習俗は、嫌悪すべきものでした。しかし、ローマ人たちが自由を回復できなかったのは、彼らがわれわれと同じ悪徳に染まっていたからではありません。それは良き市民たちが私ほど用心深くなかったからです、と卿は冗談めかして私に言いました。カトーがかつての共和政を再建しようと提案したとき、彼はローマ人たちにあまりに大きな間隙を飛び越えさせようとしました。もっと不完全なもの、腐敗した精神にもっと釣合いの取れたもので満足すべきでした。美徳の頂上から悪徳の深淵へ落ちるときも段階を追って落ちていくのですから、そこへ再び這い上がるときも、自然は一歩一歩登ることしか許さないのです。自然の掟を犯せば必ず罰がやってきます。共和国にかつての権威を取り戻させることは不可能だったのです。よく観察すれば分かるように、属州総督たち（proconsuls）はもはや共和国の権威下にはなく、彼らの任期は不用心に延長され、彼らは共和国の権威をわが物にしてしまっていたのです。彼らは自分の思い通りになる軍隊を持ち、いつでもローマへ雪崩れ込み、屈服させることができましたから、もはや彼らは元老院や民会の命令に服従する必要もなかったのです。ですから、彼らを臣民扱いして彼らをいらだたせることは、内戦に火をつけ暴政（tirannie）の樹立を促進するに等しかったのです。

ローマ人たちの途轍もない貪欲、奢侈、柔弱、あらゆる美徳への軽蔑は、確かに、自由への復帰にとって超えがたい障害でした。しかし、自分たちの邪悪さはローマ人のそれと同程度だなどと自慢してはなりません。ローマ人たちが堕落したほどに堕落するには、美徳も最高度のものを持っていなければ不可能なのです。その上、ローマ人は誰もが法律の完全な消滅を望んでいました。ある者は自分が暴君となって世界の富を支配するために、またある者はもう要らないと思うようになった自由をその暴君に売るために。そんな時、公共善のために何が期待できるでしょうか。しかし、このローマの状況にはあなた方の状況に類似するものは何もありません。あなた方のところで問題となっている国制の再構築においては、反対に暴政への恐怖と秩序への愛が全国三部会の開催を求め、開催を必要としているとわれわれは考えているからです。ローマ人たちに悪しき習俗をもたらしていたのは無政府状態です。あなた方に悪しき習俗をもたらしたのは専制政治です。もしこの専制政治が、ローマの無政府状態がそれとして極端だったのと同じ程に途轍もないなら、自由を考えることは永久にあきらめなさい。あなた方は奴隷であるほかなく、永久にその鎖を断ち切れないでしょう。

ですから、われわれの自由は永久に失われたとは証明されていません。できれば、三部会の初動作戦（les premières opérations）について詳しく聞きたいと思いましたが、スタナップ卿はいっさい語ろうとしませんでした。それで、私がその理由を推測してみようと思います。どんな事件がきっかけで三部会が招集され、その際人々の心理がどんな状態であるかを知らずに、三部会の細かい行動規則を定めることは空中に楼閣を築くことと同じです。ある状況で良いことも、他の状況では悪いことになります。一国民の全階級が持つ偏見と情念が生み出す奇妙な事態をすべて見抜くことなど到底できません。三部会のような企ての成功を早めたり遅らせたりする無数の個別事件を、どうして予見できるでしょうか。大事業の過程では、予期せぬ動きが必ず起こります。熱狂と眩暈の瞬間がありますが、啓発された人々は欺かれ（dupes）ません。その時、真摯な愛国者（bons patriotes）は熱した人々を鎮めるように努めねばなりません。失意と倦怠の瞬間がありますが、その時、指導者たち（chefs）は適切な自信を回復させるために大胆な態度をとらねばなりません。いずれの場合にも、人間の心と行動する国民とをよく知る必要があるのです。

要するに、来るべき三部会に要求すべき最も賢明なこと、それは明確に定まった目標を持ち、その目標を絶対見失なわないことです。その目標とは三部会の存続を保障すること、そして、その目的にすべてを捧げることでなければなりません。もし国家の全身分が、自らの個別的利益をこの一般的利益に捧げなければ、途方もない誤りを犯すことになるでしょう。もし国民が、政府に三部会を認めさせた後、定期的に（périodiquement）[2]会合することに成功しなければ、国民の敗北は確実でしょう。なぜなら、国民が脅威をもたらしただけ、政府は国民を破滅させようといっそうの技巧を用いて働くからです。ですから、われわれの子孫は、大臣たちが各身分を相互に分裂させ、彼らの企図を挫折させようとして撒き散らす疑惑、憎悪、嫉妬に騙さ

（2）〔訳者〕近代議会政治が成立する過程では、一般に国王と議会が並存し、国王が議会の召集・解散権を握ることがある。その場合には、国民の自由を守るべき議会は、この国王大権によって存在を脅かされる。それを防止するため、マブリは議会の定期開催、期日による自動召集を議会制民主主義の必須条件とみなしている。フランス革命が生み出した最初の憲法、一七九一年の立憲君主制憲法は、二年間隔で選挙を実施し、五月の第一月曜日を国民議会の招集日とすることを書き込んでいる。国王の議会解散権も認めない（一七九一年憲法、第三編「公権力について」参照）。議会の定期・自動召集については、ルソーも同じ見解である（『社会契約論』第三編・第十二～十四章「主権はいかに維持されるか」参照）。

れてはなりません。未来のより大きな善を期待するために、今の苦痛を耐えねばなりません。自由な国家であれば、すべての社団は知らず知らずに自らの水準にたどり着きます。

一定した目標を決めるという方法を取れば、決して迷うことがありません。もし迷ったとしても後戻りできます。道を外れても元の道に戻るのは難しくありません。人が企てていることの本質点に着目している限り、小さな困難を無視しても危険はないのです。むしろ、小さな困難に気をとられすぎるほうがはるかに危険でしょう。いくつか過ちを犯しても、取り返しがつくのです。今日いくらか陣地を失うとしても、明日取り返せるでしょう。ところが、反対に漠然とした目標しかなければ、そして、取り組みにおいて主要なものと付随的なものとを混同するならば、日々の出来事にあまりに依存し、決定的な事柄を見落としてしまいます。この種の勘違いが二、三回起これば、自分がどこへ向かっているのか、どこにいるのか、何がしたいのか、何をしなければならないのかさえ、分からなくなってしまいます。

あなた方の三部会は立法権を完全に掌握するというような、幸運な状況に至るでしょうか、と卿は私に言いました。その場合には、問題は、ただ賢明な方策を立て、行政権を委ねられるであろう君主やその他の為政者が、国民が回復した権利をまた国民から奪い取れないようにすればよいのです。しかし、もっとありそうなことは、あなた方の全国三部会はその立派な意図にもかかわらず、完全に有利な立場には立てず、立法権の一部だけを手に入れることになるだろうということです。その場合には、英国議会に似たものとなり、国王の協力によってしか法律を作ることができません。その場合には、まずもって、自分たちの国制はこれで完全である、もうすることは何もない、とは絶対に思わないようにせねばなりません。

卿は続けました。この立法権の分有（partage）は、議会の賛同なしに国王はいかなる法律も作れないことになるので、実際にわれわれを自由にします。ところが、この分有は、人々が寛大にも賞讃するわれわれご自慢の哲学精神にもかかわらず、自由の主たる利点の享受を妨げる結果になっていることに、われわれが気づかないのは驚くべきではありませんか。この分有は宮廷に公衆の利益に反する利益を与えます。両者を和解させることが困難なため、われわれは必要な法律であっても作れないことになります。そこから、この統治体制（police）の欠陥が生じ、そのことでわれわれは非難されるのです。行政権を委ねられた為政者が立法権を分有することは絶対あってはならないのです。そのことは異論の余地なき原則です。イギリスの歴代国王が立法権に貢献する権利を持っていることが、彼らが法律を欺き、彼らが立法権に対して持つ権利の割合を遠まわしなやり方で増大させることに、なんのためらいも抱かなくしているのです。その結果、われわれが定めた国民と君主との均衡が断ち切られはしないかと、われわれは絶えず心配することになるのです。そこから、無数の不正義が秘密裏に行われるようになります。そこから、法の精神を曖昧にし、法の支配力を不確実にするために、法律家たちが法律の上にあの難解さを広げることになるのです。そこから、国王顧問会議の中には、われわれを堕落させる危険な技法が生まれ、知らず知らずのうちにわれわれの自由が掘り崩されていきます。そこから、われわれには党派が存在することが必要となります[3]。ただし、党派は、公衆の

（3）この点で、ルソーとマブリは対立する。ルソーは、個人が集まって党派をなすとそれだけ個人の意見が消え、団体意志が優勢になり、一般意志の成立を妨げると考える。『社会契約論』第二編・第三章を参照。マブリは党派の存在がはらむ危険性を認めるが、存在の必要性を肯定する。

安全に絶えず気を配るのですが、それでも時には不正を犯し、有害なことを行う場合があります。卿は、ですから、何があなた方の三部会の欠陥かを判断してください、と私の手を握りながら言いました。もし誕生と同時に三部会が国王と立法権を分有すれば、三部会はこの分有に満足してしまうでしょう。われわれより賢明に振舞ってください。偽りの祖国愛がわれわれの欠陥に対しわれわれを迎合的にするのですが、そのような祖国愛があなた方の進歩を妨げるようなことがあってはなりません。

スタナップ卿は私に次のことを喚起しました。一つの都市の城壁内にすべてが閉じ込められているような小共和国では、人民の団体（le corps du peuple）が立法権を保持し、為政者を単なる法律の代理人（ministres）(4)にとどまらせることは困難ではありません。そこでは実際、家長（chefs de famille）を全員頻繁に招集することは容易です。彼らの集会は、ある意味で常時開催されているに等しく、あらゆる権力の簒奪を防ぎ、簒奪を芽のうちに摘み取ることができます。頻繁な集会とそれが醸し出すある種の不安が、人民の立法権を確実なものにするならば、通常、行政権は消滅させられてしまいます。そうなれば、市民たちは公共の広場に頻繁に集まるので、国内で市民に法律を守らせ、また外国と条約を締結する権威を行政官に残しておくことはほとんど不可能となるでしょう。貴殿も、スパルタを除いて、アテナイとその他ギリシアの共和国において、群衆（multitude）の放縦がどんなものであったかを思い出されるでしょう。人民は自分で作らなかった法律に服従するという不幸にはまったくさらされませんでした。しかし、カリブディスを避けることができても、スキラの手に落ちました。(5)人民は、スキラのあらゆる気まぐれとスキラの信用を得る術にたけた策士たちの情念の思い通りになりました。行政官たちは、国民から絶えずさげすまれ、ただ空しい名称と疑わしい権威を持っていただけでした。彼らは恐る恐る法律を擁護しえただけで、共和国はただ相次ぐ革命（des révolutions）によって存続し、自己を支えるしかありませんでした。

ヨーロッパの現在のような諸国家――ヨーロッパ自体がまるで巨大ないくつかの州で構成された一つの国家のようですが――においては、全市民が集会すること、また代表者を頻繁に招集することさえもが、無数の障害によって難しくなっています。そこから、私が小共和国について今述べた不都合とは反対の不都合が生じます。つまり、行政権が継続的に検査され、譴責されないために、行政権は知らず知らずに前進し、自分の利益になるように法律を乱用し、ついには立法権を破滅させることができるのです。

これらの行政官に対し人口の多い国民が完全な安全保障を獲得するには、総議会（assemblées générales）がかなり頻繁に開催されることを、卿は望みます。そうすれば、悪弊が慣習化し、権威を持ち、力を獲得する余裕がないからです。しかし、もし大国民の全国三部会が毎年招集されるならば、代議員たちの首都への旅行と滞在の経費が州の負担となり、諸州はやがて三部会の会合を面倒で経費のかさむ賦役のように見なし、三部会を厄介払いすることしか望まなくなるでしょう。代議員たちは監察に時間をかけず、負担を嫌い、で

（4）この見解は、モンテスキュー、ルソー（『社会契約論』、第三編・第一章）にも共通する、ありふれたものである。

（5）〔訳者〕カリブディス（Charybde, ギ Kharubdis）とスキラ（Scylla, ギ Skulla）は、ともにギリシア神話の怪物。カリブディスは大渦巻きをおこして船を呑み込む。船乗りたちは渦巻きをうまく避けても、六頭の怪物スキラの暗礁に乗り上げ、貪り食われる。オデュッセウスは二つの怪物の間を巧みに通り抜けた。マブリは、この比喩で、ギリシアのポリスの純粋（直接）民主政が不可避的に陥る衆愚政治の顛末を表現している。

きるだけ公務を急いで終わらせようとするでしょう。その結果、行政官たちの曖昧で疑わしい慎重さに過大な恣意的権限が委ねられ、行政官たちは法律の決めた形式は守るでしょうが、法の精神は侵されてしまうでしょう。望ましいのは、この総議会が遅くとも三年ごとに開催されることです。ただし、各州ごとの三部会は毎年、可能ならば異なった時期に開催されねばなりません。そうすれば、行政権はいつでも警告を発する強力な団体の絶えざる監察下に置かれることになるからです。

州三部会（États provinciaux）は全国三部会への代議員を自ら指名するでしょう。そこからたくさんの良い事が生まれます。選挙はより自由になり、国民の選択はいっそう賢明なものとなるでしょう。代議員の数は、騒々しい群（cohue）に堕するほど多すぎても、また寡頭制（oligarchie）に堕するほど少なすぎてもなりません(ii)。あなた方の自由を左右する総議会の権威を確固たるものにしたいと思われますか。それなら、議会を幸いにもほとんど誤りを犯すことのできないような仕組みに設定し、議会を国民の評価、信頼、尊敬に値するものにしなければなりません。あなた方が体面の維持と呼ぶもの、現在職責にある人々の手腕や才覚に属するものは、あなた方の代議士には厳しく禁止されねばなりません。彼らはどんな口実でも、彼らの職務を免れることはできません。その職務は彼らの名誉にはなるが、重責なのです。全国三部会の形式と機構を単純かつ明確な法律によって確定するのです。細部の細部にまで分け入って規則を決めることを怠ってはなりません。さもなければ、重大事において、あなた方はいかなる正確さも持ちえない危険にさらされるでしょう。特に、その議会が新法を制定するときには、どこかの州三部会や行政権を担当する役人からの要求、要請に基づいてはなりません。それらの法律が無反省や無思慮の所産となるのを避けるために、提出された法案（BILLS）

はまず立法委員会（COMITÉ de législation）にかけられ、委員会が検討し、報告します。次いで、三部会はその法案を三回討議しますが、各討議の間には一〇日間の間隔が置かれます。ここまできて、私は卿とともに、より重要とは言いませんが、あまり知られていない問題へと移りました。すなわち、最も解決の困難な政治問題です。

社会はさまざまな事を必要とします、と卿は言いました。市民たちの争いや訴訟を裁き、習俗を監視し、公共の安全を維持せねばなりません。国家は、これらの公共の必要に答えるため資金を持たねばなりませんが、この資金を作るため、必要な税を個人の財産から徴収します。さらに、隣国とさまざまな関係によって結ばれています。ある国々とは友好を促進し、自国の利益のために関係を強化せねばなりません。他の国家とは、関係が煩わしく、その国家が不公正で略奪的な場合には、武力によってそれらの国を押し返さねばなりません。ですから、交渉を維持し、軍隊を持つ必要があります。

もし人々が怪物的な国家（un corps monstrueux）、一種の政治的畸形（avorton politique）を作りたくなければ、これらすべての必要に対処するため、国民の行政官や大臣を設けることが不可欠なことは自明です。政治の最高技術はこの執行権（pouvoir exécutif）をいかに配分するかにあります。卿は私にこう言いました。もし私が一人の為政者に行政の全分野を集中させるならば、私のこの行為が途方もない愚行であることは誰にでもわかります。たとえ天使であろうと、一人でこれほど広範な任務を全うすることは不可能だということは、明らかだからです。彼はその加重に屈してしまうでしょう。何もうまく運ばず、行政はないも同然となるでしょう。しかし仮に、活動性、構想力、勤労において天才のような人間が見つかったとします。彼はどうなるでしょう。この奇跡的な人間は、万能の為政者となるや、専制君主となるでしょう。法に従うのがあなたの義務ではないですか、と彼に向かって叫んでも無駄でしょう。どんな同僚の嫉妬深い不安な視線にも自分は困惑しない、行動するためにいかなる行政官の協力も必要としないと感じるなら、彼は必ず自らの権威の広大さに我を忘れるでしょう。彼は自分を補佐するたくさんの次官を採用し、自分の思い通りになる人間の数を増やします。補佐官たちはどうすれば専制君主の気に入られるかしか考えません。君主が怠惰と快楽に慣れ親しんでいく一方で、彼の役人たちは君主の保護に安心し、彼の名前を使って人民に暴虐を働くでしょう。人民の方は愚かにも、これほど偉大な君主は自ら苦労し、自分の好みをすべて正義のために犠牲にするものではないと信じ込むでしょう。

このような行政官職は、たとえ数年に期間を限定して与えられたとしても、それを義務の制限内に抑制できる、と私は思いません。この万能の行政官（magistrat universel）は無数の子分を作るでしょう。あらゆる市民が常に彼を必要とするので、彼の幸運な成功が人民の間に引き起こす最初の眩惑を利用して、彼は職務の継続を人民が要請するように企てるでしょう。彼に終身の権限が認められるや、その権限は直ちに彼の家族の世襲になるでしょう。彼の息子は法律を尊重する振りをしながら、巧妙に法律を侵犯するでしょう。ところが、彼の孫は法律を平然と無視し、自分は臣民にいかなる義務も負わない、私の権力は神のみに由来すると傲然と言い放つでしょう。そうなると彼は、国民が保持していた立法権をも国民から難なく奪います。国民は、不可避的に奴隷となるか、さもなければ瀕死の自由を力で回復するしかない過酷な状況に置かれるでしょう。

では、先見の明のある賢明な国民はどうすべきなのでしょう。行政官は複数の階層に属していなければなりません。国民の要求は多階層に渡るからです。そして国民は、自由を保持するために、暴政を堅固にするために専制君主が巧みに行うことと同じことをするのです。宮廷に家令（maire）を一人だけ置けば、やがて一人の支配者（maître）を持つことになることを、君主（monarque）はよく承知しています。ですから彼は、自らの権威を複数の異なった人間の手に委ねます。権威を分割するのです。彼の仕官（officiers）の誰一人、十分に大きな権限は持たないので、その権限を用いて君主（souverain）に対抗しようと企てたりはしません。すべてが彼に屈服します。

スタナップ卿のこの教義に従えば、わが国の高等法院は司法の管理において主権者（souverains）でなければなりません。彼らの権限を制限しようとすることは、誤解もはなはだしい誤った政策でしょう。それがいかなる性質のものであれ、あらゆる訴訟は彼らの法廷の管轄に属さねばなりません。彼らの権能は全域に及びます。他の上級法廷は廃止され、役人たちには賠償金が支払われるでしょう。正確な規則が定められ、各市民は自分の裁判管区を知らねばなりません。実際、どこで訴えたらよいかを知るために、まず訴訟を起こさねばならないということほど滑稽なことがあるでしょうか。

貴殿も当然お判りになるように、スタナップ卿は、〔国王〕顧問会議（le Conseil）がわが物としている裁判権に対してもまったく容赦しません。顧問会議はその権限によって、高等法院の判決を破棄します(6)。有力者たちの不正義を利するために考えだされた上級法廷へのこの〔裁判〕移送（évocation）(7)がなくなることを、私は少しも残念に思いません。司法の自然な秩序を妨げ、通常の裁判官によって裁かれる権利を被告から奪うあの委員会（commissions）(8)なるものが設置されるのを二度と見たくない、と私は心から願っています。貴殿にお尋ねするのですが、ルイ十一世は裁判を自分の思い通りにするため、自分の言いなりになる判事たちを抱えていた、とフィリップ・ド・コミーヌ(9)は言っていますが、それは顧問会議評定官（Conseillers d'État）や請願審理官（Maîtres des Requêtes）のことなのではありませんか。いずれにしろ、司法制度に一定の統一性を保ち、高等法院が訴訟手続きで日常の惰性に陥らず、法律に反する判決を下さないようにするためには、顧問会議へ判決破棄の上訴ができることは必要であるという意見を、私は卿に述べました。ところが、それも無駄でした。卿は、国王顧問会議（le conseil du Roi）といえどもただの人間で構成されています、と私に答えました。判事たちは、宮廷を頻繁に訪れることで幾分甘くなっています。彼らが好む宮廷風の作法や話題、それに将来必ず大臣職につけるという野心によって、彼らは疑われても当然なのに、どうして彼らが高等法院以上に勅令（ordonnances）に精通し、規則により忠実であると考えられるのでしょうか。控訴には限界が必要というなら、なぜ高等法院がその限界を構成しないのでしょう。領主裁判所（justice seigneuriale）あるいはバイイ裁判所（Bailliage）で判決を受けた後(10)、高等法院への上告が許されていれば、訴訟の正当な権利としては十分ではないでしょうか。不可謬の法廷にたどり着くまで、法廷から法廷へと上訴しなければならないとすれば、上訴は無限に続くことになるでしょう。民事再審（Requête civile）の訴えでは、有罪とされた側が判決以前には知られなかった新しい証拠書類を作成したときには、高等法院が自らそれを受理するでしょう。

(6) ここでマブリが問題としているのは、国王顧問会議（con-seil du roi）ないしは国務会議（conseil d'état）と呼ばれる会議である。

(7) 特定の事件が下級裁判所の審理に適さない場合、上級裁判所には裁判の移送を命じる権限があった。告解証書事件の間中、高等法院が高位聖職者を裁こうとした場合、国王は常にこの手段で対抗した。また、オルレアン公フィリップの摂政時代〔ルイ十五世の未成年期一七一五―二三年を指す〕、摂政会議の一員で大投機師の買占め人ド・ラ・フォルス公爵の裁判移送が一大スキャンダルを巻き起こした。

(8) アンシャン・レジームの混乱した裁判管轄権のために、国王は自ら裁くのが適切と判断する訴訟に対し、最終審の委員会を設けたが、その数は増える一方であった。国王が、一七五三年に高等法院の代替機関にしようとした王立法廷について、ヴォルテールは次のように言っている。「国王は、国務会議の全メンバーを判事に任命し、訴訟を結審させようとした。」『詳説ルイ十五世治世史』(*Précis du règne du Louis XV*, 382)

(9) コミーヌは、マブリの言っている通りのことは言っていない。彼〔コミーヌ〕は、神を冒涜して恐れない不正な君主たちに反抗しているだけである。「君主たちはこっそり裁判をして処罰するために、自分たちの気に入るように働く職業人を抱えている。彼らは、軽罪でも死刑にする」(Commynes, éd. Belles-Lettres. II, 214)。マブリは、『フランス史考察』(*Observation sur l'histoire de France*, II, 324) の注ですでに、このコミーヌのテキストを自由に書き換えて引用し、「大抵、彼〔コミーヌ〕が、政府の不正に反抗するとき、実際に行われるのを自分で目撃した政治の実像を描き出している」という言葉で紹介している。〔訳者〕Philippe de Commynes (1447-1511) は、フランスの歴史家。ルイ十一世とシャルル八世の治世史を八巻の書にまとめた。

(10) 〔訳者〕領主裁判所もバイイ裁判所も、高等法院に対して下級裁判所である。バイイ (bailli) は、王政が確立する以前の中世フランスで各裁判官区 (Bailliage) を統括した裁判長の呼称。バイイは北仏で用いられ、南仏ではセネシャル (sénéshal) と呼ばれた。しかし、土着のバイイは、十二、三世紀にはほとんど国王代理官 (lieutenant du roi) にとって代わられ、呼称だけが残った。

治安判事（juges de police）という言葉は、今日、都市の治安、食糧事情、衛生状態、街路の清潔を監視し、庶民の小さな争い事を略式で裁く小役人を意味するにすぎません。(11) ところが、専制政治とスパイ活動（espionage）のおかげで、彼らは重要人物になっていますが、彼らを本来の職務に戻すのが適切です。彼らは高等法院の指揮下に存続すべきなのです。しかし、スタナップ卿は、われわれが警察に関してもっと健全でもっと高尚な考えを採用することを望みます。自由になり始める人民は、風紀（moeurs）を担当する役人を設けるべきだというのです。というのは、自由の維持には健全な習俗が不可欠だからです。君主政下では危険であると同程度に共和国では有益な彼ら監察官たち（censeurs）は、見せかけの善ではなく、本当の善をなすことに関心を抱くでしょう。彼らは密告を誇りとはしないでしょう。彼らは、誠実な人々を憎むべき卑劣な連中の悪意に屈服させ、あらゆる魂を卑しめることにしか役立たないあのスパイ活動なるものを放逐するでしょう。

監察官たちは、名声のある金持ち市民の横暴を訴える勇気がなく、また、訴えられない弱い市民たちの保護者となるでしょう。彼らはとりわけ、全国三部会や州三部会が作る奢侈禁止法（lois somptuaires）の執行責任を負うでしょう。その法律は、あふれるほどの豊かさの中にありながら、われわれを窮乏に追い込み、清貧に結びついたすべての美徳をわれわれから奪う、あの醜悪な奢侈を制限するでしょう。スタナップ卿は、イギリスでは貪欲と浪費がなんと多くの災厄を準備していることでしょう、やがて富がこの国を破滅させるでしょう、と言いました。ところが、スタナップ卿の提案には、人を怯えさせるものがまったくありません。彼は、悪習からわれわれを暴力的に引き剥がそうというのではありません。彼は、われわれの楽しみが心地よいものである限り、そのままにしておきます。われわれの虚栄心が現に愛好する度を越した優雅さも、やがて快適で素朴なものに変わっていくでしょう、と卿は主張します。これほど道理にかなったことはないと私は思います。誰もがわれわれを破滅させるこの奢侈を嘆いています。自分ひとりで最初に実行する勇気はない節度と節制を、法律に強いられて、同じ日に一斉に実行できることを皆が望むでしょう。

監察官たちは特に、青年教育のために設けられる学校の管理（police des collèges）に携わるでしょう。王国

（11）当時、司法（justice）と警察（police）はまだ明確に別れていない。都市では、バイイ裁判官区の下にプレヴォ裁判官区があり、プレヴォ（prévôt）が裁いたが、農村では憲兵（maréchaussée）がその代理を務めた。パリの事情はさらに複雑で、市長（prévôt des marchands）は参与（échevin）に補佐され、また、住民の中から警官（officier）を選んで各区に配置した。警官は、カルトゥニエ（quartenier）とかディズニエ（dizenier）と呼ばれた。しかし、これらの制度はもはや名ばかりで、一六六七年以来、警察代理官（lieutenant de police）が、警察と下級司法の主要な活動を自己の勢力下に再組織していた。パリのシャトレ裁判所（le Châtelet）は彼の管轄であり、捕吏（exempt）の団体を抱えていた。夜警隊（guet）も同様で、アルシェ（archer）が騎馬憲兵隊（maréchaussée）に類するものを形成していた。とりわけ、警察官（commissaire de police）と刑事（inspecteur de police）が彼の所轄であった。警察官は法服の司法官でもあり、売官制に基づいていた。各区に二、三名が配置され、彼らは逮捕、尋問、家宅捜索権を有し、警察代理官の責任の下、罰金を科すことができた。マブリがここで、「治安判事」について述べていることは、おそらくこのパリ警察に関連している。彼が「治安判事」に認める諸権限は、国家が警察代理官とその所轄にゆだねていた権限なのである。ただし、留意すべきは、彼の兄弟はリヨン警察署長（grand prévôt）となり、憲兵隊を指揮していた。一七六一年には、フランス憲兵隊長（inspécteur général de la maréchausée en France）に就任する。憲兵隊長はパリで警察代理官が果たしていた職務を地方で果たしていた。

では、人々が無知で隷従に慣れることが望まれます。わが国の現在の教育はそのような自動人形を作るのに驚くほど適しています。しかし、自由な国民においては、市民が為政者になれることが望まれます。共和国は、国王たちのように、権威の特許状を与えれば才能も与えられると自惚れたりしません。こんな滑稽な偏見は、われわれの理性を曇らせ、自然法と道徳の真の原理を知ることを妨げます。しかし、監察官たちは、青年の精神を立派な格言で満たし、彼らが世間へ足を踏み出すとき、ゆりの花〔ブルボン王朝のシンボル花〕のもとで四〇年を細々と生きてきたわが国の主だった為政者たちさえ今も知らない真理を知るように配慮するでしょう。

この官職（magistrature）の任期はごく短期間でなければなりません。というのは、その職務に非常に大きな権威が結びついているからではなく、その職務は不断の警戒心を要求するからです。毎年、各州の個別三部会（les États particuliers）は三名の監察官を任命し、彼らはその管轄区内において職務を遂行します。彼らの報告に基づいて、三部会がその地方の必要事を判断し、規則を定め、また、公共善に最適の法律を全国三部会に要求することがより容易になるでしょう。あなた方がこれらの監察官により大きな敬意を払う術を心得れば心得るほど、彼らがいっそう有益な働きをすることは間違いありません。

ここから財政問題に入ります、とスタナップ卿は言いました。国民には何が必要かを判断する権利を一人の為政者だけに認め、その結果、恣意的な税が徴収されることになれば、万事休すです。君主の気まぐれがやがて不可欠の要求となるでしょう。もしあなた方がそれを悪政と見なしても、彼はあなた方の出す金で国のならず者（les coquins de l'état）をことごとく買い集め、彼らを兵隊に仕立て、あなた方を屈服させるでしょう。財政の管理権は全国三部会だけに属すべきです。三部会だけが、市民に最も負担のかからない方法で、〔市民の〕分担額を決定し徴収せねばなりません。われわれイギリス国民は、愚かなことに、公共の必要事に認められる租税の徴収と配分を国王の叡智に委ねました。確かに、騙されないために、われわれはいくつかの用心をしました。われわれは収支報告をさせます。しかし、なお一層確かなことは、われわれが国王を極めて不誠実な財務官に仕立てることに見事に貢献してしまったことです。彼はあらゆる取引で利益を得ます。もし彼が倹約家ならば、いつか彼は全国民を合わせた以上に金持ちになるでしょう。その間、彼は議員たちを買収し、彼らに数百ポンドをばら撒き、数百万ポンドを手に入れます。買収された議員たちは、なんのためらいもなく、国王の大臣たちの愚行に賛成するでしょう。

あなた方の全国三部会は、財政全体の指導権を保持するように心がければ、われわれの議会ほど浪費をしないでしょう。三部会は、かつては独自の財務官を持ち、税金（impositions）の全額が彼らの会計に入れられ、〈税務監察総監〉（SURINTENDANS GÉNÉRAUX DES AIDES）の命令なしには、どんな少額であれ支出は認められませんでした。[12] この手法を完成させることは難しくはありません。その原理は際立って優れており、この原理を絶対に守らねばなりません。財政問題では、どんな些細な過誤もより大きな横領への扉を開くことに

（12）マブリはここで、一三五五年、ジャン二世善王（在位一三五〇―六四）のもとで開かれた全国三部会に言及している。ピコ（前掲書、I, 142）は、この事実に関して、マブリと同じ解釈をしている。三部会は、シャルル七世（在位一四二二―六一）の治世後、この権限を喪失した。

なります。そうすれば、必ず国家全体に失望感が生まれ、反乱が起こります。どうして二年ごとに、三部会の解散時に、国民の普通並びに特別の負担金リストが公表されないのでしょう。国王及びその他の行政官の給料の額、軍隊への支払額、海軍の経費、外交経費、国債の延滞額などです。私は秘密の支出を禁止します。よく統治された人民の下では、いかなる秘密もあってはなりません。ついでに言えば、国家機密（mystères d'état）というものはすべて、何か恥辱、少なくとも愚挙を隠すためだけに考え出されたということは、あなたも認められるでしょう。

各分野に財政支出を担当する個別の財務官がいて、彼は、財源を支給する財務総監に毎年会計報告をし、二年ごとに全国三部会の前で国庫金（deniers publics）について自ら質問に答えるでしょう。軍艦の建造と武装、新しい部隊の動員、外国への援助など臨時支出が問題なら、三部会は税の臨時徴収で対応し、財務官は定められた時期に支出を行うでしょう。財政困難が現実となるのは、税が浪費され、財政管理が無秩序と不経済に陥ったとき、怠慢や浪費の誤り、滑稽で破滅的な野心が生み出す財力を超えた企画の誤りを、さまざまな策略で誤魔化し、修復する必要に落ち込んだときだけです。

宣戦布告の権限は国民だけに属さねばなりません、と卿は私に言いました。これは国家の幸福を左右するあまりに大きな権限ですから、それをただ一人の為政者にゆだねることはできません。もし彼に野心があるか、軍事的才能があると感じるならば、彼は必ずその権限を乱用するでしょう。また、彼が弱気な男であれば、誰かにその権限を乱用されるでしょう。われわれはこれまでに、どれだけの愚かで臆病な君主が、好きでもないのに、また敵国によって無理やり追い込まれてもいないのに、ただ愛妾や大臣のご機嫌取りのために、戦争を始めるのを見てきたことでしょう。国王が、部隊を前進させ、敵を押し戻し、あるいは敵を捕縛する決定ができるのは、突然侵略された場合か、王国が隣国の脅威にさらされた場合だけであり、しかも、外交顧問官（conseillers de négociations）と一定数の将軍（officiers généraux）の参加のもとに開かれる会議の結果でなければなりません。その場合にさえ、国王は臨時の全国三部会を招集しなければならないでしょう。

スタナップ卿が、平和時の国王の職務を国民軍（milices）の閲兵と監察に限定していることは、貴殿にお伝えするまでもないでしょう。広場の要塞化や軍備（munitions）は三部会の権限でしょう。ところで、三日前、われわれは、サン‐ピエール師にあまり芳しい讃辞を捧げませんでしたが、ここでは同師の名誉回復を急がねばなりません。卿は、上級将校であれ下級将校であれ、昇進にはサン‐ピエール師が提案する投票のアイデアを採用すべきであると考えています。[13]八名と決まっているフランスの元帥（maréchaux）は、まさしく全国民の将官であり、彼らは全国三部会で宣誓するでしょう。三部会は、定期集会ごとに、国王の戦争顧問会議（Conseil de guerre du Roi）に出席する元帥を二名、将軍（lieutenants généraux）を四名選出するでしょう。そ

（13）サン‐ピエール師は、民事・軍事を問わず、すべての位階に投票原理を適用する。将軍に関しては、『政治年誌』（*Annales politiques*, 146）を参照。元帥と総大将について、「上位の空席を埋める際、下位の人材から選出された三名から」、国王が指名すべきであると述べている。

〔訳者〕フランス革命時、対仏大同盟の列強に対抗するため、国民公会は、国家総動員体制を敷き、一七九三年二月にアマルガム法を成立させ、旧国王軍と新国民軍の一体化を図ると同時に、将校への昇進に兵士たち自身による選挙制を導入した。この選挙制による軍隊の民主化が新生のフランス共和国に反革命勢力との激戦を戦い抜く強力な力となった。

の他二名の元帥が将軍に補佐されて部隊の視察を行い、規律が生きているかを確かめ、国境を視察するでしょう。また、実際の戦争の場合に、もし国王の健康、年齢、能力が自身で国家に奉仕できない状態にあるならば、彼らが国王の下で司令官として軍隊を指揮するでしょう。

スタナップ卿、あなたは国王大権をごくわずかなものに縮小されますね。国王は国民の将軍（général）という空疎な資格を持つだけになってしまいます。それでは心配が残ります、と私は言葉を続けました。彼の将軍としての権力を狭い範囲に限定することが国民の自由にとってどれほど大切かは、私にも分かります。ほとんどすべての国民は外敵から自分たちを守らせるために指揮官（Capitaine）を設けながら、国内では彼によって屈服させられ、隷属を強いられました。他方、〔国民の〕自由のために取られるさまざまな警戒手段は戦争の成功を妨げることになると私は思います。あなたは服従を妨げる結果、規律を乱すことになるのではないかと私は心配するのです。規律がなければ、軍隊は彼らの祖国の幸福を乱そうとする外国人の攻撃に対し効果的に防衛することは決してできません。私の見るところ、戦争指揮官（magistrat de la guerre）に国外で首尾よく戦争を遂行するに十分な権限をゆだね、しかも、彼が軍隊を私物化し、軍隊を市民たちに歯向かわせられるほど彼の権限が強くならないような丁度中間に彼の権力を保つことは、ほとんど不可能ではないでしょうか。卿は、分かりました、私もあなたと同じ心配をしましたから、三部会の決めた俸給や報酬を軍隊に確保することで、軍隊の忠誠をどのように保証するかを探求しました、と私に答えました。私は、投票制度を定め、君主から職務の任命権を取り除きます。そうすれば、君主が、厚遇されたいという期待から簡単に買収され、寵愛を受ければ感謝の気持ちでいっぱいになるような輩を作り出す手段はなくなります。投票という誉れ高い経路でその権威にたどり着いた元帥たちは、国民から怪しまれることはないでしょう。彼らは、国民によって国王の戦争顧問会議（conseil de la guerre）へ二年間出席するか、軍隊を指揮することを命じられるでしょう。彼らは国王に身を売ってどんな利益があるでしょう。彼らは公衆の尊敬と好意にふさわしくありたい、公衆の信頼と名誉をさらに高めたいという願いから、彼らの義務に執着するでしょう。私を信じてください。そうすれば、束棹〔ローマの執政官の権威の象徴〕を公衆の前でもう一度握りたいという期待から、あれほど賢明で偉大であったローマの執政官が復活するのをあなたは見ることができるでしょう。

さらに加えて、私は戦争の首席執行官（premier magistrat de la guerre）に財政上のいかなる権限も残しません、と卿は続けました。私は彼から部下の兵士を買収する手段を奪います。彼が反乱部隊の首領となり、兵士たちが国民に反逆できないようにしたいからです。私の思い違いでなければ、私は君主の野望をくじくために十分な警戒手段を取ったつもりですが、それでも誤りがあるかもしれません。それらの制度が服従、厳格な規律、戦争の成功に有効でなければ、他の方策に頼らなければなりません。あなたがすでに指摘されたように、人民が幸福であろうとすれば、不正な隣人の侵入を許してならないだけでなく、政体（constitution）のなんらかの欠陥が軍事的成功を妨げるのであれば、人民はいずれその統治体制（gouvernement）を嫌悪するでしょう。国家というものは他の何よりも戦勝の誉れを羨望します。長期にわたる不運によって自尊心を傷つけられた国民は、復讐しか考えず、復讐者を確保しようとして支配者を持つに至るでしょう。

私はこの最後の不都合に対しても予防策を立てたと思います。私は戦争顧問会議を設けましたが、この会議は、しばしば無能な地方管理官（intendant de province）が務める現在の国務卿（secrétaire d'État）に勝りはしないでしょうか。この顧問会議は軍法を遵守させることを怠りはしないでしょう。規律の維持を二年間[iii]だけ任された二人の元帥と数名の将軍は、どうして三部会から譴責されるような振る舞いをする気になるでしょう。何より、サン＝ピエール師の投票制に注意を向けてください。兵士や将校の昇進が投票で決まり、昇進の幸運が大臣やその所管局に所属しているという恩恵に依存しなくなるや、現在は不可欠である軍法、規則、命令——今の軍隊はそれでも劣悪ですが——はその半分もなくても、厳格な規律が維持されるようになるでしょう。軍の先頭に立つ将軍が全権を握らなければならないのは、彼が戦争を行っているときだけです。彼の命令に対するどんな不服従も犯罪です。彼はもはや性向と運動が固定された滑稽な自動人形ではありません。私はそのことを認めますし、そうであることを望みます。それは公共善の要求することでもあるのです。しかし、私は必要なすべての措置をとりましたから、彼が魔法の杖に助けられ、一瞬ですべての頭脳を動顛させ、兵士や市民の考えを一変させ、すべての習慣を破壊し、自分の望む情念を思い通りに吹き込めるようにでもならない限り、私は彼の全権をもう心配しません。

戦争に関して、私が国王大権から奪うすべてのものは転じて貴族階級の利益になります、と卿は付言しました。貴族たちを何もできないようにして、彼らを卑しめるようなことはできなくなるでしょう。彼らは父祖の勇気と威厳を取り戻すでしょう。貴族たちがお裁きと無益な称号を得るために、控えの間で召使のようにじっと待つことはなくなるでしょう。その時から、軍隊での位階は真の勲章となり、本物の権威(pouvoir)を与えるでしょう。あなたもお分かりのように、私はこの分野では国王にほとんど権威(crédit)を与えません。というのも、私は彼に行政の別の分野を任せるからです。すなわち、私は彼を外務委員会

(Conseil des affaires étrangères) の長官にします。外交交渉において、かつて三部会によって任用された人物から六名の委員 (conseillers) ないしは公使 (ministres) を選んで会議を構成する役割を委ねます。通常の外交官を指名する権限は全国三部会が保持するようにし、すべての条約締結の特権を持つ外務委員会が、臨時大使、および、時には必要となる秘密使節 (agents secrets) の選出と雇用を行うようにさせます。この委員会は、三部会に対し、その活動と締結した条約の内容について報告を行うでしょう。報告が賞讃されるにしろ、叱責されるにしろ、委員会には有益な教訓となるでしょう。委員会は国民の精神を体現し、国民はやがて安定した統一的な原理を持つ万民法を見出すでしょう。

ご覧のように、私の編成 (arrangement) に従えば、法律の支配と保護の下で、すべてがあなた方を自由にする方向へ進むことは明らかです、と卿は私に言いました。私の思い違いでなければ、この幸福な統治を堅固にするために私は何一つ忘れてはいません。無人島へ新しい人間たちを連れて行き、そこで思い通りに国家を作るのであれば、私はもっと良いものを作れると思います。しかし、ソロンがかつてアテナイ人に、私があなた方に提案する法律は想像可能な最善の法律ではありません、しかし、あなた方にはこれ以上賢明な法律に適応する能力がありませんと言ったのと同じことを今私が言うとしても、そこにはソロン以上の正当性があるでしょう。あらゆる努力にもかかわらず、数世紀にわたる野蛮の時代、われわれの理性の声より強力な旧習が生んだ偏見、われわれを隷従へと誘う悪しき心性、それらの残滓から、われわれはどうしても逃

(14)プルタルコス『ソロンの生涯』一二三。

れられません。ここに今日の政治が打ち勝つことのできない障害があります。

立法権と執行権の分離について、そして特に執行権をいくつかの分野に分割することについて私の言ったこと、この理論を実践に移すことが政治的完成の頂点をなすでしょう。もしわれわれイギリス人が、統治に一定の堅固な土台を与え、不安と期待の間を漂うことを止め、王侯が人民より有利すぎて起こる国王大権と国民の自由との抗争に終止符を打つのであれば、それはわれわれイギリス人が今望むべき地点でもあります。この目標を提起しない限り、われわれは今にも崩れそうな均衡を維持するために永遠に努力し続けることになるでしょう。われわれはどこへ行くのか分からず手探りで歩き続けるでしょう。偶然に何か善事を生み出すとしても、それは不確実な一瞬の善にすぎないでしょう。他方、あなた方フランス人は、まだわれわれほど進歩していません。あなた方の第一の目標は全国三部会を再建すること、そして第二は三部会に本来の権限を回復させることです。しかし、その地点にたどり着いた時、あなた方が回復された自由を保持するためには、社会が満たさねばならない欲求の多様性に応じた多様な階層の行政官を設けなければなりません。それを実現するにはさまざまな手段がありますが、そのことについて語るのは無益でしょう。手段の選択は状況に従って決めるしかないからです。

正直に言って、とスタナップ卿は言葉を継ぎました。国民の将軍であり、しかも外務大臣である君主が、それで自分は十分に大きな特権を享受していると思わないなら、彼は王侯の空想的権威の虜になっているとしか言いようがありません。われわれの精神の限界と心の弱さについてよく反省した良識ある人間なら、これほどの職務に向き合えば、恐れを抱かずにはいられないでしょう。確かに、その地位（fortune）がこれだけ縮小された後では、国王が甘やかされることはもはやなく、彼に仕える宮廷人たちの数も少なくなり、彼らは王を愚か者に仕立ててもなんの利益もなくなります。のみならず、国王は、自らを教育し、真理を認識し、熱意と正確さをもって自らの義務を全うすることが自分にとって利益になると感じるようになるでしょう。ただし、国王に心酔するあまり、あなた方が良識を失わないように用心せねばなりません。もしあなた方が彼の権力を過度に拡大するならば、あなた方は間違いなく彼の仕事の正確さ、彼の仕事への専念と熱意を減じることになるでしょう。君主が少しずつ陣地を拡げ、ついには専制君主となるのを防ぐために私の立てた対策の全部が必要不可欠でないときでも、それらは国民が国王に委ねた業務が賢明に統括されるために間違いなく必要でしょう。自然に放置すれば、恣意的権力への陶酔が生み出すのと同じことが起こりうるし、おそらくしばしば実際に起こるでしょう。要するに、私が言いたいのは、自然はあなた方に判断力も思索力もない無性格な人間、つまり愚鈍な人間を君主として与えることがしばしば起こるということです。哀れな人民よ！もしあなた方が、出生によって王座に据えられる人間の無能さに対して、予防策を立てる知恵を持たないならば、あなた方の最重要な業務〔統治〕はいったいどうなるでしょう。

卿の言葉を聴いて、今度ばかりは私も大声を上げました。スタナップ卿、あなたが四日前私に言われたこと、行政官の任期は短期で一時的でなければならないということは、私にもよく理解できます。しかし、世襲の終身行政官職とは何という障害でしょう。世襲の終身行政官の野心に足枷をはめるために、また、彼の精神の悪癖や無頓着な性格の犠牲にならないために、われわれがやむなく想像することはすべて、元来単純ではありえない統治機構の発条を倍加させ複雑にします。今われわれは改革を考えているのですから、改革を二度することになるのは止めましょう。世襲行政官職は一つも存続させないでおきましょう。ある国民が、今日イギリスが当面している課題にたどり着いたとき、古代ローマ人の例に倣って、王（Roi）の名称そのものを削除するのをいったい誰が邪魔をするでしょうか。そこで私は、声を小さくしますと付け加え、われわれの話に誰も聞き耳を立てていないか周囲を見渡しました。この運命的な言葉には必ず何か不幸がついて回るからです。目下起こっていることをご覧ください。スウェーデン王は自分の地位を嘆き悲しんでいます。彼はイギリス王ほど権力を持たないので、自分は地上で一番不幸だと信じているのです。イギリス王の方は、フランス王のように〈専制を敷く〉（DESPOTISER）[15]ことができないので、自分は耐え難い不正義をこうむっていると思っています。ところが、フランス王は王で、真に偉大で真に強力なのはモロッコ王だけであると想像しているのです。というのも、モロッコ王は思い通りに人を服従させ、反乱を恐れず、自分の腕前を見せるために面白半分に人の首を切り落とせるからです。

卿は、あなたは怒っていますね、と冗談めかして私に言いました。そんなあなたは、私の知っている真摯で誇り高いイギリスの共和主義者にそっくりです。しかしながら、王座（les trônes）を尊重しましょう。私の想像する無人島へ行こうとして、二日前にあなたが乗船しようとしたときのように、空想的な善を追いかけるのは止めましょう。王制（la Royauté）は確かに統治体制における一つの欠陥でしょう。しかし、その欠陥が何であれ、国民がかつて持っていた純朴さと平等の原初的観念を失い、それらを取り戻す能力がない時には、その欠陥も必要なのです。フランス、イギリス、スウェーデンのように、地位、称号、富、財産、権威の配分が不平等なとき、そこでは人はスイスで考えるように考えることはできません。もしフランス人やイギリス人が社会の中で首位を占める特権家族を持たなかったら、国家は対立、憎悪、野心、対抗心、陰謀、名望家の家族が形成する派閥によって引き裂かれ、やがて専制君主が出現することになるのは確実です。われわれは必ず、ローマ共和国と同じ運命をたどることになるでしょう。やがて、スラ、マリウス、クラスス、ポンペイウス、カエサル、アントニウス、レピドゥスのような輩が現れるでしょう。すると、われわれは彼ら相互の憎悪と友情に疲れはて、ついには全権力が無力化するオクタヴィアヌスのような男に服従することを幸せと信じるようになるでしょう。広大な諸州に人口が広がった豊かで強力な国民のもとでは、自由の魂であり支柱である市民的抑制（la modération Bourgeoise）が成り立ちえません。スウェーデン人が国王のようなもの（une espèce de Roi）を設けたのは極めて賢明な考えです。その存在が彼らの間に本物の国王が出現するのを防止しているのです[16]。スタナップ卿によれば、そこがすべての国民が目指すべき限界だということです。それ以上先に進もうとすれば、諸国民は断崖に足を踏み出す危険を犯すことになるでしょう。貴殿とはこれでお別れです。貴殿を心から抱擁します。

マルリにて、一七五八年八月二〇日

(15) Despotiser. この動詞は当時の辞書には存在しない。アカデミーの国語辞典の、共和暦第七年の版にさえも見当たらない。リトレの辞典は、ミラボーに用例が一度あることをあげている。マブリがゴチックにして強調しているのは、それが新語（néologisme）であることを言うためである。

(16) マブリは、同じ論拠を発展させ、ポーランド人にも世襲王制を採るように忠告している。『ポーランドの国制と法』（*Du Gouvernement et des Lois de la Pologne*, 1re partie, chap. V et 2e partie, chap. V）、参照。

第八の手紙

第六の、そして最後の対話。自由を回復した後、共和国はいかなる手段によって、その国制を維持し永続させることができるか。

スタナップ卿は今朝、パリへ向けて出発しました。明後日にはイタリアへの途上にあるでしょう。私は昨日、卿と話し合ったのですが、これが最後かと思うと、悲痛な思いにかられました。マルリの森を連れ立って歩いたのですが、私はトゥスキュルムへ運ばれ、リリスの川辺をキケロと散策しているような気持ちになりました(1)。私は道徳と政治の奥義にたどり着いていました。ソクラテスとプラトンの教義を究め、カティリナの謀略から祖国を救ったこの哲学者〔キケロ〕が、自分の祖国に有益に仕える方法を私に教えてくれたような気分になりました。どうしてあなたは出発するのですか、どうして私はあなたと一緒に行けないのですか、と私は卿に言いました。あなたは何を求めてイタリアへ行かれるのですか。そこでは、われわれよりなお一層卑屈な精神に出会うだけでしょう。あなたは私の思索に広大な進路を開いてくださいました。もう数

(1) リリス(Liris)は、トゥスキュルム(Tusculum)ではなく、アルピヌム(Arpinum, キケロの生誕地)を流れる川である。アルピヌムにはキケロの所有地があり、『法律について』の対話はアルピヌムを舞台としている。

日だけでもあなたと対話ができないでしょうか。私は間違っているかもしれませんが、市民の権利と義務について、為政者の権限について、法律の本質について、私はあなたに無数の質問をしなければなりません。あなたがすでにお話になったことをもう一度聞きたいのです。私の偏見が反発する真理、それについて私が思索を深めようとすると、今もある種の驚きが湧き出るのですが、それらの真理に親しみを覚えるためには、あなたとの交際がまだとても必要だと私は感じるのです。あなたは私に教えてくださいました。まったく出口がないように見えるこの虜囚の迷宮から、われわれはどんな幸運な糸の助けで脱出できるかを。スタナップ卿、あなたの作品はまだ完結していません。自由はそれを保持する幸運な手からいつも逃れ去ろうとしますが、どんな技術によってその自由を確固たるものにできるのか、私はそのことをどうしても学びたいのです。

確かにわれわれは心地よい夢想しかしないようです、とスタナップ卿は私に言いました。すべての人民は誕生の当初は自由であろうとしました。いくつかの人民はただ法にのみ従って生きるために努力の限りを尽くしました。他のいくつかの人民は勇気を持って彼らを縛っている鎖を揺さぶり、それを断ち切り、自由を回復しましたが、どの人民も取り返した自由を二度と失わないように保持することはできませんでした(2)。なぜわれわれは、これまで世界でまだ一度も実現したことのないことを期待するのでしょうか。でも、かまいません。われわれにとってこの夢はおそらく最も現実的な善なのです。ですから、私は時々、理性を悲しませるあらゆる人間の悲惨について自分を慰めるために、私の想像力が夢想に耽るのを許すのです。卿は言葉を続けました。この自由がなければ社会の幸福はありえないのですが、その自由はまるで人間には無縁のように思えるのです。しかし、われわれは自由を愛します。それなのに、どのような宿命によって、いかなる人民も自由を確立できなかったのでしょうか。それは、為政者たちの間に執行権力を賢明な形で配分する制度をほとんど樹立できなかったために、為政者の野心と貪欲、そして、市民たちの情念が自由に対する永遠の敵となったからです。双方とも法律を邪魔に感じるので、絶えず力で法律を回避し、その拘束を断ち切ろうとします。この種の競争や闘争において、為政者が法律を押さえ込むのに成功するならば、まず寡頭政（oligarchie）が形成されます。しかし、その寡頭政は、新参の暴君たちが市民たちの不満を押さえ込み、市民たちの陰謀を阻止するために団結しなければならないと感じている間しか続きません。この寡頭政は、一人の為政者が力と策略で同輩たちへの支配力を獲得するや、王制（Royauté）に席を譲ります。

もし反対に、市民たちが権威を軽蔑するようになり、もはや為政者たちを尊敬も畏れもしなくなるならば、人々は無政府状態に陥ります。何をしてもかまわないという放縦な自由（la licence）から、あらゆる過誤が発生します。やがて、誰も彼もが不安になり、人を攻撃し、人から攻撃されます。人を抑圧し、人から抑圧されます。最後にはこの不便な状況に嫌気が差し、法律に助けを求めようとしますが、法律の権威は地に落ちています。法律からいかなる援助も得られなくなるや、各々が自己の安全に備えるために同盟（des ligues）を結び、党派（des parties）を作ります。情念は度し難くなり、各分派（cabale）は首領を決め、彼を自分たちの保護者、自分たちの復讐をしてくれる者と見なします。すると、無政府状態の廃墟の中から暴君が出現し

（2）これと同じペシミスムが『社会契約論』（第3編・第2章）にも見出される。

てきます。古代や近代の歴史が語る諸々の動乱（des révolutions）について分析してみなさい。そうすれば、自由は常にこんな風に消滅したことがお分かりになるでしょう。

もし貴殿の精神に、昨日私が光栄にもあなたに書くことのできた手紙の内容が残っているなら、執行権を各層の為政者たちの間に分配する件に関して、卿がどんな配分の仕方を望んでいるかは容易に推察されるでしょう。情念が仕掛ける闘争に対して法を勝利させること、つまり、卿のすべての政策は情念が闘争を仕掛けるのを妨げることを目指しています。スタナップ卿が私に気づかせてくださったように、貴殿にも次の点に注意していただきたいのです。もし国制のすべての分野がその力を相互に貸し合い、支えあうような仕方で巧みに構成されるならば、やがて法律と情念との和平が実現するでしょう。すなわち、やがて堅固な秩序が回復するでしょう。いくつか無益な事を企てた後、自分を振り返る見事な技量を持ち、いつまでも空想を追いかけたりしないだけの才知のある情念は、法律を攻撃しても利益にはならないことを納得し、最初は屈服の気持ちで法律に従うでしょうが、次には熱意をもって法律を守るようになるでしょう。為政者と市民が自分らの不正な企てを成功させるには、以前にも増して多くの障害があることに気づくや、彼らは頭の中で暴政や不服従の計画を練る代わりに、公共善のことを熱心に考えるようになり、少なくとも彼らの義務を正確に遂行しようとするでしょう。

しかしながら、古代で最も賢明かつ最も有名な諸人民が最後にたどった運命は、賢明にもそれらの人民を模倣しようとする人民さえをも身震いさせるにちがいありません。スパルタとローマが暴政（tyrannie）に陥るのを見るとき、いかなる立法者が自分の共和国を不朽の基礎の上に確立したと自慢できるでしょうか。ですから、すべては歪み、劣化し、腐敗します。それは自然がわれわれに定めた運命です。幸福が安心感を生み、安心感には常になんらかの怠慢、あるいは高慢な自惚れが伴います。政治（la politique）がいかに深遠であろうとも、政治は情念ほどの巧妙さ（habileté）を持ちえません。政治が情念の巧妙さを獲得したとしても、政治はその意志の遂行において強固な持続性に欠け、日々の操作において細部にまで注意が及びません。小さな誤りをいちいち直す努力をつまらない事と見なすのが、ほとんど人間精神の不治の病といえるでしょう。ところが、小さな誤りの積み重ねが、大きな無秩序への扉を開くのです。法律が、あらゆる場合を予測し、あらゆる必要に備え、あらゆる困難を前もって解決することは決してできません。あらゆる国家において、突如として、予測できない緊急の事態が勃発します。以上が、最もよく構成された国制でさえ知らず知らずのうちにこうむる変質の諸原因です。

法律がいわば、時間の経過とともに、人々の怠慢と安心感で錆びつき、法律がその効力を失い始めるとき、人々はたいてい新しい法律を作り、違反者にいっそう重い罰を加えることしか思いつきません。しかし、その結果はどうなるでしょう。この厳格な法律は一瞬人々の精神を怯えさせますが、癒すことはありません。やがて人々は以前の穏やかな法律を侵犯していたように、厳しい法律を侵犯することに慣れるでしょう。こんな状況では、統治のバネが緩んでしまっていると見なさねばなりません、と卿は私に言いました。新しくバネを締めなおしなさい。そうすれば病気は治るでしょう。もしあなたが原因はそのままにして、結果だけを阻止しようとするなら、いくら努力しても成果は得られないでしょう。自分の義務を怠る為政者、あるいは落ち着きがなく騒ぎ立てる反抗的な市民を懲らしめるための新たな罰を考えるより、あなたが嘆かわしく思う無秩序を生み出すひそかな欠陥を矯正することを考えなさい。誤りを罰するより、あなたが必要とする徳を鼓吹することを考えなさい。この方法によって、あなたの共和国は青年の活力を取り戻すでしょう。自由な人民が知らず知らずに自由を失ったのは、その方法を知らなかったからです。悪の進歩に対し通常の為政者たち（magistrats ordinaires）が有効に対処できない場合には、短期間の、しかし強力な権限を持った非常時統治（magistrature extraordinaire）に頼りなさい。その場合には、市民たちの想像力が新しいやり方で印象づけられなければなりません。独裁制（dictature）がローマ人たちにどれほど有益であったかは、あなたも歴史によってご存知の通りです。

スタナップ卿の忠告に従えば、時の経過と人間の脆さが生み出す大部分の不都合は収拾できる、というより、予防できるでしょう。卿によれば、二〇年ごとに、遅くとも二五年ごとに、全国三部会は、厳粛な基本法の名において、統治の現状を丹念に検討するために特別委員会（commission particulière）を機関として設立します。委員会は、こっそり導入された慣例によって行政官（magistrat）の誰かが立法権の諸権限を侵害していないかどうか、また、彼の同僚たちに委ねられた行政権のなんらかの部分を横取りしていないかどうかを究明します。個々の法律が侵害されていないかどうかも検証されるでしょう。この賢明な予防策によって、新たな慣習が権威を獲得するのが妨げられ、どんな悪弊も統治の諸原則を変質させ破壊するほどの力を持つにいたる前に、押さえ込まれるでしょう。この改革年（année de réforme）は善良な市民たちの希望となり、また悪人たちを抑えるでしょう。全市民の精神に有益な高揚感が喚起され、人々は否が応でも法律を思い出し、法律を忘れなくなるでしょう。

共和国は最大限の賢慮で統治されてもなお、時として隣国から仕掛けられる戦争によって大きな不幸の試練に出会うでしょう。ローマはピリュスやハンニバルのような人間に出会いました。ローマは破滅の寸前でした。それを回避するためには、〔国難からの〕人民救済（salut du peuple）を最高法（la suprême loi）とすることを命じる律法（la loi）[3]があるのみで、それ以外に規則はありません。政府のすべての機関（ressorts）を強制して不首尾に終った後、時として人々は非常手段、しばしば憲法体制（constitution de l'état）に反する手段にさえ頼らざるをえなくなります。そのような手段で、国家の脅威となっている危険を回避することは残念なことです。なぜなら、そのような手段に頼った人民が歓喜に酔いしれることなく冷静さを保ち、政治機構（edifice politique）全体がこうむった動揺に気づくことは極めて稀だからです。それゆえ、基本法の一つは、各戦争の終結後、平静が戻ったとき、全国三部会の第一の配慮は国制の修復を考えることであると規定しなければなりません。やむなく非常手段を用いざるをえなかったならば、それらが行政（administration）の常用手段に転化しないように用心しなければなりません。さもなければ、万事休すでしょう。私の病気を治す薬が私の日常の食物になってはなりません。人々が犯した失敗の原因を究明しなければなりません。そして、将来のための対策を採りながら、なおかつ、かつての均衡の上に国制を再建しなければなりません。

戦争が上首尾に終わったとしても、国制の真剣な検討はなおいっそう必要です。その国民は敵から大きな

（3）〔訳者〕マブリがここで用いている定冠詞を付した la loi は、実定法ではなく、神法（la loi divine）、あるいは、超越的な自然法（la loi naturelle）と解される。

利益を獲得したために、自分たちは賢明であったのだと信じます。ところが、過度の繁栄はほとんどいつも次なる衰退の前兆となるのです。国民の幸福は彼らに奢りを吹き込みます。国民はかつての規則を臆病な衒学趣味とみなし、自らの幸運と盲目的確信に大胆に身をゆだねます。ギリシア人が永久に記憶すべきサラミス、プラタイア、ミュカレの〔勝利の〕日々の中に、あらゆる不幸の原理を見出したのは、同じ理由からなのです。〔ペルシア王〕クセルクセスを辱めた後、ギリシア人たちは彼らの同盟が彼らの力となっていたことを忘れてしまいました。彼らは分裂し、その分裂が彼らをマケドニアに、ついでローマに屈服させたのです。

スタナップ卿は次のことを私に指摘されました。これまで人間が築いてきたうちの最も賢明な国制、すなわちローマ人のそれが崩壊したのは、まさにこの繁栄への無思慮のせいなのです。ローマの軍隊は戦争をイタリアの外へと拡大し、広大な地域を制覇しました。地方総督たち（proconsuls）は首都から遠隔の地にあるというだけで、かつての執政官たち（consuls）が持ったことのない権威を獲得しました。執政官たちは、元老院と平民の監視下でイタリア半島の諸民族に勝利し、彼らは毎年ローマに帰還しました。ところが、自らの力を自覚した新米の総督たちは、祖国の脅威となり、祖国を隷属させせました。もしローマ人が、彼ら自身が頻繁に〔ローマへ〕帰還することを命じ、大事件の後には必ず自由の原則が変質させられていないかどうかを検証する法律を持っていたら、ローマが数名の野心家の餌食になることはなかったでしょう。少なくとも専制政治の確立を遅らせることはできたでしょう。逆境においてかくも賢明で、かくも忍耐強く勇敢な人民は、一人の立法者から法律を授けられるのではなく、法律を自ら作るという栄光を持ちました。もしこの人民が不用意に繁栄の流れに身をまかせなかったならば、自由を守るには征服者となってはならないことを多分理解したでしょう。おそらく彼らは、ギリシアの諸民族間を支配したと同じ同盟関係をイタリアの諸民族間に確立することに限定したでしょう。マケドニアがギリシア人同盟の中にいたように、ローマはイタリア人同盟の中にいたでしょう。もしローマの野心がこの慎重な政策に従うことを妨げたとしても、ローマは少なくとも遠隔地の諸州の執政官たちへの権威を維持し、支配力を拡大しようとする軍団によって隷属させられるのを防ぐためになんらかの努力をしたでしょう。

貴殿もお分かりのように、われわれがそこまで考えるのはまだ早すぎます。自由を維持するために採るべき手段を考える前に、まず、自由の回復への配慮に専念しなければならないと私は思います。そこで、私には考えがあります。わが国民が無（le néant）から脱却し、議会開催の権利（droit de s'assembler）を回復するや直ちに、改革年を設けてなぜいけないのでしょうか。どうしてわれわれは各種委員会（des Commissions）、ないしは各種定期委員会（des Comités périodiques）を設けないのでしょうか。それらの委員会の目的は、まだ草案段階の（ébauché）[1] 国制を不変のものとして確定することであってはなりません。それには私も同意します。新体制の奇妙な形態は革命（la révolution）後もなお数年間、われわれの現政体（constitution）に由来するたくさんの不規則、たくさんの欠陥、たくさんの偏見を保存し続けるでしょう。しかし、この自由の作品を完成させることを委員会の任務とすれば、委員会はやはり有用であるということにならないでしょうか。私にはそこからよい解決策を引き出せるように思えます。わが国民の性格には持続性が乏しく、国民はどんな企図にも簡単に飽きてしまいます。過去を振り返り考える労、とりわけ未来を予測する労を取るより、慣例や偶然に任せて行動するほうが好きなのです。委員会はわれわれの目標を確定し、われわれが気づかないうちに以前の麻痺状態に陥るのを防いでくれるでしょう。それらの委員会は全国三部会の魂となり、われわれの統治機構（police）の進歩を促進するでしょう。そして、われわれの統治がスタナップ卿の望むような状態となり、賢明な均衡の上に自由が確立されたときには、諸委員会はその目的を変え、自らが作りだした作品の保存を監視することにその役割を限定するでしょう。諸委員会は同じ原理、同じ法律、同じ規則を持続させ、時の経過、新たな必要、新たな状況が国制に生み出すだろう過誤を修正することを自らの任務とするでしょう。

私は、貴殿がこの手紙を短すぎるとお思いになることを願っております。もしそうなら、他の手紙を長すぎるとは思われなかったことになるからです。手紙を終えるにあたり、スタナップ卿の人柄を私の手紙だけから判断しないように、私は謹んであなたにお願いするしだいです。私は卿の口から語られたことをすべて書きとめようと、あらゆる注意を払ったのですが、それでも無数のことが抜け落ちていることに気づくからです。さらに確実なことは、最も卑しいアジア人、あるいは、最も堕落した廷臣にさえ、市民でありたいという願望を吹き込んだであろう、卿のあらゆるスピーチの魂であるあのエネルギーをあなたに十分お伝えすることができていないということです。残念なことです。どうして卿は、私が教えを受けた重要な真理を、わが高等法院の司法官たちと知り合い、彼らに伝えることができないのでしょうか。こんな祈願はしても無駄なようです。貴殿とはこれでお別れですが、五、六日後にはあなたを抱擁する喜びを持つつもりです。そして、光栄にも私があなたに書かせていただきました手紙をあなたと一緒に読み直し、あなたのご賢察を承るつもりです。そうすれば、私はまた新たな知見を得て、スタナップ卿に再会したような気分になるでしょう。

マルリにて、一七五八年八月二一日

テクストに関する注

第一の手紙

（i）マブリの自筆写本Mでは、最初から最後までハリファックス Hallifax（*sic*）と書いた後、その上に棒線を引いてスタナップ Stanope（*sic*）と書き直している。P版とA版は、綴りがStanhopeとなっている。

（ii）P版、A版には精神（esprits）の語がない。

（iii）P版、A版では、「本質的に（essentiellement）」は、「実際に（effectivement）」である。

（iv）Mでは、最初、「生まれるにちがいない（doit naître）」と書いた後、naitre が棒線で消され、「発達する（se développer）」に直されている。

（v）Mでは、最初、「自然が（que la nature）」と書かれ、その後「自然の創造者が（l'auteur de la nature）」と行間で書き直されている。

（vi）Mでは、「あるいは自然に尋ねずに幸福に ou heureux sans la consulter」の五語は行間の書き込みである。

（vii）Mでは最初、「〔獣のように〕愚鈍にしようとする（qui veut abrutir）」と書いた後、欄外に「獣になるようにあなたに命じる（vous ordonne d'être une brute）」と書かれている。

第二の手紙

（i）Mでは、最初は肯定形で、「信じる（croire）」と書いた後、「信じない（ne pas croire）」と否定形に改められている。

（ii）P版、A版では、「抗弁（contradiction）」は、複数形 contradictions である。

第三の手紙

（i）Mでは、この言葉の後の行間に数語が書かれているが、解読不可能。

（ii）P版、A版では、vues（展望）を voeux（願望）と記している。

（iii）P版、A版では、le plus fort ou le plus adroit（屈強なあるいは抜け目のない）のうち、le plus fort が抜けている。

（iv）P版、A版では、insigne（法外な）を injuste（不正な）と記している。

（v）P版、A版では、la loi salutaire de la prescription（時効という有益な法律）が、la loi de la prescription, salutaire quand（…のときに役立つ、時効という法律）と記している。

第四の手紙

（i）P版、A版では、「それを受け入れる決心ができただろう（aurait pu à la recevoir）」を「それに従うことができただろう

(aurait pu s'y soumettre)」としている。

(ii) P版、A版では、「実行困難な宗規（des misères difficiles）」が「惨めで困難な宗礼（de misérabales pratiques, difficiles）」である。

(iii) P版、A版ともに、「狩猟」だけを記し、「舞踏会」を省いている。

(iv) Mでは、「賢明な」と書いた後、「公正な」に置き換えられている。

(v) Mでは、「われわれの必要（besoins）をすべて満たせるように」は行間に書き足されている。

(vi) P版、A版では、「奴隷となる（devenir）」が「奴隷である（être）」となっている。

(vii) P版、A版では、「木の」が抜けている。

第五の手紙

(i) P版、A版では、un long mécontentement（長期の不満）をun ressentiment（恨み）としている。

第六の手紙

(i) P版、A版では、「人々（les personnes）」を「個々人（les individus）」としている。

(ii) Mでは、最初「高等法院（le parlement）」と書いたのを、消した後、行間に「この社団（cette companie）」と書き直している。

(iii) Mでは、「二年」は後から、原稿の行間に追加されている。

(iv) P版、A版では、「忘れる（oublier）」を「公表する（publier）」と誤読している。

第七の手紙

(i) Mでは、「欺かれる（dupes）」の一語が行間に書き込まれている。P版、A版にはこの語が欠落している。

(ii) Mでは、「騒々しい群れ（cohue）」と「寡頭制（oligarchie）」にはアンダーラインが付されている。

(iii) P版、A版では、「二年間」が脱落している。

第八の手紙

(i) P版、A版では「草案段階の（ébauché）」を「動揺している（ébranlé）」と誤読している。

ジャン＝ルイ・ルセルクル著「解説」

一　国王への奉仕から反体制へ

ガブリエル・ボノ・ド・マブリ（Gabriel Bonnot de Mably, 1709-85）の生涯については、まだよく分かっていない。彼が書き残した手紙の数も少ない。この厳格で控えめな学者は彼の生きた時代の主潮流から隔たったところに身を持し、自己宣伝をあまり好まず、彼に関する情報も極めて乏しい。

彼はグルノーブルのブルジョワの家系に生まれた。一家は財力によって法服貴族階級に入り込もうと努めた。父ガブリエル・ボノは、ロアンヌに近いマブリに領地を取得した。彼はその富が大きすぎると見て、領主権を分割する必要があると考え、三人の息子のうち二人に分け与えた。長男ジャンはリヨン管区裁判長（grand prévôt de Lyon）となった。ジャン＝ジャック・ルソーは、一七四〇―四一年、当家の家庭教師を務めた。一七一四年生まれの弟エティエンヌはコンディヤックの称号を得た。現金を譲られた長男ジャンは、その金で司法官職を買い取ることができた。資金がなかった二人の弟は修道界へ入ることになり、結局マブリは、ジェジュイットが経営するリヨンのサン=シュルピス神学校で学んだ。マブリのこの時期については何も分かっていないが、古代文学に対する彼の情熱が植え込まれたのがこの時期であることは明白で、彼はその情熱を生涯持ち続けた。[1]バルテレミは次のように書いている（pp. 224-5）。[2]マブリは政治と道徳の研究を「幼少期から」行った、彼の教師の筆頭はフェヌロンであり、「フェヌロンの著作が常に彼のモデルであった」と付言しているが、この見解は少し行き過ぎである。フェヌロンの家父長的理想はマブリにとって確かに共感を呼ぶものであったとしても、両者の作品にはわずかな類似性しか見られない。[3]ただし、宗教教育の影響はマブリのあらゆる作品に感じられる。彼が人間の魂を理性と情念の寓意的な闘争の舞台として表象し展開するその方法にも、スコラ学の習慣が露見する。興味深い論文——ただし疑問点もある——で、G・プロカッチは、マブリが弟のコンディヤックから借りた感覚論の上に、形而上学的・宗教的一大体系、つまり、神がわれわれに与えた感官を超越する普遍的かつ不易の理性〔の体系〕を構築したことを証明している。彼の哲学は二元論であり、物質は感官を通して、神は理性を通して、人間に浸透する。人間は二つの実体の結節点であり、プロカッチによれば、[4]マブリはトマス主義を啓蒙主義哲学の核心に据えようとしたということになる。私の見解では、この命題は間違っているが、それでもなお、マブリの思想の中にある伝統主義的なものを際立たせる上でそれなりの功績はある。アルド・マフェイ[5]は、マブリが提言する情念の治癒学にはジェジュイットの決議論の影響が見出されるとしている。賢明な政治家は情念を根こそぎにしようとしてはならない。そうではなく、情念を規制し、悪徳を美徳に転ずるように努めねばならない。これがマブリの教義の根幹である。彼の政治学の根底には、スコラ学風の心理学があり、辛辣なストア主義と弛緩したエピクロス主義を同時に矯正しようとするモラルがあるが、それも彼の受けた宗教教育に由来すると考えられる。しかし、マブリが宗教界に入った理由は、単に生活上の利害を考えてのことである。彼は剃髪を受けただけで、

(1) マブリは、『政治学研究』(*L'Étude de la politique*, 1776) において、ポリビウス、ツキジデス、プルタルコス、ティトゥス・リウィウス、サルストゥス、タキトゥスをよく考えるようにと忠告し、「私は彼らの作品を毎日読んだ」(XIII, 153) とつけ足している。マブリのテキストの引用は、ブリザールの「マブリ讃」を含め、『市民の権利と義務』以外はすべて、全一五巻のアルヌー版〔l'édition Arnoux. 1794-95年、パリのデブリエール Desbrière 書店が刊行した『マブリ著作全集』を指す。最も完備した全集版で、現代のマブリ研究はこの版のテキストに基づいている。本「解説」巻末の説明を参照〕によっている。

(2) マブリ著『フランスの運命――バルテレミ師著「マブリ師の私的生涯」を付す』(Mably, *Destin de la France, avec la vie privée de l'abbé de Mably* par l'abbé de Barthélemy, Paris, 1790)。この作品は偽作である。『フランスの運命』は形を成していない殴り書きに近いもので、筆者はバルテレミ自身である。しかし、「マブリの私的生涯」は恐ろしく混乱したテキストで利用が難しいが、マブリ自身が書き残した資料を基に書かれていると考えられる。

(3) シェレル著『十八世紀フランスにおけるフェヌロン』(Chérel, *Fénelon au XVIIIe siècle en France*, Paris, 1917, pp. 384-5)、参照。

(4)『マブリ師の反啓蒙主義』(Procacci, *L'Abate Mably nell'illuminismo.*)。この著作で、プロカッチはマブリを啓蒙主義の哲学から排除しているが、彼の命題はコムポスト (R. Composto, *Le Teorie sociali dell'Abate Mably.*) によって反駁された。

(5) マブリの『政治著作集』への解説 (Aldo Maffey, *Scritti politici de Mably*, I, 25)。

副助祭職（sous-diaconat）以上には進まなかった[6]。バルテレミ（前掲書）によれば、彼はリヨンからグルノーブルに戻ると、ド・ラムルー氏（M. de l'Amourouz）の元に居を定め、『歴史試論』（*Essai historique*）を書いたが、バルテレミの紹介しているその著作の要約では内容は混沌としている。次にマブリが書いた『ローマ人・フランス人優劣比較論』（*Parallèle des Romains et des Français*, Paris, 1740, 2 volumes）はかなりの成功を収めた[7]。この作品はモンテスキューの影響を受けて執筆された。マブリ自身がそのことを認めている（p. X）[8]。作品全体は、彼が「完全な社会のイメージ」と見なす絶対君主制の擁護論である（I, 239）。彼は不平等、マキャヴェリ流の政治と道徳の区別、人類の利益より国家の利益を優先させる主権者（君主）の権利、征服の野心、大君主国における奢侈を正当化している。彼は、同時代のフランス人は古代ローマ人に優越すると宣言する。つまり、この作品では、彼はその後の彼の全著述において反論することになるあらゆる命題を擁護しているのである。したがって、当然彼は後にこの作品を否定する。『ローマ人についての考察』（*Observations sur les Romains*）の巻頭に掲げた緒言の中で、彼はかつて「比較論の熱狂」に陥ったことの後悔を述べている。しかし、彼がこの青年時代の作品をなぜ否認するのか、その真の理由は十分に説明しえていない。「私は考えるべきでないようなこといくつかの事を言ってしまったと彼は語っている。つまり、彼の表現は弱いが、王政支持の立場を放棄するという意味であろう。そのため、『比較論』は全集の中に収められないことになる。ブリザールの語るところによれば、ある日、エグモン伯爵の邸宅で『比較論』を見つけたマブリは、「それを掴むと、大勢が見守る前でばらばらに引き裂いた」とのことである（I, 98）。しかし、当面は、この若い作家は老練な策略家と見なされることになった。ルソーは、『サント=マリ氏の教育計画』の中で『比較論』に言及し、丁重な言葉を送っている。[9] リヨンで二人の間に交流が始まったのは丁度この時からであり、その関係はかなり長期間続いた。いずれにしろ、『比較論』が表明する思想はまったく危険性のないものであった。マブリは親戚にあたるタンサン夫人のサロンに迎えられた。タンサン夫人のサロンは、ランベール夫人の死後、パリで最も影響力のあるサロンであり、ジェジュイットの勢力も強く、策謀家の夫人は宮廷にも強い影響力を持ってい

(6) 〔訳者〕マブリは、アベ・ド・マブリ（abbé de Mably）と俗称されるが、《abbé》の資格を持つ啓蒙思想家は少なくない。アベは本来、修道院 abbaye の管理職を指す称号であるが、《abbé régulier》と《abbé séculier》という二種類のアベが存在した。前者は修道院に所属する正規の宗教家であるが、後者は修道院に所属しない在俗聖職者で、聖職禄も前者の三分の一程度であった（マリオン著『十七・十八世紀フランス制度辞典』参照）。また、司祭（curé）以外の聖職禄を持たないすべての在俗僧は、一まとめにアベと呼ばれた。「副助祭職以上に進まなかった」というルセルクルの記述は、マブリがこの種のアベであったことを意味するだろう。

(7) 『政治著作集』（*Scritti politici*, I, 39）における同時代の批評家の好意的論評を参照。ヴォルテールの判断もかなり好意的である。一七四一年三月二日付けの彼の「エノー（Hénault）への手紙」を参照。

(8) モンテスキューに依拠する作品が絶対君主制を賞賛するというのは奇妙に思えるであろう。しかし、それは次のような事情による。ここで問題となっているのは、一七四八年に刊行される『法の精神』のモンテスキューではなく、『ローマ人盛衰原因論』のモンテスキューと見なすべきである。ヴォルテールは、前掲の「エノーへの手紙」で、「私は『ローマ人・フランス人優劣比較論』を読みました。これを書いたのは、フィロゾーフで善良な市民となったモンテスキュー氏の私生児（bâtard）なのではないかという印象を受けます。」

(9) ルソーはこう述べている。「私は古代史より現代史の教育をより重視するだろう。なぜなら、将校には現代史のほうがはるかにふさわしいと思うからである。何より、現代史全般、とりわけフランス史に関して、…師殿が語っていることが正しいと確信しているからである。現代史には古代史に劣らない偉業があふれている。」（*Œuvres*, édit. Hachette, III, p.43.）

た。マブリは、夫人のサロンで、ヴォルテールを除く、当時の文学界のほとんどの著名人と出会った。フォントネル、モンテスキュー、マリヴォー、プレヴォ、デュクロ、サン＝ピエール師、等々である。かなり閉鎖的なサロンではあったが、イギリスの影響をも受容した。ボリングブルックはタンサン夫人の元愛人であり、彼女のサロンで大きな役割を演じた。マブリがサロンに通っていた頃、チェスターフィールド卿も常連の一人であった。

タンサン夫人には兄弟が一人いた。アンブラン大司教であり、一七三八年から枢機卿であった。夫人は策を弄して、彼を大臣の職に据えた。一七四二年八月、彼は無任所大臣となり、外務省顧問会議に所属した。しかし、有能とはいえないこの新任大臣はブレーンを必要とした。一人では十分な忠言を行えないタンサン夫人は、マブリにその役目を依頼した。ブリザール（*op. cit.*, p. 94）によれば、マブリは書面で意見を具申する許可を求めた。マブリはそのためにメモワールを書いたが、そのいくつかが現在も外務省古文書館に保存されている。[10] また、彼は外務省の統括下で数年間重要な役割をも演じたようである。[11] ブリザール（*ibid.*）によれば、一七四三年、「マブリは密かにパリでプロシャ王の大臣と交渉し、条約を練り上げ、ヴォルテールがプロシャ王にそれを持参した」。ブリザールは同じく、国王顧問会議がライン河畔への遠征を提案したとき、マブリはネーデルラントを攻撃することを主張したと付言している。さらに、一七四六年、ブレダ会議での外交交渉の基盤を作ったのも彼であった。したがって、三七歳のマブリの前には、宮廷での輝かしい前途が開けていた。枢機卿はすでに、一七四三年、彼をリヨン司教区の聖堂参事会員に任じていた。この時期の書簡は、宮廷でマブリから支援を得たいと願う人々がいたことを示している。[12] 彼は外交史を研究し、一七四六年、『諸条約に基礎を置くヨーロッパ公法』(*Le Droit publique de l'Europe fondé sur les Traités*)を公刊した。政府の外交畑で働こうとする人々のための歴史的な手引書であり、彼は政治技術を説いているが、その師匠は問題なくマキャヴェリである。ウエストファリア講和条約から一七四〇年に至るまでのヨーロッパ条約を収めた幾分素っ気ない要約であるが、一七四八年、次いで一七六四年と版を改めるたびに、注釈が増え、内容は豊かさを増した。新たに倫理的関心が加わってきているのが看取される。しかしながら、一七四六年以降、彼の書いたものにはルイ十四世の政治への批判と専制政治に対する辛らつな言説が含まれていた。そのために、彼の『諸条約に基礎を置くヨーロッパ公法』は国外で出版された。パリでの出版が実現したのは一七四八年であり、マブリの友人であり保護者であったダルジャンソン侯爵の支援によるものであった。出版はヨーロッパ規模の成功を収め、ドイツ語とイタリア語の翻訳が出た。イギリスでは、彼の本は大学の外交政策の

(10)マフェイ氏は、『マブリの未刊行作品解説』(*Intorno agli inediti del Mably*)でメモワールの概要を述べている。マブリの覚書のうち、「現状況におけるフランスの国益についての省察 *Réflexions sur les intérêts de la France dans la conjoncture présente*」(1746年9月22日)はマフェイ氏によってイタリア語に翻訳され、『政治著作集』(I, 489–98)に掲載されているが、それ以外はすべて未刊行である。

(11)この見解に対しては、アルパ著『マブリと彼の同時代人』(Harpaz, *Mably et ses contemporains*, p. 357)が異議を唱えているが、マフェイ氏が翻訳刊行したマブリのテキストは、少なくとも部分的にはブリザールの言葉が正しいことを確認する。

(12)それらの書簡は、J・B・シャンプヴァルによって「コレーズ文学・科学・芸術協会雑誌」(J. B. Champeval in *Bulletin de la Société des Lettres, Sciences et Arts de la Corrèze*, 1906, pp. 445–67)に公表された。〔コレーズはフランスの県名〕

授業で教科書として活用された。彼の著作はこの分野の学術研究において画期的であり、国際関係の諸問題に関する正確でわかりやすい歴史を始めて広範な教養階層に提供するものであった。

この著作の出版時期に、マブリはタンサン夫人と不和になった。枢機卿がプロテスタントとの結婚（un mariage protestant）を解消し、聖職者（prêtre）として活動することを望んだが、マブリは官僚（homme d'état）としての道を歩むべきであると主張して意見が対立したのである。マブリは宮廷に仕えるのを止め、二度と復帰しなかった。以後彼は引き篭もった生活をし、交際はわずかな友人に限り、政治学とそれに関連する歴史、法学、道徳などの研究に没頭した。理論的な研究であるが、同時に、本著作『市民の権利と義務』が示すように同時代の諸事件について周到な観察を行っている。

タンサン夫人との不和と『市民の権利と義務』（一七五八年）との間にかなりの時間が経過しているが、その間に形成されたマブリの理論はその後、基本において生涯変わらなかった。彼の理論の形成はその間に書かれた三作品によって辿ることができる。一七四九年、彼は『ギリシア人についての考察』（*Observations sur les Grecs*）を出版したが、一七六六年、大幅に改稿して『ギリシア史についての考察』（*Observations sur l'histoire de Grèce*）として再版される。改稿の理由として、マブリは初版には「危険な教養」、「誤った原則」が含まれていると述べている（t. IV, p. IV）。しかし、両版を比較してみても、明確な方向転換といえるほどの違いはなく、むしろ、デモクラシーへのいっそうの接近、とりわけ、良き政治は正義に基づくべきであり、マキャヴェリ的諸原理とは無縁であるという断定がいっそう明確化している。

一七五〇年前後に、マブリの思想は急速に進化したものと思われる。というのは、『ギリシア人についての考察』のわずか二年後、一七五一年に書かれた『ローマ人についての考察』には、彼が『ギリシア人についての考察』の改版で自己批判し修正したようなことはまったく含まれていないからである。ただし、彼はいまだ、統治技術から完全に脱却していない。一七五七年には、『ヨーロッパ公法入門に役立つ外交交渉の諸原則』(*Principes des négociations pour servir d'introduction au Droit public de l'Europe*)が出されるからである。この著作は外交官のための戦術・戦略論である。マブリは、相変わらず大君主国家の指導者たちに、ヨーロッパ政治のジャングルの中での振舞い方を説いている。ただし、作品には、奢侈の有害性、侵略政策への厳しい批評が含まれ、全体的に見て著者の君主政体への見解は甘くはない。しかし、次のような一節も見出される。

「ここで私が道徳の月並みなお題目を並べたてようとしているなどと想像しないでいただきたい。また、プラトンやサン-ピエール師の跡を追って、われわれのように情念をもった存在には無益な格率の中を彷徨おうというのでもありません。私はそれほど厳格な道徳観を持ってはいませんので、誠実な読者に対してではなく、ただ野心家に対し自分の理性をいくらか使うことを要求するだけなのです。(V, 38)[13]」

(13) ルソーが、ビュルテンブルク大公に宛てて(1764年5月26日)、「[マブリの]これらの著作の中には、閣下のような地位の方々がこぞって非難すべき現代政治の諸原則が時折見出されます」と書くのは、マブリのこの種のテキストに対してである。それだけにルソーは、マブリが『フォキオンの対話』(*Entretiens de Phocion*, 1763)において「かくも純粋かくも崇高なモラル」の高みに上りついたことに驚きを禁じえないのである。その後、ルソーは彼を剽窃者と非難するようになる。一七五七年の『外交交渉の諸原則』と六三年の『フォキオンの対話』の間、マブリは何も発表していない。

彼はまだ、啓蒙専制君主ではなく、理性的君主を夢想している。彼は一年後、『市民の権利と義務』を書くことになるが、その間に彼が跳躍した距離の大きさが分かる。もはや、諸国の王への忠告ではなく、王政の打倒を望む人々への忠告が問題なのである。一七四六年には、彼は王政を受容していただけでなく、国王に仕えていた。一二年後、彼は国王の打倒を考えている。彼の王政への敵意はある体験に由来する。彼が宮廷、すなわちヴェルサイユ宮廷を嘲笑し倒すとき、彼は自分が何を言っているかを自覚している。この変化がなぜ生じたか、彼の内心の葛藤を追跡するには資料があまりに不足している。しかし、政治状況が彼の思想の進化を理解する手助けとなるだろう。

二　体制の危機

一七五八年、王政は病にかかり、このままでは体制は持続できないと良識人は悉く認識していた。ルイ十四世の治世の末期以来、財政危機はほとんど恒常的で、危機は社会構造そのものに結びついていた。特権階級は税の負担をすべて民衆に負わせた。政府が全身分に負担を求める新税を徴収しようとすると、必ず聖職者と州三部会の猛烈な抵抗にあった。一七四九年、マショー・ダルヌヴィル（Machault d'Amouville）は二〇分の一税を設けた。彼が新設したこの税は革命まで存続することになるが、国家は特権階級の要求に屈服し、マショーはその犠牲となった。その根本原因は、宮廷自体が特権階級と連携しており、国王自身が特権者の筆頭だったからである。ヴェルサイユはますます巨大な寄生物と化していた。国王とその寵臣たちの浪費は世論を憤らせ、バルビエ（Barbier）は一七五五年、「民衆は嘆き声を上げている」と書いている。巷では、宮廷の絶えざる移動、〔ルイ十五世の〕愛妾ポンパドゥールが次々と建てさせる城の噂で持ちきりであった。貧窮を極めた民衆にとって特権階級の贅沢はスキャンダルであった。パリでも地方でも、飢餓による暴動が発生した。ダルジャンソンやバルビエには、民衆の不満についての証言がしばしば見られる。一七五〇年五月には、子供が拉致されミシシッピーへ送られるという噂まで広まり、パリで民衆暴動が起こった。パリと主要都市では、貧民とあふれる失業者の追放を命じる王令が定期的（1724, 1740, 1750年）に出されている。権力はこの群集を恐れていた。君主政支持の民衆感情は確かにまだかなり強力で、その点は国王がメッツで病気になったときや（1744年）、さらにはダミアンの襲撃（1757年1月）後における民衆の反応から確認される。しかし、民衆が国王自身へ非難の矛先を向けることがなかったわけではない。ルイ十五世がパリを通過する際、民衆が《国王万歳》を叫ぶのを拒否する光景が幾度も見られている。

これらの散発的な民衆騒動は、高等法院が中核をなす組織的な反対派への支持につながりうるだけにいっそう危険であった。〔オルレアン公フィリップの〕摂政時代（1715–23年）に勧告権（droit de remontrances）を回復して以来、高等法院は権力との闘争を決して止めなかった。すでに摂政時代、高等法院はロー〔John Law, 1671–1729. スコットランド人、財務総監〕と対立し、一七二〇年、始めてポントワーズへの追放を経験した。しかし、確執の主要因は《ウニゲニトゥス教書》（*Bulle unigenitus*, 1713年）である。高等法院は、教書に服従しない信者に秘蹟を行わないことを要求する体制派司教（évêques constitutionaires）に反対し、ジャンセニストを支持した。一七三二年、パリ高等法院のメンバー一三九名が追放された。しかし、事態が深刻化するのは、特に一七四九年以降、告解証明書（billet de confession）を巡る争いからである。この時期から、無数の事件が同じ筋書きでひっきりなしに勃発する。司教は、司祭や聖体護持者（porte-Dieu）[14]に対し、ジャンセニストと見なされ職務停止処分を受けていない僧が署名した告解証明書を示せない者に秘蹟を行うことを禁じた。それに対抗して、高等法院は、司教の指導に追随する僧を訴追した。王権は、両派に挟まれ、両派に対し交互に打撃を与え、一貫性のない政策を遂行した。この騒動は一七五八年に至ってもなお終息せず、その間に劇的な危機が二度起こっている。一七五三年、パリ高等法院はまたポントワーズへ追放された。しかし、シャトレを含む下級裁判所は、弁護士や検事とともに、高等法院に味方した。裁判が停止してしまい、結局、国王側が屈服し、亡命者たちは一年後に呼び戻された。国王は《沈黙法》（la loi de silence）を課し、教書に関するいっさいの紛争を押さえ込もうとしたが、沈黙は成立しなかった。一七五六年一〇月、高等法院は、教書に関する教皇ベネディクトゥス十四世の一通の回勅を《削除》した。一七五六年一二月一三日、国王はパリ高等法院に赴き、親臨法廷で高等法院に言うことを聞かせようとするが、法官たちのほとんどが辞表を提出した。再び、パリ高等法院の全管轄区で裁判が停止し、地方の高等法院はパリを支持した。戦費を必要とする国王は、法官たちへ支払う歳費の金もなかった。国王は、歳出勅令（édits bursaux）をどうしても登記させる必要があり、一七五七年八月、再度屈服した。

教書問題が、高等法院と権力との葛藤の唯一の原因ではない。税の登記問題がある。しかし、この場合、歳出勅令に対する高等法院の抵抗はそれほど強力ではない。法官たちの階級としての特権が危険にさらされてはいないからである。高等法院は、民衆の間での法院の人気が維持される程度、また、高等法院の政治的要求が問題となる程度に応じてしか闘争を行わない。というのは、高等法院は立法権の一部を要求するからである。高等法院は自らを、カロリング朝、さらにはメロビング朝議会の相続者であると考えている。全国三部会と同じ資格において国民の代表者であると考え、法律を承認し、かつ法律を修正する権利を有すると主張する。一七五〇年前後に、高等法院の用語法に変化が生じ、平民（Peuple）、臣民（Sujets）は、国民（Nation）という言葉に置き代えられる。(15) 一七五七年、レンヌ高等法院は次のように書いている。「国民の利害にかかわる一般的法律が問題の場合には、国民が意見を述べるべきであり、国民のために高等法院が法の公正性と有益性について証言することを求められる。(16)」一七五三年以後、階級についての新理論が形成され、全国の高等法院間の連帯が表明される。ヴォルテールは書いている。「高等法院の主張は国家全体を代表すると言うも同然であった。国家はさまざまな社団（différentes compagnies）に区別されているが、それらすべてが合体して一つになれば、王国の恒常的議会（les États Généraux perpétuels）を構成するだろう。(17)」高等法院は世論の強い支持を受けていただけに、これは王権にとっていっそう危険な理論であった。パリの巷間では、「国

(14)〔訳者〕十八世紀の『リシュレ辞典』（*Dictionnaire de Richelet*）によれば、パリでは、臨終の秘蹟を行うため、臨終の床にある病人に聖体を与える役の僧を《porte-Dieu》と呼んだ。
(15) R・ビカール『十八世紀における高等法院と国民主権の観念』（R. Bickart, *Les Parlements et la notion de Souveraineté Nationale au XVIIIe siècle*, p. 106.）
(16) 同前、p.113.
(17)『ルイ十五世治世詳史』（*Précis du règne de Louis XV*, p. 386.）

王万歳」より「高等法院万歳」のほうがより頻繁に聞かれた。一七五六年一二月の親臨法廷のときに、バルビエは、「君主の権威に逆らう熱狂がパリ全体に広がっている」と書いている[18]。高等法院の闘争の際には、共和主義者 Républicain という言葉が発せられる。「これらのジャンセニスム派の、あるいはいくらか共和主義的（un peu républicain）な人々」とバルビエは書いている（一七五二年七月）。一七五六年の危機の際には、国王自身が高等法院のことを、「共和主義者の集まりだ」と語る。

ただし、高等法院は反対勢力の唯一の温床ではない。地方三部会がある。ラングドック三部会、そして特にブルターニュ三部会は、一七五〇年から二〇分の一税の創設に反対し精力的な反対運動を展開した。しかも、聖職者階級の多くの指導者がジャンセニスム派とのいっさいの妥協を拒否し、全体が課税に対し断固として〔免税〕特権を擁護する決意であった。さらに、大公たちは、オルレアン公爵とコンチ公の指導の下に、国王に反対して高等法院の支持にまわった。王権にとって幸いであったのは、これらの反対勢力の行動には協調性がなく、統一性も欠けていたことである。ところが、一七五八年には、マブリが夢想しているように専制に対し反対勢力が結集する可能性が現実味を帯びてきたのである。当然、権力は自己防衛を試みる。ダミアンの襲撃を反撃の機会にした。この異常者の行動が引き起こした公衆の興奮を利用し、権力側は彼を反対勢力のスパイのように宣伝した。ところが、高等法院の判事たちは、まさにこの事件で、彼らの国民を代表するという主張を人々はどう考えるべきかを示したのである。恥ずべきダミアン裁判に協力した判事たちは国王から年金を下賜されたのである（バルビエ、VI, 516）。

国家は弾圧政策に乗り出した。反抗を唆す文書に対する国王の声明（一七五七年四月）、地下文書を広める者はガレー船送りの刑とする勅令（一七五七年九月）、宮廷に仕える三文文士による『百科全書』に対する猛烈な中傷と脅迫、エルヴェシウスの『精神論』の訴追、この書の出版許可が取り消されたのは、まさにマブリが本作品の執筆に着手した一七五八年八月一〇日のことである。

七年戦争の敗北が状況をさらに複雑化した。当初は上首尾であった。一七五六年八月にミノルカ島を奪取。その後、ロズバッハ（一七五七）、ついでクレフェルド（一七五八年六月）。ところが、アメリカでは敗北が続いた。ルウイスブールが七月に奪われ、その夏の間に、イギリス軍がフランス領の沿海部に上陸した。無能な将軍たちの指揮が愛妾〔ポンパドゥール夫人〕の気まぐれに影響されていることを世論は感知していた。世論はさらに、将軍たちはもっぱら略奪によって財を蓄えることに余念がないことも知っていた。バルビエは、一七五八年二月、リシュリュー元帥はハノヴァーの指揮を終えて戻ってから、一一一万リーブルの負債を支払うことができた、と述べている。

それゆえ、王政の国家はあらゆる面で信用を失墜していた。先見の明がある者たちは革命の近いことを予見し始めた。マルゼルブの父、ラモワニオン大法官は一七五六年に次のように言うことになる。「私は久しい以前から、わが国家が革命に脅かされているのを見てきている。しかしながら、老齢の私が生きている間にそれを見ることになるとは考えていなかった。ところが、最近では、高齢にもかかわらず、私がその目撃者となる苦痛を味わうことになるかもしれないと思い始めている。それほど、革命の準備ができているよう

（18） Barbier, VI, 416.

に見える。[19]」このような事態の光に照らすとき、『エミール』のあの有名な文章がいっそうよく理解できる。「われわれは危機的状況へ、革命の世紀へ接近している。[20]」しかし、この革命はどのように始まるのか。全国三部会〔国民〕を代表すると主張する高等法院は三部会を招集させることは考えていない。召集を問題として考え始めるのは、一七七一年、モープーのクーデタ後である。

三　自由への旅路

『市民の権利と義務』は対話を報告する書簡の形式で書かれている。マブリはこの形式を頻繁に用いたが、この形式が古代起源であることは自明である。それは『トゥスキュァネス』の形式であり、キケロ自身がプラトンの対話を模倣したのである。対話の舞台はマルリであるが、マブリはその時期、王政国家の寄生性の証である《王室のダンス場 guingette royale》〔マルリ宮殿〕の近隣にしばしば滞在している。著者〔マブリ〕はイギリスの大貴族で、デモクラットのスタンホープ卿（Mylord Stanhope）と議論を交わす。では、このスタンホープは誰なのか。『文芸通信』（*Correspondance littéraire*, XV, 413）は、新刊予告の注釈の中では、チェスターフィールド卿であると説明している。マブリの原稿を検討すると、この指摘には信頼性がある。マブリは、初稿では始めから終わりまで、ハリファックス卿（Mylord Halifax）で通し、その後棒線で消して、スタナップ（Stanope, *sic*）と書き換えている。ところが、チェスターフィールド（1694-1773）の名前はフィリップ・ドーマー・スタンホープ（Philip Dormer Stanhope）で、第四代チェスターフィールド伯爵である。父親は、フィリップ・スタンホープ（Philip Stanhope）で、第三代チェスターフィールド伯爵、母親はエリザベス・サバイル（Elizabeth Savile）で、ハリファックス侯爵の娘である。したがって、この人物をチェスターフィールド卿とする特定にはあらゆる点で妥当性がある。彼はフランスでよく知られており、タンサン夫人のサロンに頻繁に出入りした。彼はまた、フォントネル、モンテスキュー、ヴォルテールらの友人であった。彼の息子宛ての手紙は、ボカージュ夫人と文通があったこと、デュパン夫人とも知り合っていたことを明かしている[1]。マブリもそれらの人たちと頻繁に交流していた。名演説家で気鋭の作家チェスターフィールドは、ウォルポールの時代、そしてその後も引き続き上院反対勢力の誰もが認める党首であった。マブリが彼の口から語らせているすべての台詞は、少しも違和感がない。チェスターフィールドは、一七五三年の文通で、「大きな変化と革命の前兆として、私が歴史の中でかつて出会ったあらゆる事柄が、現在のフランスに存在し、日に日に増大していっている」（同書、II, 358）と書いている。しかし、彼の政治家としての経歴は、事実上、一七四八年に終わっている。その後彼は、注意深い観察者の立場に留まった。彼は身体の自由が利かず、聴力も衰えていた[2]。交際はわずかな友人だけで、本と愛馬と収集した絵画に囲まれ、人生を楽しむ大領主として生涯を送った。したがって、その彼が、七年戦争の最中に、実際にマルリにいたと想定することはできな

(19) フラメルモンによる引用。Flammermont, tome II, p. XXVI.

(20) Édit. Garnier, p. 224.

(1)『息子フィリップ・スタンホープへの手紙』（Lettres à son fils Philippe Stanhope, II, pp. 115 et 172.）を参照。

(2) ヴォルテールの短編小説『チェスターフィールド伯の耳』

い。一七四六年一〇月に、イギリス軍がブルターニュに上陸したとき、パリに滞在していたすべてのイギリス人は逮捕された（Barbier, t. IV）。いずれにしろ、この対話は事実ではありえない。マブリは、自分の新思想を告白する理想的な対話者を設定し、《私》になお偏見に執着する人物を代表させた。その対話者を考えるには、チェスターフィールドしかいなかった。しかし、この推測に疑問がないわけではない。マブリはこの著作の公表を考えていなかったのだから、なぜ彼はチェスターフィールドを名指しで登場させなかったのか。他方、死後出版された、執筆年代不明の『アポロンの神託』（*L'Oracle d'Apollon*）という作品で、マブリは「ジュネーヴから帰還したスタンホープ卿（Milord Stanhope）が私に語ったことをすべて貴殿にお話しましょう。卿はジュネーヴ滞在中、子息のマホン卿の教育に没頭されました」（XIV, 17）と書いているのである。

さて、このスタンホープは実在したのである。すなわち、フィリップ・スタンホープ（Philipp Stanhope, 1717-86）はチェスターフィールドの親戚で、一七一六年にデュボワとの外交交渉に当たった政治家で軍人のジェイムズ・スタンホープの息子であった。彼はユトレヒトとジュネーヴで育ち、その博識で知られていた。彼は、ヘレニズム文化に精通するとともに、立派な数学者であった。彼は議会で積極的に活動した熱烈なデモクラットで、その教義を息子のチャールズに教え、伝えた。チャールズはマホン卿となり、著名な物理学者であると同時に、フランス革命の熱烈な擁護者となった。チャールズには兄が一人あり、一七六三年ジュネーヴで亡くなっている。その関係で、フィリップは頻繁にジュネーヴに滞在しているが、その際、彼はパリ経由でジュネーヴへ行き、パリでマブリに出会う機会があったと考えられる。私は、マブリの対話者をこのフィリップ・スタンホープとみなしたい誘惑に駆られる。しかし、これはあくまで仮説であり、両者の関係を証明するテキストは『アポロンの神託』しかない。しかしながら、この問題は二義的意味しかもたない。肝心なことは、大胆な政治思想を披瀝するために、マブリはそれをイギリス人の口から語らせたということである。フランスにおけるイギリスの威光の大部分は、イギリス革命が先行したという事実に由来する。そして、デモクラットのイギリス人大貴族というタイプは、フランスではほとんど文学的造形の約束事となっていた。マブリと同時期に、ルソーは、ボムストン卿〔『新エロイーズ』の登場人物〕を創り出した。フランス人にとって、このタイプの造形のモデルとなりうるもう一人の人物はボリングブルックであったが、この日和見的な政治家がマブリにインスピレーションを与えることは不可能であったろう。ボリングブルックの『国王の愛国理念』(1738)は、君主に強力な権限を付与するものであり、スタナップ卿の思想とはあまりにも隔たっている。ただし、ルイ十五世時代のフランスにおいては、彼もまた自由を擁護した英国貴族の形象となりえた。

『市民の権利と義務』の執筆過程の詳細は不明である。本著作は、その書簡体形式、さらに、マブリが行う対話に優雅さが欠けるため、全体として重苦しい感じを与え、重複が多い。しばしば後戻りするため、全体にまとまりを欠くが、そのことは自分の見解の大胆さを前にして、マブリ自身が抱くためらいを表現しているであろう。彼の悲観主義と意気阻喪の傾向は作品の端から端まで一貫しているように感じられる。作品中の《私》は、一度は受け入れたかに見えるスタナップ卿の提案に絶えず反省を繰り返す。しかし、全体としては、本著作は三つの段階に区切られるであろう。第一段階は、市民には革命を起こす権利と義務があるか？——第一から第四の手紙。第二段階は、革命を起こす手段はいかなるものか？——第五と第六の手紙。

第三段階は、自由が獲得されたのち、いかにしてその自由を確実にするか？――第七と第八の手紙である。

本作品は、人民の貧窮につながっている王室の豪奢の象徴であるマルリ庭園についての省察から始まる。《私》は、法律が王侯の権威を抑制しない限り、臣民が安楽を味わうことはできないことを認める。しかし、この点では、フランス人にはもはやいかなる希望もない。彼らは古き自由を失ってしまったのであり、それ以来、ただあきらめる以外にはない。スタナップ卿は異議を唱える。市民には専制政治の進歩と闘う権利と義務がある。しかし、彼はまず、基本的にはホッブズから導き出される古びた命題を反駁しなければならない。自然状態では、人間はあらゆる権利を保有していたが、義務はまったくなかった。社会を形成すると、人々は為政者を設け、彼らの独立を為政者の手にゆだねた。彼らが自らに与えた政体がどんなタイプであれ、彼らはその国の法律に拘束される。卿は、ホッブズ主義に自己の自然状態観を対置する。(3) 人間の理性と道徳感覚は社会状態にいたる以前に〔自然状態で〕発達している。人間が法律を作ったのは、自分の力だけでは十分に情念に対抗できない理性を支えるためである。それゆえ、市民が社会状態の改善を要求するのには正当な根拠がある。市民は法律を変えることができる。賢明な政治は、人間に理性と自由を与えた自然を基礎にしていなければならない。（第一の手紙）

政治はすべての市民の情念を抑制することを目的とするが、まずもって為政者たちの情念を抑制しなければならない。その場合、為政者の職務が世襲制や終身制であれば、それは不可能である。そこで、《私》は、モンテスキューの権力分立論を提起し、英国を模範としてあげるが、スタナップ卿は英国政体を厳しく批判する。(4) それに対し、《私》は各人が法の支配の確立を主張するのは、無秩序を招く危険があると反対する。

それに対する卿の返答は、市民が自分の権利を行使することが義務であるとしても、市民は状況をよく考慮に入れなければならないということである。(5) フランスのような国では、革命はなお可能である。(6) しかし、原則を再検討し、人々を啓発し、最短距離ではなく遠回りで目標へ進まねばならない。フランス人は共和国を実現するにはいまだ未成熟であり、共和国の創設を急ぎすぎたイギリス人の誤りをよく考えなければならない。フランス人の基本法への幻想そのものが、彼らが諦めて専制政治を受け入れたのではないという証明である。(第二の手紙)

《私》は改革の権利を賢人だけに限定する提案をするが、卿は認めない。卿は、全国民を啓発しなければ行動はできないと言うが、労働者(les ouvriers)だけは除外する。政治闘争を恐れてはならない。警戒すべきは党派より、宮廷内の陰謀団である。内戦(la guerre civile)は時には好ましいが、国王軍の存在するフランスでは危険である。(7) しかし、専制政治と戦う場合であれば、内戦は原則的に正当化される。何人も譲歩することのできない権利があるから、国民が自由意志で国王に服従したと反論してはならない。また、〔内戦は〕

(3) マブリの自然状態観は、特に『立法について』(*De la Législation*, Livre I)の中で展開されている。
(4) 『歴史の研究』、第二部、第五章、参照。
(5) 同前、第三部、第三章、参照。
(6) 一七七六年に公表された『立法について』で、彼は再度、同じ問題を立てているが、そこでは内乱への警戒心がより強く現れ、心の広い君主が自分の権限の一部を進んで国民に譲ることを期待している。(IX, 277 et sq.)
(7) 傭兵への恐怖と古代共和国の民兵への讃嘆はしばしば表明される。『フォキオンとの対話』(X, pp. 171 à 180)、『歴史の研究』(XII, p. 345)など、参照。

無政府状態を生む危険があるという理由も認めてはならない。民衆は惰性で生きているから、彼らが反抗権を乱用するのではないかと心配する必要はない。専制政治は不幸な戦争の結果であるという理由でも、それは正当化されえない。合理的な契約に基づかない権威はいかなるものも正当ではない[8]。国王が契約を少しずつ侵害し、紛糾させないように監視しなければならない。（第三の手紙）

理性のみが権利を基礎づけるから、市民の不服従は許される。しかし、もし各人が法律の検討を要求するとしたら、どうなるか。宗教の領域では、神の法と聖職者の作った迷信を区別せねばならない。基本法に関しては、各人で良いか悪いかを検討することができる。個々の法律に対して各人がいかなる態度をとるかは、政体の性質に則して異ならねばならない。自由な人民のもとで、賢明に熟考された法律がある場合には、暫定的な服従が必要である。純粋民主政のもとで、衆愚によってできた粗雑な法律が支配している場合には、各人が法律違反を企てることは許される。専制政治のもとであれば、誰も法律への服従を強いられない。不正な法律を批判する権利が不都合なことを引き起こすとしても、その不都合は必要な善に結びついている。しかし、不正な法律をどのように識別できるのか。ここで本質的な原則が提示される。ある国家が良い法律を持ちうるのは、国家自身が立法者の場合だけである。そこから、君主政、貴族政、さらに、群集の情念を警戒しなければならない純粋民主政も非難される[9]。良き統治は法律への愛と自由への愛を同時に鼓吹しなければならない。奢侈と闘い、政治を道徳の上に基礎づけねばならない。われわれのあらゆる不幸の源泉は財産の私的所有にある。かくして、スタナップ卿は、栄誉への愛が利害心に取って代わる共産主義社会を夢想するが、今日の人間はもはやこのような夢に値しない。（第四の手紙）

自由を確保するには、いかに振舞うべきか。自由な国家であれば、任務は簡単である。フランスでは、ゲルマンの古き自由は荒廃した。あらゆる種類の誤りと偏見が専制政治を利してきたが、今や世論の覚醒が認められる。何もかも批判したり、特権を攻撃したりするべきではない。サン＝ピエール師のように、改革を実行する上で君主政に頼ってはならない。逆に、専制政治に反対してあらゆる特権を擁護すべきである。ただし、くびきを揺さぶるためには、適切な時機を選ぶことが重要である。ゆっくりとした〔世論の〕発酵の後でなければ、行動できないだろう。それまでの間、各人は従来の特権を守るために、非妥協的に闘わねばならない。（第五の手紙）

孤立した州では、蜂起によって王国から分離することが可能だろう。その場合には、政治家たちは一挙に完璧な体制を築こうとしてはならず、独立が保障されるまで暫定的な法律で我慢しなければならない。全国で一斉に専制政治を転覆させることは困難だろう。高等法院は全国三部会の召集を要求すべきであったが、

（8）社会契約に関するマブリの見解は常に明快とはいえない。ルセルクル著『マブリにおけるユートピアと政治的現実主義』（*Utopie et Réalisme politique chez Mably*, p. 1050）参照。

（9）純粋民主政に対する批判は繰り返し語られる。マブリは王政、貴族政、民主政、それぞれの利点を結合した混合政体を夢想する。『ギリシア史の考察』（*Observations sur l'histoire de Grèce*, V, p. 19）、『合衆国統治体制の考察』（*Observations sur le gouvernement des États-Unis*, VIII, pp. 351, 368, 379, 384–5）参照。

一度その機を失した[10]。国民を覚醒できるのは、全国三部会だけである。しかし、議会はあらゆる弊害を一挙に正そうとするのではなく[11]、まず自らの存続を図ることから始めねばならない。（第六の手紙）

だが、自由を取り戻すにはわれわれは腐敗しすぎていないか。否である。自由の精神はフランスで前進しており、準備を怠ってはならない。全国三部会がとるべき最初の政策を具体的に確定することはできない。三部会は、最低でも立法権の一部を獲得せねばならないが、この立法権の分与に満足してはならない。三部会の会期は固定される。全国三部会〔の代議員〕は毎年結集する州三部会から補充されるだろう。詳細な規則で法律を押し付けてはならない。行政権力は細分化される。高等法院が裁判を完全に統括する。監察官が設けられる。彼らは自由から由来する純粋な習俗の維持に努め、公教育を監視する。三部会は財政を指導し、予算を立て、宣戦布告権を保持し、将軍たちは三部会に服属する。国王の職務は外務省長官に限定される。ただし、世襲王制を廃止してはならない[12]。見せ掛けの王を残して本物の王の出現を防止するのが望ましい。（第七の手紙）

《私》が最後の反論を提出する。いまだかつて、いかなる人民も自由の維持に成功しなかった。ではいったい、どのような希望が残っているのか[13]。スタナップ卿の意見では、それは行政権の賢明な配分によって解決される。悪徳の進歩と常に闘い、二五年おきに委員会を設け、委員会は、特に戦争を契機に国制の中に滑り込む悪弊を探し出し、除去するだろう。（第八の手紙）

四　マブリは独創的思想家か？

マブリは大作家でも深遠な思想家でもない。彼の独断的調子は、彼の思想の動揺性、不確定性を隠しきれない。[14] しかも、彼の教養のあらゆる要素が他の作家の著作に見出される。本作品で、彼がロックの名を挙げ

(10) 反対勢力としての高等法院に関するマブリの意見は一定していない。ここでは彼は、高等法院に期待を寄せている（信頼度はそれほど高くない）。彼が『フランス史考察』の結論を起草するときには、この期待を失っていただろう。しかし、それはモープーのクーデタ後である。その時、彼は諸侯の反対を促し、彼らのために抗議文を起草しさえしたようである。スラヴィは、「マブリ師はこれらの文書の秘密の起草者であった」と述べている（Soulavie, *Mémoires historiques et politiques du règne de Louis XVI*, II, p. 214）。

(11) 同じ警戒心は『ポーランドの国制』にも見られる（*Gouvernement de Pologne*, VIII, p.38）。

(12) 同じ忠告をポーランド人にも行っている（VIII, p. 56）。世襲王制に関する彼の見解はケースごとに変化する。スパルタでは悪かったが（『歴史の研究』、XII, p. 35）、スウェーデンでは良い（同書、p. 268）。

(13) この悲観主義はマブリの心の深部に対応している。その傾向は、晩年にはいっそう強くなる。『道徳の原理』で、「聞く耳を持たない人々に語り続けることには耐えられない」と述べている（*Principes de morale*, X, p. 244）。

(14) ルセルクル著『マブリにおけるユートピアと政治的現実主義』（*Utopie et Réalisme politique chez Mably*, pp. 1049–51.）、参照。

るのはただ一回である。[15] しかしながら、彼がロックに負っているものは、遥かに重要である。彼の道徳観は感覚論に基づいているが、感覚論自体は、彼がロックから直接、あるいはロックの弟子である彼の弟子コンディヤックから受け継いだものである。[16] また、神が望んだ自然法が存在すること、すべての世俗法を尊重しなければならないことへの彼の根本的信念は、少なくともキケロと同程度に、ロックの『市民政府論』に基づいている。彼が素描する自然状態の絵図は『市民政府論』第二章のそれとまったく矛盾するところがない。マブリ以前に、ロックは、いかなる人間もその自然権を奪われることはできない、奴隷状態を許容することもできないと断言した（第四章）。所有権に関しては、ロックはブルジョワ的所有権の理論家であるから、彼が共産主義者マブリにその着想を与えたとは考えられない。ところが、マブリは、ロック同様、財産の所有は自然状態においてすでに存在する、それは労働によって生み出されると考えている。前提は同じなのだが、結論が異なる。一般的にいって、マブリの政治的諸観念には、多かれ少なかれ常にロックの影響が感じられる。本著作において、執行権と司法権の明確な分離――モンテスキューでは明確であるにもかかわらず――が、どこにも見られないのは、ロックがその区別を無視している結果であろう。

マブリがこの著作で簡潔に素描し、『フランス史考察』においてさらに発展させることになる、フランスにおける専制政治の起源に関してはいかなる独創性もない。それは《ゲルマン主義》の理論であり、非常に古いものである。というのは、それはすでにオトマン Hotman の『フランコ=ガリア』*Franco-Galia* の中に見出され、フランク族がガリアにやってきたとき、彼らは自由な人間であったとするものである。[17] この理論は、多かれ少なかれ各作家において異なった目的に用いられている。ブーランヴィリエの『フランス統治史』

(1727年)、サン=トーバンの『世論について』(1733年)、デュボスの『フランス君主政成立の批判的歴史』(1734年)、そしてとりわけモンテスキューである。

最後のモンテスキューに関しては、マブリの態度は微妙である。彼はモンテスキューへの負債を否定できない。『ギリシア人についての考察』、とりわけ、『ローマ人についての考察』は、モンテスキューの『ローマ人盛衰原因論』の模写を思わせる。その上、本著作『市民の権利と義務』で彼が展開するプログラムの萌芽は、『法の精神』に存在している。

「君主制国家において、領主、聖職者、貴族、自治都市の特権を廃止してご覧なさい。そうすると、あなた方は民主政国家か、ないしは専政国家を持つことになるでしょう」(II, p. 4)。

モンテスキューは、専制政治に反対し特権を擁護するために仕事をした。モンテスキューにおいて、貴族

(15)『市民政府論』の仏訳は、一六九一年(二回)、一七二四年、一七四九年、一七五四年、一七五五年と繰り返された。マブリは『政治学研究』(*Étude de la politique*, XIII, p. 144)の中で、この著作を読むことを若い弟子に勧めている。また、一七七六年、彼はポーランド人が役立てるように同作品の批評を書いている(『情念の流れと歩み』、*Cours et Marche des passions*, XV, p. 138)。

(16)「私は弟〔コンディヤック〕の哲学の諸原理を道徳と政治にかかわる事柄に適用しているだけである」(『理性の発達について』、*Du Développement de la raison*, XV, p. 26)。

(17)〔訳者〕一五二四—九〇年。フランスの法律家。国民主権の先駆的唱道者の一人。

とフィロゾーフがともに論拠を見出した。彼は、諸特権の大義は同時に自由の大義であるという観念を世論に植え付けた[18]。彼は〔王権への〕対抗勢力である諸侯および高等法院判事たちにその理論的根拠を与えた。マブリは、モンテスキューを支えにして自分の戦略を立てることができた。

しかしながら、マブリはモンテスキューに対しても闘う。両者は理論的発想が非常に異なるからである。ルソーは、モンテスキューについて次のように書いた。「彼は用心して、政治法の原理を扱わなかった。彼は既存の諸国家の実定法を扱うことで満足した。これら二つの学問ほど性格が異なるものはない[19]。」実定法は現存する諸事実の経験的研究であり、それが『法の精神』である。政治法原理、それがこのマブリの作品であり、また、ルソーの『社会契約論』である。『市民の権利と義務』の冒頭に置かれたキケロからの引用は、決定的な重要性を持っている。マブリによれば、普遍的な法が存在し、理性と自由を備えた人間存在の抽象的分析でその法を発見することができる。それゆえ、万人にとって原理的に有効な、正しい政治学も一つしかない。ただし、それの適用の様式は状況に応じて多様である。その点で、マブリはモンテスキューの風土理論を拒否する。その理論の結論は保守的になるからである。後になって、マブリは、「立法者は、温度計に尋ねるよりむしろ、われわれの心の動きに尋ねるべきではないだろうか」と言うことになる[20]。特に、彼は『法の精神』の論拠をまったく違った展望の下で使用する。モンテスキューは、あらゆる自由の遺物を、特権を擁護するための拠点として使おうとする。それはマブリの目標ではない。彼は高等法院の法服貴族階級や上級聖職者のエゴイズムにいかなる幻想も抱いていない。彼が特権を擁護するのは、すべての反対勢力の統一ブロックを形成するためである。彼は、このブロックが革命の開始期に早くも分裂し、専制政治の反撃を有利にすることまで警戒している。全国三部会が手順を無視してはならないのはそのためである。けだし、彼には特権を正当化するつもりはない。彼がモンテスキューの好むゲルマン主義理論を取り入れるときにさえ、両者の間には大きな違いがある。『法の精神』には、デモクラット・シャルルマーニュの神話は存在しないし、同じく、封建制の不条理な統治への攻撃も存在しない。また、権力の分割は、モンテスキューとマブリでは意味がまったく異なる。前者は均衡を実現しようとする。マブリは、執行権を完全に立法権に従属させる。マブリが国王の存続を要求するとき、国王はもはや権力の影にすぎない[21]。要するに、マブリはモンテスキューからさまざまな事実や理論の論拠を借用しているが、彼はそれらをより民主的な政治のために活用している。

一七五八年の段階では、ルソーはまだ彼の政治的著作の一部しか発表していない。つまり、ルソーは『人間不平等起源論』の著者である。それゆえ、マブリがルソーについて言及していないとしても、驚くに当たらない。しかしながら、スタナップ卿が、社会の設立は人間本性の堕落をもたらしたのではないと断定するとき、おそらくルソーの『起源論』を暗に示唆しているだろう。そこには、自分とルソーとの違いを明確に

---

(18) カルカソンヌ『モンテスキューと憲法問題』(Carcassonne, *Montesquieu et le problème de la Constitution.*)、参照。

(19)『エミール』(éd. Garnier, p. 584)。

(20)『立法について』(*De la législation*, IX, p. 26)。同様に、『フォキオンとの対話』(*Entretiens de Phocion*, X, pp. 43 et sp.)、『歴史の研究』(*Étude de l'histoire*, XII, p. 96)、『情念の歩みと進路』(*Du Cours et de la Marche des passions*, XV, pp. 300-10)、参照。

(21) マブリは『歴史の研究』で、モンテスキューのイギリス政体賞讃を批判している(*Étude de l'histoire*, XII, p. 230)。

したいという欲望があるだろう。二人はよく会っていた。特に初めは頻繁に会っていたようであるから、ルソーの影響の有無、そして、有るとすれば、どのような意味を持つかを尋ねるのは当然である。直接的資料はないので、比較検討するしかないが、相違は明白である。マブリにとって、人間は生まれつき社会的資質を持ち、自然状態にはすでに道徳規則が存在する。善・悪の観念は社会の成立に先行したのであり、マブリはルソーのように人間と市民のアンチノミーを解決する必要がない。マブリにとって、国家の形成は、『人間不平等起源論』の著者のように、貧者を屈服させるためにこの策謀を考え出した富者の仕業ではない。法律と統治が「発明されたのは、われわれの情念に対してほとんど常に無力なわれわれの理性を助けるためである」。一般的にいって、政治理論の領域では、マブリはルソーほど大胆ではない。おそらく彼も、ルソーのように、人民主権の原理を肯定するだろう。しかし、この原理はどこにでも認められる[22]。そして、マブリは純粋民主政に反対する。彼の嗜好はどの国でも混合政体に向けられる。彼はまた、直接民主政にも反対する。彼が夢想する制度は、二段階の代議制である。なぜなら、全国三部会は地方三部会の発現形態だからである。彼の議会制度は多様な政党の存在を予測している。これらの構想が『社会契約論』から遠いものであることは言うまでもない。

しかしながら、マブリに最も近いのはルソーである。二人とも道徳学の上に政治学を基礎づけた。彼らは歴史の原動力を情念に見出す。彼らは自然に訴える。彼らはスパルタとローマの例に憑かれている。彼らは奢侈の害と商業社会の悪徳に反対して論陣を張る。彼らは共に、進歩を否定し、牧歌的な過去を郷愁とともに夢想し、より合理的、より民主的、より平等な社会を願望する思想潮流に属している。彼らはフィロゾーフに対する共通の敵意で結ばれており、その最初の兆候はヴォルテールにたいする批判的言及である。[23]

しかし、革命の実践的諸問題の検討に移ったときの大胆さにおいて、マブリはルソーと明かに異なる。現下の問題について意見を述べるとき、ルソーが生涯にわたっていかに慎重であったかは誰もが知るところである。『社会契約論』は現代でもなお、民主主義者がデモクラシーの原理について考察しようとするときの基本文献である。マブリにはそれに類する作品はない。今日ではほとんど彼の作品が読まれない理由はそこにある。しかし、一七五八年の時点で『市民の権利と義務』を書きえた作家は、その政治的勇敢さによってフランス革命家を印象づけたのはまさに当然と言わねばならない。[24]

---

(22) この原理はホッブズにさえも認められる。「いかなる国家であれ、支配しているのは人民である。なんとなれば、君主制においてさえ、人民が指揮権を持ち、一人の人間の意志を通して望むところをなすからである」(*Oeuvres philosophiques et politiques*, I, 224, trad. Sorbière, Neufchatel, 1787)。ホッブズが人民(peuple)と群集(multitude)とを区別しているのは事実である。

(23) マブリは、フィロゾーフの宗教に対する敵意のみならず、彼らの権力への迎合的態度をも咎める〔この点はルソーと共通する、訳者〕。デュクロはフィロゾーフとはいい難いが、宮廷のご機嫌取り作家であるため、マブリの攻撃は厳しい。

(24) マブリと、彼の友人であったダルジャンソンとの関係は研究に値する。ダルジャンソンは、一七五〇年一二月二一日に、全国三部会の招集を要求するために特権階級が連携することを提起しているが、マブリの戦略に呼応するものである。

五　蜂起の権利

これがマブリの本著作の中心問題である。もし法律が正しくなければ、市民は反乱を起こす権利があるか。マブリはここで、長い歴史を受けて議論を展開する。

われわれは、『クリトン』の、法律についての熱弁を知っている。市民は、自分が法律より賢明であるなどと信じてはならないし、自分が不正であると信じることへの服従を拒んでもならない。しかし、反対の命題も古代以来、引き合いに出されてきた。歴史家、雄弁家、哲学者がしばしば暴君殺害を称揚した。十六世紀の政治的激動はこれを焦眉の問題とした。ルターは、蜂起権を断罪し、暴動は神への侮辱とした。ところが、宗教戦争の際、フランスのプロテスタントは反対の立場をとった(25)。政治的プロテスタンティスムと戦うために形成されたカトリック同盟はあらゆる種類のパンフレットや声明文を産み出し、それらは反対の立場からルターの命題を再び採用した。両派に理論家が現れた。君主制擁護論者のボダンがプロテスタントの暴君放伐論者と戦えば、アルトジウス（*Politica Methodice digesta*, 1603）は暴君への抵抗権を認め、完全な分離主義を容認した。

十七世紀に入ると、暴君殺害肯定論の陣営にジェジュイットが登場する（マリアナ Mariana、ベラマン Bellamin）。フロンドの乱の時代には、法学者やパンフレットを書く政論家（ダヴェンヌ Davenne、クロード・ジョリ Claude Joly）(26)が、暴君への抵抗権を支持する。しかし、その他の法学者——彼らは総じてガリア主義を奉じる

——は絶対主義と王権神授説の理論的基礎の確立に努める。[27] 彼らは、時にはわずかな留保をつけながらも、抵抗権を拒絶する。しかし、最も強力に最大の厳密さで絶対主義の諸命題を定式化したのは、ホッブズである。彼は君主への抵抗権を完全に否認した。君主は、社会契約によって人民から無制限の権力を受け取っているから、彼に対して反抗することは、人民に対して反抗することである。

抵抗権は個人を超えるものではない。投獄や殺害の危険があるとき、個人は常に自分の自由と生命を守ることができる。[28] ボシュエは、言葉には出していないが、ホッブズの考えを受け入れている。[29] ホッブズに反論して書いたカンバーランドのような理論家でさえ、抵抗権を非難し、ホッブズが抵抗権に好意的であること

（25）ピエール・メナール『十六世紀における政治哲学の飛躍的発展』（Pierre Mesnard, *L'essor de la philosophie politique au XVIe siècle*, passim.）参照。テオドール・ド・ベーズ『為政者の臣民に対する権利について』（Théodore de Bèze, *Du droit des Magistrats sur leurs Sujets*, 1575）、デュ・プレシ＝モルネ『暴君への反抗』（Du Plessis-Mornay, *Vindiciae contra tyrannos*, 1579）、『目覚まし時計』（サン＝バルテレミ虐殺事件で書かれたパンフレット、*Le Réveille-Matin*, 1575）などは、蜂起権を擁護している。

（26）ラクール＝ガイエ『ルイ十四世の政治教育』（Lacour-Gayet, *L'Éducation politique de Louis XIV*, pp. 314-8）、H. セー『フランス十七世紀の政治思想』（H. Sée, *Les idées politiques en France au XVIIe siècle.*）を参照。

（27）ラクール＝ガイエ（前掲書）は、神授権理論と絶対主義との間には原理上のいかなる関係もないことを明らかにしているが、これら二つの理論が頻繁に同一の著作家に見出されることは認めなければならない。例えば、ボシュエを参照。

（28）ポラン『ホッブズにおける政治と哲学』（Polin, *Politique et philosophie chez Hobbes*, pp. 76, 234, 245.）を参照。

（29）ボシュエ『プロテスタントへの第五の警告』（*Cinquième Avertissement aux Protestants*）を参照。特に、三一、三三、四八章。五〇章では、奴隷制が正当化されている。

を咎めているのである。実際、《正しき理性》が存在し、君主の法律はその理性の準則であることを否定することによって、ホッブズは臣民の服従の理論的基礎を掘り崩している。[30] 罪のある臣民にも処罰を逃れるために抵抗する権利があると認めるのは、不吉な教義である。十七世紀のプロテスタント神学者について言えば、彼らはナントの勅令が無効になるのを恐れて、絶対主義の諸命題をも擁護している。彼らが方向転換するのは、一六八五年〔ナントの勅令の廃止〕以後である。ジュリユーは、躊躇しながら用心深くではあるが、君主が宗教と社会を危険にさらす時、キリスト教徒には抵抗する権利があることを認めている。[31]

抵抗権が問題となるとき、法律家が落ち込む矛盾を研究する上で最も興味深いのは、自然法の古典的理論家グロティウスとプーフェンドルフである。彼らの役割は同時代の君主政に法的根拠を与えることであった。それゆえ、君主への反抗はすべて断罪される。しかし、彼らの良心は問題を提起せずにはいない。もし君主が暴君ならば、どうするのか。したがって、彼らは片方の手で引っ込めたものを、もう片方の手で差し出す。『戦争と平和の法』（第一巻、第四章）を参照。もし君主たちが何か自然法に反することを命じた場合には、彼らの命令を実行してはならない。原則的には、抵抗権は禁止である。だが、「極度の避けがたい必要性がある場合には」、国王の身体には触れることなく、人は自己を防衛する権利を持つ。次いで、グロティウスは抵抗が禁止されない例外を数え上げているが、彼の表現には常に曖昧さが残る。「全人民に敵対することを公然と声明する国王」や、「主権の簒奪者にたいしては、国家全体を危険に陥れない程度において[32]」、人々は抵抗する権利を持つ。君主政のより厳格な擁護者プーフェンドルフの主張は、外見上より一貫性がある。「最高権力が正当なことしか命じないとき、いかなる反抗も、いかなる不服従も許されない。のみならず、臣民は彼らの君主の気まぐれや冷酷にも辛抱強く耐えなければならない。個人が、君主から一方的に、極端な危害を加えられ、不当極まる扱いをされる恐れがある場合にさえも、君主に向かって剣を抜くより、逃亡して身を隠すように努めねばならない[33]。」その先でさらに、「現存の政府に満足し、徒党や反乱を組織してはならない[34]」と付け加えている。容赦のない教義であるが、一貫性がある。ところが、「君主が不正なことを命令しない限り、絶対に君主に抵抗してはならない[35]」というような文句は、すべてを一挙に問題化することになる。

この問題に関しても、他の場合同様、マブリに着想を与えているのはロックである。いずれにしても、ロックはイギリス革命の間に形成された伝統を継承しているだけである。ロック以前に、シドニーも人民が国王を退位させることを認めていた[36]。ロックは暴政に対する抵抗権を肯定する。そして、どんな場合に抵抗は許されるかを定義している。それは、執行権力が委任された使命に忠実でなく、その統治が人民の利益に

(30) カンバーランド『自然法』(Cumberland, *Les lois de la nature*, chap. IX, §II, 13) 参照。

(31)『牧師の手紙』(Lettres pastorales, t. III, lettres 16 à 18) 参照。

(32) プラディエ=フォデレ訳 (Pradier-Fodéré, livre I, chap. IV) 参照。

(33) バルベイラック訳『人間と市民の義務』(*Devoirs de l'Homme et du Citoyen*, II, 9, 4)。

(34) 同書、II, 18, 3.

(35) バルベイラック訳『自然法と万民法』(*Droit de la nature et des Gens*, t. III, livre VIII, 8,I)。

(36) サムソン訳 (新版)『統治論』(*Discours sur le Gouvernement*, Paris, an II, 3 tomes, I, II)。

反するようになったときである。[37]

ヴォルフの場合には、グロティウスに見出されるのと同じ混乱が、さらにひどい形で現れる。[38] しかし、十八世紀の全般的傾向として、イギリス思想が政治的作家にますます重くのしかかっていく。フェヌロンの思想を表明するランセー（Ramsay, *Essai philosophique sur le Gouvernement civil*, 1721）は、時代遅れに見える。グロティウスやプーフェンドルフの著作は再版を重ねるが、訳者のバルベイラックが加えた注釈――しばしば反論である――の山に埋もれている。ロックの影響が感じられるビュルラマキは、人民の権利に感応しているが、暴政と反逆精神との確執に心を奪われ、結局、敬虔な祈願に行き着いてしまう。[39] 反抗すべきか否かの問題では、「公然たる暴政に堕落したことが明らかで、臣民全体の破滅に行き着く極端な主権の弊害とありふれた弊害とを」区別しなければならない（II, 6, 16）。しかしながら、ビュルラマキはこの種の議論の空しさを察知していた。「〔国王たちの〕人格の神聖性については、いくらでも立派なことを並べ立てられる。しかし、人民は極度の窮乏に追い込まれたときには、〔反乱の〕わずかな成功の可能性が見えるや、それらの立派な理由を踏みにじるだろう」（II, 6, 37）。この言葉こそ、この法学家のペンが生み出しうる最高の洞察である。[40] 人民に蜂起の覚悟があるとき、人民は自分たちに蜂起の権利があるかどうかを知りたいなどと思わない。政治体制に異議が唱えられた場合、法的関係はその地位を力関係に譲り渡す。法律家たちは解決不能の問題にはまり込み、身動きできなかった。

マブリの最大の功績は、革命を法律問題ではなく、政治問題として考察した点にある。[41] 彼は、グロティウスやプーフェンドルフのような人々が積み上げてきた反論を振り払い、問題をその本来の領域で提起した。

革命を起こすことは時宜にかなっているか。専制政治を打倒した場合、人々は無政府状態に陥る危険があるか。解き放たれる暴力を抑制できるか。傭兵によって自由に暴力を振るうことのできる国王に対し蜂起することは人民の利益になるか。今ここで、君主に譲歩を迫るに十分な力の結集は可能か。マブリの答えには少しのためらいもない。ルソーが革命の観念に対してしばしば表明する恐怖感と比べれば、マブリの実践的大胆さがどれほどのものであるかが測定できる。

（37）『政治権力論』（*Essai sur le Pouvoir civil*）、特に、§一六三と§一六八。最終章で、ロックは抵抗権を認めるイギリス人法学者をリストアップしている。

（38）フォルメによる抜粋『自然法と万民法』（*Principes du Droit de la Nature et des Gens*, Amsterdam, 1758, VIII, 5, 16 à 21）。

（39）『政治法原理』（*Principes du Droit politique* , Amsterdam, 1751, I, 6, 19　; I, 7, 7 à 23; II, 6 ）。

（40）グロティウスとヴォルフの矛盾はエメール・ド・ヴァテルの『万民法』にも認められる。（Emer de Vattel, *Le Droit des Gens*, 2 vol. In-40, édit. de 1758, Londres, réimprimée à Washington, 1916, cf. Livre III, chap. 18.）

（41）しかしながら、この分野での精密化については、すでにロックの前例があった。

一七九三年の権利宣言は人民の蜂起権を認めることになる[42]。まず革命があり、その後革命を行う権利が宣言された。

六　マブリとユートピア共産主義

『市民の権利と義務』は、共産主義の命題を提示した最初の作品である。スタナップ卿にとって、財産の所有は人間の不幸の源泉である。ロックの影響から、彼は自然状態においても所有が存在し、その利点を示すことができることを認めている。しかし、不平等、奴隷状態、専制政治はそこから生じた[1]。そのために、卿は無人島へ行って財産の共同体を設立することを夢想し始める。「われわれは公共の貯蔵庫に労働の成果を持ちよるでしょう。（…）毎年、家長たちは会計係を選挙し、彼らは各個人の必要に応じて物資を分配する役目を負うでしょう」。しかし、残念ながら、もう遅すぎる。人間がこの幸福に与るには、彼らはあまりにも堕落してしまった。彼はこのような思想を、一〇年後のフィジオクラートとの論争（一七六八年）で、また特に『立法について』（一七七六年）で明確化する。そこで彼は、社会の成立は私的所有に先行すると主張する（livre I, chap. 3）。続けて彼は、財産共同体の設立の可能性を否定している[2]。時々、この見方へのためらいが感じられるが、彼は明確に答えることなく問題を提示するに止めている[3]。しかし、共産主義の命題は、別の問題によって隠蔽される。現在の社会において、各市民は、専制政治によってその生命、自由、財産を脅かされている。それゆえ、所有権の神聖性を肯定しなければならない。

財産共同体がもはや存在せず、人間が分割を承認している以上、所有権の法より神聖な法は存在しない。そのことを私は承知している(4)。

それゆえ、マブリの共産主義について、批評家の意見が分かれることが理解される。ソヴィエト人は、共

---

(42)〔訳者〕一七九三年六月に成立した共和国第一年憲法前文の「人権宣言」を指す。この宣言最後の第三五条は、「政府が人民の諸権利を侵犯するとき、蜂起（insurrection）は、人民にとって、またその各部にとって、最も神聖な権利であり、かつ欠くべからざる義務である」と規定し、政府に対する人民の「蜂起権」を認めた。一七九一年の「人権宣言」は、「抑圧への抵抗（résistance）」を自然権として認めるが、蜂起権は認めない。マブリの革命思想を反映するかのようなこのジャコバン憲法は、パリ・コミューンの蜂起で国民公会からジロンド派が追放された直後に採択された。ただし公会は、「平和が訪れるまで」実施を延期するという条件で採択し、また現に施行されなかったので憲法は空文で終わった。

所謂「革命の絶頂期」に採択されたこのジャコバン憲法については今日、評価が分かれる。ジャコバン憲法は、蜂起権のみならず、貧者の生存権を保障する性格上、人民主権の画期的進歩として評価される（長谷川正安著『フランス革命と憲法』第六章「ジロンド憲法とジャコバン憲法」参照、三省堂、1984年）。他方、歴史修正主義のデラパージュ理論が絶頂期論に置き換えられて以後、この憲法はパリ・コミューンの内部で台頭する過激派への懐柔策として起草され、最初から実行に移す意図のなかったデマゴジックな文書とする見方もある。

(1) この点にルソーの『人間不平等起源論』の影響があることは確実である。

(2) 『歴史の研究』(*Étude de l'histoire*, XII, p. 356.)。

(3) 『疑問の提起』(*Doutes proposés*, XI, pp. 221–2.)。

(4) 『穀物取引について』(*Du Commerce des grains*, XIII, p. 273.)。『立法について』(*De la Législation*, IX, p. 109.) も参照。

産主義思想の歴史においてマブリに重要な位置を与えている[5]。マフェイ氏にとっては[6]、マブリのユートピア共産主義を語ることは一種の誤読である。彼の共産主義は彼の哲学の一契機、論理的連鎖の一環にすぎず、直ちに乗り越えられた。アルペはさらに断定的である。「われわれが証明しようとしているのは、マブリは社会主義者とも共産主義者とも、いかなる関わりもないということである」[7]。では、どう考えるべきか。

同時代の世紀においてさえ、マブリは共産主義の最も重要な思想家ではない。一七五五年に、モレリの『自然の法典』が出版されており、マブリはおそらく読んだと考えられるが、そこからいかなる引用も行っていない。モレリは、理想的な共産主義社会のプランをより詳細かつ精密に描き出し、それを実現可能なものとして提示している。しかしそれだけでは、マブリの共産主義を真剣なものとして受け取らない理由としては不十分である。彼自身が、「財産の共有と諸条件の平等のシステム」[8]について語ったのであるから。しかし、彼の共産主義は、願望というより愛惜の次元に属している。啓蒙主義の哲学者マブリは、人間の幸福の探求者である。政治学は幸福へ至る道筋を示さねばならない。感覚論者マブリは、自己愛の中に自然の第一の要求を見る。社会関係はこの感情に基づいて築かれねばならない。私が自分を愛する以上、自分が生きるために必要とする他の人々を愛さねばならない。善き政治とは、人が公共善に自己を捧げるとき、人は自分自身の幸福のために働くことになるということを人間に理解させる政治である[9]。しかし、この道を進もうとするとき、最も大きな障害となるのは、自分と他人とを隔て、自分を他人に対立させる私有財産である。そして、今となってはこの私有制を廃止することがもう不可能であるのなら、幸福への道は決定的に閉ざされてしまう。奢侈と闘い、純朴な習俗を維持し、賢明な法律によって富の不平等を減少させるなど、一時しのぎの政策で対応するしかない。したがって、マブリにとっては、共産主義は単なる夢であり、スタナップ卿はそのようなものとして共産主義を提示している。その上、それは原始的な特徴が著しい分配の共産主義である。土地を除けば、生産手段の社会化は問題とされていない。それは、モレリの場合と同様、純粋に土地中心の家父長的共産主義であり、前工業化社会にあっては至って自然なことである。その上、マブリは、その古代趣味から、都市の下層住民に対する軽蔑、土地の耕作以外のいっさいの手労働への軽蔑を受け継いだ。

マブリと近代共産主義とを隔てるものを十分認識しつつ、それでもマブリを共産主義思想の歴史の中に位置づけることは正当である。彼は、物質的利害心（貪欲）がもはや推進力ではない社会、利害心が名誉への愛によって置き換えられるような社会を夢見た。バブーフもまた、ヴァンドームの法廷でマブリを《平等主義者》の列に加え、自分は彼らの影響を受けたと語った[10]。

（5）ボルギン『十八世紀における社会思想の発展』（Volguine, *Le Développement de la pensée sociale au XVIIIe siècle.*）とその「解説」を参照。サフロノフ『マブリの政治社会思想』（Safronov, *Les Idées politiques et sociales de Mably.*）。

（6）『マブリ師に関する最近の著述』（*Recenti Scritti sull'Abate Mably.*）。

（7）『マブリの社会政策』（*Le Social de Mably*, p. 414.）。

（8）『疑問の提起』（*Doutes Proposés*, XI, p. 155.）。

（9）ルセルクル『マブリにおけるユートピアと政治的現実主義』（*Utopie et Réalisme politique chez Mably*, pp. 1054-55.）参照。

（10）『バブーフ裁判』（*Procès de Babeuf*, Paris, chez Baudouin, s. d., t. IV, 372, 374.）、および『バブーフ撰文集』（*Pages choisies de Babeuf*, édit. Dommanget, Paris , 1935, pp. 94, 169.）を参照。

七　マブリとフランス革命

マブリは一七八五年に死んだ。バショーモンは、五月八日に、「マブリ師の作品については、二著作が語られる。一つは『市民の権利と義務』という表題であり、他は『美と才能について』である」と書いた。この情報は正確であるが、十分ではない。マブリの作品の全貌はほとんど知られていなかったからである。一七八七年、碑文・文芸アカデミーはマブリの友人であったダンヴィル公爵夫人の依頼を受け、マブリ師讃の懸賞論文を募集した。入賞者は二名であった。ブリザール師の讃辞はほとんど全面的で、マブリ全集の巻頭に掲げられており、今日でもなおマブリの生涯を知るうえで主要な資料である。他方、レヴェーク（P. Ch. Lévesque）の『歴史的賞讃』ははるかに批判的である。

一七八九年初頭の『市民の権利と義務』の公表は、間違いなく重大事件であった。しかし、同書の影響力は、マブリがもう一つの遺言書と見なしていた、モープーのクーデタを機に起草された『フランス史考察』第二部のそれと不可分である。遺言執行人の一人であるムニエ（Mousnier）は、二作品の公刊について詳細を語っている。[11] マブリは、死の間際に『フランス史考察』第二部の原稿をムニエに委ねた。その際、マブリは彼に、「身の自由が危険にさらされることのないような時機を利用するように」と進言した。「一七八八年[12]の親臨法廷が一七九二年に全国三部会を招集することを約束したとき、好機が到来したと思えた。」ムニエは、召集の期日を早めなければならない、それにはこの作品の公表が役立つだろうと確信していた。「それゆえ、一七八八年の初めから、私はもはや危険を冒すことをためらわなかった。」第二回の名士会の開催期（一七八八年一一月）に、二〇〇〇部をヴェルサイユに持ち込んだ。「これは反乱を煽る本だという叫び声がいたるところであがった。〔出版に〕暗黙の了解を与えた国璽尚書は恐れをなし、一六〇〇部をバスティーユの暗所に大急ぎで投じさせた。」しかし、海賊版が溢れた。「国民の過去と現在の悲しむべき状況について啓発するだけでは十分ではない。そこから脱出する方法を国民に示さねばならない。〔…〕これが、一七八九年に『市民の権利と義務』という貴重な作品を私が公刊するにいたる動機であった。」

「文芸通信」は、一七八九年三月にこの作品の出版を告げている（XV, 413.）。しかし、これは私的な通信である。私が調べた当時の主要新聞は、この出版に関し一言も触れていない[13]。ただし、『人間と市民の義務』

---

(11)『国民の過去・現在・未来の状態についての考察』（*Observation sur l'état passé, présent et futur de la Nation*）。フイヤン派「憲法友の会」で行われた講演。ムニエ（Mousnier）を立憲議会議員J. J. ムニエ（Mounier）と混同しないこと。私はこの指摘を、ルネ・ガリアニ氏（René Galliani）から受けたことに感謝している。

(12) 彼〔ムニエ〕は日付を間違えている。ブリエンヌが三部会の招集を約束したのは一七八七年九月である。

(13)『メルキュール・ド・フランス』、『ジュルナル・ド・パリ』、『ガゼット・ド・フランス』、『ジュルナル・ジェネラル・ド・ラ・フランス』は、何も語っていない。また、ランゲの『政治・民事・文芸年鑑』（*Les Annales politiques, civiles et littéraires*）は、同時代の大作家について多くのことを語っているが、マブリについては何も語っていない。したがって、ゲリエ（Guerrier）の『マブリ師、その道徳と政治』（*L'Abbé de Mably, moraliste et politique*, p.5）における、「彼の名前は当時の新聞の文芸欄や国民議会議事報告欄の中にかなり頻繁に現れる」という断定は疑ってみる必要がある。

と題された匿名の小冊子の出版を報じている。「メルキュール」は、一七八九年九月五日、グールシ（Gourcy）の書いた『現状況における権利と義務――マブリ師の作品についての公正な判断を付す』の出版を報じている。編集者は「この小冊子は注目に値する」と付言しているが、マブリの本そのものは無視している。各新聞のこの沈黙は、一七八九年の最初の数ヶ月における検閲の執拗さという理由でしか説明ができない。出版はなお秘密裏に行われているので、出版地をケール（Kehl）としているのは、おそらく虚構である。他のさまざまな兆候は、この作品が人々に気づかれなかったという状況とは程遠い。人々は、マブリが現在進行中の諸事件を三〇年も前に描写していることに驚愕し、偽作ではないかと疑った。「文芸通信」はこの噂に反論している。「この作品を限りない注目に値するものとしているのは、それが一七五八年に書かれたことが確認されているからである。」[14]

一七八九年に洪水のように出たパンフレットの中で、マブリの重要性を評価しようとすれば、膨大な量の研究が必要である。しかし、今日でもすでに、マブリの役割が無視しえないものであった証拠となるテキストがかなりの数、知られている。全国三部会の開催に先立つ数ヶ月間に、多くの政論家が三部会の構成、役割、三部会に何が期待できるか、自らの見解を披瀝した。彼らは、『フランス史考察』の中に愛国者党（parti patriote）の願望に呼応する制度史を、また、『市民の権利と義務』の中に三部会の将来像を構想するプログラムを発見した。それゆえ、彼らは自分の言いたいことを言うために、マブリを活用し、あるいは逆に彼を叩いた。一七八九年に、『フランス史考察』の「要約」が出た。[15] トゥーレ（Thouret）は、恐怖政治の最盛期に同じ仕事に着手するだろう。[16] また、「貴族階級とは何か、そしてその特権とは何か」[17]と題されたパンフレットは、マブリを支えにして、貴族の特権を非難し、その起源の歴史を描いている。一七九〇年六月には、「自由の友による省察、あるいはマブリ師の諸原理」(18)（*Reflexions d'un ami de la liberté ou principes de M. l'Abbé de Mably*）と題する別の小冊子が現れ、『市民の権利と義務』で展開された諸原理を非常に正確に要約した。デモクラシーは不可能であり、唯一われわれに適合するのは君主政であるが、諸特権が押しつぶされた今、最も恐れるべきは専制政治である。新制度（県の設置など）では、自由を守るには弱すぎる。国王による軍職の任命や、軍隊を維持するための予算の管理を否認しなければならない。全国三部会の召集前には、「全国三部会を機に行われたマブリとフォキオンとの対話」（パリ、一七八九年）が出されている。このかなり平板な対話は、ネッケルを褒め称えるための宣伝文書である。グールシ師（前掲書）は、マブリに反対して、『市民の権利と

(14) ミショーの『伝記』（Michaud, *Biographie*）は、なおも、「幾人かは、その信憑性に疑いを持っており、状況に合わせて書き直しが行われたと信じている」（マブリの項目を参照）と書いている。しかし、写本は、そのような痕跡のまったくないことを証明している。

(15) 『愛国的政論家の遺言、あるいはマブリ師によるフランス史考察の概要』（*Testament du publiciste patriote ou Précis des observations de M. l'abbé de Mably sur l'histoire de France.*）。バルビエは、著者をドン・マレルブ Dom Malherbe としている。

(16) 『旧制度革命概説―デュ・ボス師およびマブリ師から抜粋した初歩的作品』（*Abrégé des Révolutions de l'ancien gouvernement, ouvrage élémentaire extrait de l'Abbé Dubos et de l'Abbé Mably.*）。本冊子は一七九三年にリュクサンブール監獄で書かれた。第二版（Paris, 1820）。

(17) アムステルダム、一七八九年。バルビエは、作者をミュラ伯爵（Comte de Murat）と断定している。カルカソンヌ（Carcassonne, 前掲書、611頁）は、このパンフレットを貴族階級に好意的な文書として描いているが、誤りである。

(18) このパンフレットは、ルソーも支えにしている。

義務』は内乱へ扉を開くと非難し、マブリより「いっそう賢明なモンテスキュー」を対置している。彼は、世襲君主制、聖職者と貴族の特権を擁護しているが、全身分に対する税の平等を望んでいる。彼によれば、すでに憲法はあるから、新憲法など不必要である。既存の憲法とは、シャルルマーニュ時代に行われていたものであり、この王の治世では「人民の権利は尊重されていた」(四二頁)。見ての通り、彼はマブリを使って、マブリと闘っている。この一貫性のない混乱した論争文は、マブリの死後に出された著作をめぐって、どのような論争が行われたかを示す証拠として興味深い。

マブリを活用する別のやり方、それは一七九三年にドリール・ド・サル (Delisle de Sales) が書いた場合である[19]。彼は、「第四の手紙」のテキストを引用しながら、マブリが無政府状態への警戒を促したことを賞賛する。マブリは、純粋民主政において、「無政府状態の煽動者たちの無制限な暴政に対し」市民が抵抗することを強く薦めているからである。そして彼は、マブリの遺骸をパンテオンに移すように要求している。

革命議会において、マブリは繰り返し議論の対象となった。一七九〇年八月三一日、立憲議会議長は、シャリュ、ムニエ、アルヌーら、〔マブリの〕遺言執行人たちの手紙を議場で読み上げた。その手紙で、彼らは「その諸原理が議会の諸決定において承認されている著名な著者」の『市民の権利と義務』および『フランス史考察』続編の自筆原稿を議会に提供するという申し出をしていた[20]。議長は九月八日付けで彼らに感謝状を送った。「『市民の権利と義務』は、国民議会の古文書館にとってとりわけ貴重である。議会はその権利と義務を諸決議において承認してきた。」こうして、遺言執行人たちは、マブリは憲法制定議会の激励者の一人であったという命題を初めて表明したが、議会もこの命題を認めている[21]。この会期の終了後、『パリ新聞』（*Journal de Paris*）は、マブリには「思想でも表現でも」、才能らしきものはないという敵意のこもった記事を載せた。すると、マブリの友人の一人が、『モニトゥール・ユニヴェルセル』（*Moniteur universel*, 九月二四日号、〔政府官報〕）で激しく抗議した。

一七九一年、立憲議会でヴォルテールの彫像を立てることが問題となった。ドーフィネ州の議員シャブルー（Chabroud）は、マブリの像も建立するように要求した。提案は憲法委員会へ送られたが、一向に回答は出なかった。その後数年間、黙殺されたままであった。テルミドール派国民公会の時期になって再びマブリが話題となった。グレゴワール師が、共和暦第三年フロレアル七日、たまたまマブリ非難を行ったため、マブリの旧友デュソー（Dussaulx）は、「この雄々しく尊敬すべき作家」のために敢然として抗議した。その三日後（一七九五年四月二九日）、国民公会は、デブリエール（Desbrière）のもとでマブリの著作全集が出版されることを告げるアルヌー（Arnoux）の手紙を受け取った。全集の編者〔アルヌー〕は「欠けている原稿」を入手し、「これまで私がマブリのために集めてきた原稿に加えた」とのべているが、この言い分は『市民の権利と義務』に関してはやがて完全な嘘であることが判明する。アルヌーはさらに、「印刷、活字、用紙

（19）『市民の権利と義務』パリ版への序論。

（20）この手紙は、議長アンリ・ジェセ Henri Jessé の返事とともに、アルヌー版（XIII, p. 353）に収められている。

（21）マフェイ氏（『マブリとフランス革命』*Il Mably e la Rivoluzione Francese*）は反対に、この命題の暗黙の拒絶をジェセの返答の中に読み取ろうとしている。私はそのような意図があるかどうかを行間に読み取ろうとしたが、そのような含意は見つけられなかった。

はこの作品の美と利益に対応するだろう」とも述べているが、これも嘘である。プレリアル一二日（六月九日）、アルヌーが登壇した。彼はデブリエールが印刷したマブリ全集の第一冊を献呈しに来たのである。そして、彼はマブリにパンテオン埋葬の栄誉を与えるように要求した。デュソーは熱烈な支持を表明し、決議を促した。しかし、提案は再度憲法委員会にまわされ、日の目を見ることはなかった。

では結局、マブリのフランス革命への影響とは何であったのか。ここで、かかる問いへの回答が可能である、と主張することはできない。この問題は方法上の諸問題を提起するし、歴史過程における個人の役割という哲学問題を俎上に載せることになる。それは膨大な調査を必要とし、その調査はまだ始まってもいない。であれば、これまでに出された見解を思い起こすにとどまるだろう。これまで明らかにしたように、マブリの友人たちは革命の初期の出来事はマブリの思想の実現であると見なしていた。この命題には、今日では異議が唱えられている(22)。歴史的諸事件がマブリの著作の結果であったと信じるのは、あまりに素朴すぎるだろう。何より、『市民の権利と義務』が世に出たとき、革命のプロセスは不可逆的な仕方で展開した。マブリは先駆者であったということさえも、可能であろうか。この言葉は漠然としていて論理性にかける。しかしながら、革命の勃発において啓蒙の哲学の役割を否定することも、同様に単純すぎる見地であろう。モンテスキューとルソーは一定の作用を及ぼした。マブリもまた啓蒙の一端を担っている。困難は彼の影響をモンテスキューのそれから区別することにある。同時代人たちの証言を系統的に拒否することは誤った歴史的方法であるように、私には思える。マブリの役割を強調したのは、単にマブリの友人たちだけではない。『百科全書』の仇敵である弁護士モロー（Moreau）の回想録は、高等法院と貴族階級とはレナール師とマブリ師によって毒されたという観念を提示している。その同じ人物が、「この内乱はフランスに自由を回復させる唯一の手段であると、マブリ師はあれほど公然と説いた[23]」と書いている。スーラヴィ（Soulavie）によれば[24]、ラ・ロシュフコー＝リアンクール公爵――彼はマブリの女性庇護者の息子である――は「マブリ師の諸論文に依拠していた」。そしてこのラ・ロシュフコーは、全国三部会の招集と頭数別投票を要求するために、一七八八年に愛国者党に合流する自由主義貴族のグループに属していたのである。このような諸々の事実から、われわれは一つの回答を導き出すことができる。マブリの作品は諸事件の原因ではない。しかし、それらの事件より三〇年も前に、マブリはそれらが提起するだろう問題を理論的に考察した。指導的立場に立つべき人々は彼を読み、深く考えた。彼らは、マブリの中に根拠と進むべき方向を見つけた。それは単にラ・ロシュフコーの場合だけでなく、憲法委員会で重要な役割を果たしたトゥーレ（Thouret）の場合も同様である。このような情況のもとで、一七九一年憲法は、マブリに何かを負っているはずだと考えないでおくことができるだろうか。立憲議会のブルジョワたちはマブリのうちに苦もなく彼らの教師を見出しただろう。彼らの実行したことの中に、〔マブリに〕本質的ないくつかの特徴があることを否認することはできないだろう。

(22) プロカッチ『啓蒙主義におけるマブリ師』（Procacci : *L'Abate Mably nell'illuminismo*, p. 239）。マブリが革命の思想家であるという観念は伝説の帰結である。

(23) モロー『回想録』（J. N. Moreau: *Mes Souvenirs*, Paris 1901, t. II, pp. 406, 408）。

(24) スーラヴィ『革命の歴史的政治的回想録』（Soulavie, *Mémoires historiques et politiques de la Révolution*, II, p. 243）。モロー（前注）の引用文同様、カルカソンヌ（Carcassonne）による引用である。

立法権は代表者の議会にゆだねられる、執行権は国王にゆだねられるが議会に従属する形で維持される、能動市民と受動市民の区別など。立憲議会の議員たちはまた、マブリのうちに、デモクラシーと専制政治の双方に対する警戒を同時に見出していた。確かに彼らは、商業社会の進歩に対するマブリの無益な抗議と純朴なスパルタ式社会への彼の郷愁を拒否していた。確かにマブリは、行動は極めて慎重であるべきこと、当初は特権に配慮すること、一挙にすべてを実現しようなどとは考えないこと、さもなければすべてを失いかねないことなどを忠告した。革命以前には、革命家たちの多くはこの用心深さに同意できただろう。[25] ところが、次々起こる事件が彼らの喉を締め、用心などしている余裕はなくなった。それにマブリが同意しただろうかなどと問うことは、無益な子供の遊戯である。

革命が深化し、より民衆的（démocratique）になるにつれ、人々はマブリを忘れたようである。しかし、テルミドール反動の後、穏和主義が勝利すると、人々は再び彼の方を振り返る。かくして、かつてのジロンド派イスナール（Isnard）は、五百人議会において、共和暦第四年ニヴォーズ〔雪月〕一九日（一七九六年一月一九日）に、所有権を擁護するために、フォキオンの不滅の著者の意見を引用した。したがって、ここでは暫定的にではあるが、マブリの〔フランス革命への〕影響の下降曲線と、次いでその上昇曲線とを描くことができる。

八　『市民の権利と義務』の原稿と諸版本

一七八九年には三種の版本が存在し、それらは国立図書館のカタログに載っている[26]。

A）*Des Droits et des Devoirs du Citoyen par M. l'Abbé de Mably.* A Kell〔Kehl〕, MDCCLXXXIX, in-12, 367 pages.

B）同じタイトル、同じ出版地、同じ出版年、in-12, 245 pages.

C）同じタイトル、出版地はパリとローザンヌ、出版者はフランソワ・ラコンブ（François Lacombe）、MDCCLXXXIX, in-12, 367 pages.

以上三つの版の間では、テキストの異同は極めて軽微であり、同じ誤りがすべての版に共通して見出される。したがって、三版のうち二版はオリジナル版のコピーであることは間違いない。一七八九年以後、以上の版本は単行本ないしは著作集の形で、以下のように何度も再版された。

単行本

D）Kell, 1791.[27]

E）Paris, 1793, 2 volumes in-16. この版には、自然哲学の著者（J.B. Delisle de Sales）による序文が付されている。

F）Milan, 1797.

(25) 一七八九年以前には、ロベスピエールでさえ死刑廃止論者であったことを想起しよう。

(26) ムニエ（Mousnier）は、『フランス史考察』は海賊版があるふれたと言っているが、『市民の権利と義務』も同様である。

(27) マフェイ氏の『マブリとフランス革命』および『政治著作集』（I, p. 44）の指摘による。

G）Paris, bibliothèque nationale, 1865.この版は、一八九七年まで数回にわたり再版されているが、そのうち一回は一八七一年〔パリ・コミューンの年〕である。

著作集

A）Londres, 1789, 12 volumes in-8.
B）Toulouse et Paris, 1793, 24 tomes en 26 volumes, in-12.
C）Paris, an III（1794-5） chez Desbrière, 15 volumes in-8. これがアルヌー版（édition Arnoux）である。最も完全な、最も普及した版であるが、用紙と印刷は劣悪である。
D）Lyon, 1796, 12 volumes chez Delamolière et Falque.
E）Dijon et Paris, an V, chez Delaunay, 6 volumes in-8 ou 12 volumes in-18.[28]
F）Paris, an V, chez Bossange, Masson et Besson, 12volumes in-8.
G）Paris, 1818, chez Delaunay, 6 volumes in-8.

単行本の翻訳[29]

〈イタリア語訳〉 Venise, 1797; Naples, an I de la république; Naples, 1799; Florence, an VII de la république française.
〈スペイン語〉 Cadix, 1812; Lima, 1813; Madrid, 1820; Madrid, 1882.

著作集の翻訳

〈イタリア語〉 *Scritti politici*, 2 volumes 1961 et 1965, à Turin, par M. Maffey.

『市民の権利と義務』は、この著作集の第一巻（五一―二一〇頁）に掲載されている。翻訳はマブリのオリジナル写本に基づいて行われた。一七八九年の初版本以来、初めて写本への復帰である。

〈ロシア語〉 *Œuvres choisies*, Moscou-Leningrad 1950, pp. 215-316, par Volgine. 『市民の権利と義務』の最初の四通の手紙だけが翻訳されている。

〈ポーランド語〉 *Œuvres choisies*, Varsovie, 1956, par Litwin.

マフェイ氏が正しく指摘しているように、以上の諸版の出版は、大体において革命的な諸事件と連動している。フランスでは、マブリの本書はパリ・コミューンの際に再版された。一八一八年のパリ版の著作集は、この見地に合致していないように見える。しかし、王政復古下で、リベラルな反対派は啓蒙哲学の諸作品を多数再版したことが分かっている。イタリアでは、『市民の権利と義務』はフランス革命の思想と同時に浸透した。スペインでは、その翻訳の出版の時期が、自由化、民主化の政治的動向の頂点を示して印象的であ

（28）国立図書館のカタログは、誤って一七八三年と記している。

（29）イタリア語とスペイン語の翻訳は、マフェイ氏の前掲書における指摘である。

る。ロシアでは、マブリは一〇月革命を経た後に出版された。ポーランドでは、人民民主主義体制下での出版である。

現在、写本は、立憲議会の相続人である国民議会図書館にある（no 1138）。赤いモロッコ皮で綴じられた大冊である。題は表紙に金文字で、「マブリ師の『市民の権利と義務』および『フランス史考察続編』の自筆原稿。本原稿は一七九〇年八月三〇日、同氏の遺言執行人たちによって国民議会に贈呈された」と書かれている。縦二八センチ、横二〇センチの用紙二〇八葉からなっている。そのうち、『市民の権利と義務』は最初の五二葉を占め、表裏両面に書かれている。各頁は平均三六行で、細字でびっしり、規則正しく書かれ、少数ながら削除線がある。各葉には赤インクでページ・ナンバーがふられている。見返しの頁には、同じく赤インクで、同じ筆跡で、二〇七葉、一九〇四年一一月九日と書かれている。各葉にはマブリの筆跡で、黒インクで同じくページ・ナンバーがふられている。[30] 写本の綴じ方は不正確である。というのは、おそらくノートとして一体をなしていたであろう、二七から三二葉（黒インク）までが、三三から三八葉の後に綴じられているからである。

第二葉には、表題がマブリの手で書かれている。第三葉は、「序論」である。これは一七八九年の諸版には載せられたが、全集版では採用されていない。第三葉と第四葉との間に、縦一四センチ、横六・五センチの用紙が挿入されており、筆跡はマブリのものではなく、別人のもので非常に読みにくい。私〔ルセルクル〕は次のように解読した。

「グロティウスとプーフェンドルフは、人民の権利をこの（ ？ ）を支配するものと同じ真実性、同じエネルギー、そして同じ魂の高揚感をもって確立した。しかし、この作品の意表を突く顕著な特徴、それは断固たる専制政治によって隷属状態に沈み込んだフランスにおいても、共和国〔の建設〕に絶望しなくてもよいということである。」

私は写本の原文を、つづり字、句読点にいたるまでそのまま復元した。ただし、読者を無駄に悩ますことになる明らかな誤記についてはその限りではない。その場合には、テキストの異同の注解を付して指示をした。マブリの筆跡は、〔読解において〕大きな困難とはならない。ただし、大文字と小文字の判別が難しい場合がある。〔綴りに〕疑問がある場合、特に民族の名称であるが、現代語法に従った。一七八九年の三種の版本は相互にコピーし合っているので、どれが真正なものかを決定することは容易ではなかった。テキストには微細な異同しか存在しない。検討の結果、〔真正性の〕判断は三六七頁のケール版の方に傾く。外部的な手掛かりもこの選択を確認するように思える。『文芸通信』はケール版の刊行を告げているので、パリ・ローザンヌ版は海賊版と考えられる。二四五頁のケール版は上記のケール版より手抜きが目立つ。最も普及し、引用に用いられるアルヌー版との間のテキストの異同は注解の中で指示した。

最後に、私に写本の貸し出しをお認めいただいた国民議会図書館の司書の方々に感謝いたします。

(30) 初めの部分では、黒と赤のインクのナンバーに三頁分のズレがある。それは、マブリが「まえがき」部分をページ数に加えなかったからである。赤字の第一三葉は、黒字で一〇となっている。ところが、赤字の第一四葉は黒字の一三となっている。マブリは、その間の二葉を削除して繋いだことを意味するものと思われる。

訳者あとがき――「共和主義者マブリ、そしてルソー」

フランス革命について一定の知識のある読者がマブリの本著作を一読されれば、少なからぬ驚きを抱かれるだろう。つまり、フランス絶対王政を打倒し共和国を如何に実現するか、その手段を〈革命〉という観念に凝集させて、ここまで市民革命の戦略を構想した啓蒙思想家がいたという事実に驚かされるのは、訳者のみではないと思う。しかも、この書簡形式で書かれた革命論には、一七五八年八月の日付が付されているから、フランス革命が現に起こる三〇年も前に、マブリはこの革命プランを練り上げたことになる。この執筆時期を示す書簡の日付に確証はないが、これまでの研究でマブリ自身が原稿に付した日付に異議を唱える主張はなされていない。その理由は、一七五〇年代に起こった絶対王政の屋台骨を揺るがす劇的な諸事件を契機に、本書の革命構想が立てられており、一七五八年以降の事件はまったく含まれていないからである。

マブリは、パリ高等法院に結集したブルジョワ法服貴族が絶対主義（専制政治）打倒のイニシアチブをとり、〈全国三部会〉を再興し、三部会を拠点に国民を結集し、革命によって国民主権の共和国を実現すべきであると説いている。マブリの戦略は的中し、予測は歴史的事実となった。ルセルクル氏の解説によれば、本著作はフランス革命の始まる一七八九年初頭に公刊された。そして、これを読んだ読者は、その予測の精度の高さに驚き、執筆時期は偽りで、マブリの原稿は革命が起こった事後に、〈事実に合わせて書き直された〉のではないかと疑った。しかし、ルセルクル氏は、国会図書館に保存されているマブリの自筆原稿に事後の加筆の痕跡はなく、本書の内容どおりであることを確認している。マブリが練り上げた革命のシナリオは、それほどまでに眼前で進行する革命の道筋に酷似していた。

マブリのこの慧眼について特筆すべきは、一七五〇年代の時点で、全国三部会の再興を提起し、この機関を国民主権の代表機関として革命を実現するという戦略提起をしていることである。王権による独断的課税をチェックする全国三部会の制度は、絶対王政の確立とともに一六一四年の開催を最後にほとんど消滅していた。マブリの政治思想は歴史研究を基礎に組み立てられているが、歴史の政治学的考察を目的としない本著作でも、その特長は遺憾なく発揮されている。フランス啓蒙思想家は、歴史から学ぶことを重視したが、その代表格はモンテスキューである。マブリは、モンテスキューを尊敬し、モンテスキューから多くを学んでいることは本書でも明らかであるが、モンテスキューは、マブリのように全国三部会の再興というような実践的帰結を導き出さなかった。歴史家と呼んでも差し支えないほど歴史書を書いたヴォルテールも同様である。共和主義の政治思想家としてマブリと最も近い関係にあるルソーも同様である。

フランス革命と啓蒙思想の因果関係、啓蒙思想が革命の起爆剤となったか否かに関連しても、マブリの本著作は示唆的である。ダニエル・モルネが『フランス革命の知的起源』(1)によって先鞭をつけたこのテーマは、今日一定の結論にたどり着いている。啓蒙思想の革命性は、フランス革命が始まってから革命家たちによって発見されたのであり、啓蒙思想が革命を引き起こしたとする因果論の見地はほとんど否定されている。マブリの本書もその好例である。危険な本著作を執筆時に発表することは不可能で、本著はマブリの死後、遺言執行人によって一七八九年初頭に出版され、革命が始まる以前に読まれることはなかった――全国三部会の代議員選挙の開始に合わせて出現した本書は、シィエスの『第三身分とは何か』に匹敵するインパクトを与えたであろう。ただし、本書が一七五〇年代に書かれ、その革命構想が的中したという事実は、〈起源〉という概念に結びつかないとしても、啓蒙思想とフランス革命の内的関連の現実性を立証するに十分である。啓蒙思想家のほとんどは革命の到来を不可避と感じ、アンシャン・レジームの改革を構想して著作したのである。

硬派の政治思想書でありながら、本書には面白く読める〈読み物〉の風合いがある。その理由は、本書がイギリス人とフランス人の対話として展開されるからである。イギリス人は、市民革命を経験した先進国からフランスへ来ているラディカルな共和主義者、それに対しフランス人は絶対王政の専制下に生き、〈革命〉に懐疑的な人物に設定されている。このフランス人がイギリス人（スタナップ卿）に説得され、革命の可能性に目を開かれていくという形で対話が進行する。この意見の一致しない両人のステップ・バイ・ステップの巧みな議論構成が、読者をあきさせない本書の魅力となっている。

しかも、ラディカルな共和主義者として登場するスタナップ卿は、架空の人物ではなく実在した。マブリの研究史では、この点でも異論は存在しないようである。ルセルクル氏の解説に従えば、マブリの自筆原稿ではイギリス人の名は最初「ハリファックス」と書かれたが、すべて棒線で消され、「スタナップ」と書き

（1）Daniel Mornet, *Les Origines intellectuelles de la Révolution française*, Paris, Armand Colin, 1967. 本書ではマブリは、忘れられた思想家で、書誌一覧にその名前があるだけで、本文中ではマブリへの言及はまったくなされていない。

改められている。このスタナップ卿は第四代チェスターフィールド伯（1694–1773）である。というのは、同伯爵の名はフィリップ・ドーマー・スタンホープ（スタナップ）であり、伯の思想的立場、フランスとの関係、特にパリのタンサン夫人のサロンでマブリが同伯爵と親しく交わった事実などから、この人物特定で問題はないとしている。しかし、ルセルクル氏は、さらに別の仮説を立てている。チェスターフィールド伯の親戚に、フィリップ・スタンホープ（1717–86）という人物が存在し、マブリとともに実際にマルリ庭園を散歩できたのは、年齢から考えてむしろこの人物ではないかという推測を述べている。訳者の参照したジョンソン・ケント・ライト氏は、マブリ研究の優れたモノグラフィー『十八世紀フランスの古典的共和主義者マブリの政治思想』において、スタナップ卿の人物を上記二者に特定しながら、しかし、後者フィリップと見なすほうが良いと判断している。ラディカルな共和主義者として知られ、パリやジュネーヴを頻繁に行き来したフィリップ・スタンホープは、共和主義の信念で息子チャールズ・スタンホープを教育し、息子は政治家として大成し、マホン卿（Lord Mahon）として知られ、フランス革命の熱烈な支持者となったことを紹介している(2)。

このように実在のイギリス人を主人公に据えたマブリの革命論は、独特の意義を持つことになる。つまり、自由の先進国イギリスの共和主義者が海峡を渡ってフランス人と手をつなぐ体裁をとっているのである。ヴォルテールは、『哲学書簡』で啓蒙された自由な国イギリスをたたえた。英国の立憲政体を理想化するモンテスキューの『法の精神』もまた、一種の英国讃と言えるだろう。しかし、マブリの本書における英国評価は、ヴォルテールやモンテスキューのイギリスの政治・社会・文化の賞讃とは異質である。

マブリは、彼らとは異なり、〈共和主義者〉として英国史を考察している。本書を一読すれば、マブリがスタナップ卿に語らせるフランス革命論の全体構想は、ピューリタン革命によるコモン・ウェルスの成立と挫折、その後の名誉革命で実現したイギリス立憲政体の批判的考察を基礎に立案されていることは直ちに看取される。ゲルマンの侵入による封建制の成立と貴族階級の支配以前には、フランス国民は主権者であった。国民は絶対王政を打倒し、失われた自由と政治的権利を回復するために、英国市民革命の成功と挫折に学ばねばならない。しかし同時に、フランス国民は、その革命においてイギリス人のように王権と妥協してはならない、名誉革命を越えて共和国を実現し、真の主権者とならなければならない。それが、共和主義者マブリの英仏両国民に向けた革命のメッセージである。

時と場合によって内乱も蜂起も、市民の権利・義務として是認されると説くマブリの革命論は過激であり、フランス革命に批判的な自由主義者からは、当然ながら批判の矢面に立たされる。ジャコバン独裁期に出現した恐怖政治とその全体主義に個人と人権の抑圧を見る批評家は、その責任を人民の政治参加、直接民主主義を説いたルソーのせいにし、ルソーを非難するのが常である。しかし、それらの批評家たちは、大方マブリの存在を知らないか、あるいは忘れている。時代が近いためにマブリの存在を忘れていないリベラリストのバンジャマン・コンスタンは、ルソーとマブリを比較して次のように書いている。

(2) Johnson Kent Wright, *A Classical Republican in Eighteenth-Century France: The Political Thought of Mably*, Stanford University Press, 1997, p. 71.

これからお示しするように、私が闘おうとしている誤りが主として責められるべきは、決してルソーではない。誤りの責任は、ルソーほど雄弁ではないが、彼に劣らず厳格で、途方もなく誇張された彼の後継者たちの一人にある。それはマブリ師である。彼こそは、国民が主権者となるために市民を古代の自由の諸原理に強制的に服従させ、〈人民の自由のために個人が奴隷となることを望んだ〉のである。(3)

これは、コンスタンが一八一九年に講演の形で公表した『古代人の自由と比較した近代人の自由』の一節であるが、フランス革命という近代への画期が、自由の問題に提起する意味を論じて興味深い。コンスタンによれば、スパルタ、ローマの古代共和政に憧憬を抱くルソーやマブリは、古代と近代の違いを理解せず、重大な時代錯誤を犯した。アゴラに全市民が参集するポリスの民主政は、奴隷制によって日々の労働から解放された自由市民にのみ許されていた。主権者として都市共同体の公共善に奉仕することが彼らの名誉であり喜びであった。しかし、商業社会で個人の利益を追求し、日々自らの勤労で生きる近代人には、古代市民のような生き方はもはや不可能である。近代人の自由は、私生活で享受される個人の自由が基本であり、公権力によってその自由が侵されることを望まない。古代人の自由は政治的権利の意味であり、彼らには近代人の私的な自由の観念はなかった。共和主義者の説く古代的自由はもはや時代に適合しないにもかかわらず、ルソーやマブリは誤った自由の観念で人民を煽り、ジャコバン独裁の大惨事を引き起こした。この大衆扇動の罪においてマブリの責任は、ルソーより重い。なぜなら、ルセルクル氏も書いているように、ルソーは革命の前で逡巡するが、マブリは革命へ一直線に突進してためらわなかったからである。

しかしながら、本書に展開されたマブリの革命論は、人民の自由のために「個人を奴隷化」するようなシステムであろうか。本書の読者は、革命に対するマブリの言説の大胆さと同時に、その革命構想に対しこの程度かという意外性の感想を抱かれるだろう。

共和国の樹立を目指すマブリの革命は、絶対主義の変革という一点に集中し、共和国でも王政が廃絶されることを認めない。ピューリタン革命でチャールズ一世を処刑したことは誤りであった。マブリは単に、絶対君主政を立憲主義の制限君主政に改革することを説いているにすぎない。その際、君主は立法権から排除されるが、執行権の内部にとどまるのであれば、世襲の王が存在しても差し支えない。というより、存続するほうが望ましい。なぜなら、国民の習俗が新慣習になじむ時間を十分にとり、改革はゆっくり進めねば革命は成功しないからである。貴族階級に関しても、マブリは廃絶どころか、王権が貴族の特権を攻撃する場合には、国民は貴族を支援して国王の専横と闘うべきであると説く。革命で共和国を樹立するという言葉で、マブリが意味している内容はこの程度であり、彼の構想する共和国にジャコバン独裁の全体主義や「個人の奴隷化」を発見することなどできない。リベラル派の共和主義批判は、フランス革命史を特定の思想のストレートな現実化のように誤解する結果である。

(3) Benjamin Constant, *De la Liberté des Anciens comparée à celle des Modernes, Écrits Politiques*, Edition Gallimard, Folio Essais, 1997, p. 605. 〈 〉は筆者の強調。

現代の視点から客観的に見れば、マブリはイギリスのピューリタン革命期のレヴェラーズの政治的立場よりも穏健である。本書ではその主張は明確に現われていないが、彼は普通選挙制を認めず、フランス革命議会でシィエスが説いた納税額による能動市民と受動市民の区別、それによる制限選挙制を望ましいとする。(4)下層民衆(populace)の知的状況を考えれば、民主政(デモクラシー)は不可能であり、代表者による賢人統治しかない。

アテネ共和政もローマ共和政も、「純粋な民主政」が衆愚政に堕して崩壊した。したがって、「純粋な民主政」を実行するのは危険である。マブリの政治革命は、君主政から民主政への飛躍ではなく、制限君主政の実現を目標とし、政体論では混合政体をベストとする。本書でマブリが説いた革命構想は、フランス革命史に照らせば、九一年の立憲君主政憲法の成立で完了している。九三年のジャコバン憲法体制への急激な移行に、マブリは同調しないだろう。マブリの共和国概念では、王権が立法権から排除されれば、それでよい。その場合、議会の決定に従属する国王の存在は、現代の王政諸国のほとんどがそうであるように、象徴的儀礼的意義しか持たなくなる。執行権が立法権に完全に従属すれば、王の存在によっても国民の立法主権は侵害されない。国民の立法主権が共和国の絶対的条件である。この点では、マブリとルソーは完全に一致している。(5)

本書に表現されているマブリの思想で、ルソーと異なるもう一つの特徴は、彼が私有制を廃した共有制社会の構想にまでたどり着いたことである。スタナップ卿は、孤島へ船出し、そこに理想の共和国を建設する夢想を語っているが、明らかにモアのユートピアの模倣である。マブリはユートピア共産主義の思考にまで進んだ。

万人が平等な未開社会やリュクルゴスが土地改革で築いたスパルタ国家を讃美するのは、マブリもルソーも同じである。二人は、封建制社会の身分の不平等のみならず、土地所有、富の不平等を告発し、所有を文明のあらゆる不幸の源泉、「パンドラの函」として批判する。『人間不平等起源論』におけるルソーの所有批判の厳格さはマブリに劣らない。しかし、ルソーは、最終的に所有権は神聖・不可侵とする線を越えず、共有制の社会構想を提起することはなかった。リシュタンベルジェによれば、マブリの方は、本書以後の著作で穀物取引の自由化を中心政策とする重農主義のエコノミストを批判し、土地の共有と共同穀物倉庫を提案した。彼の思想は最初の共産主義者バブーフに受け継がれた(6)。

以上のような相違にもかかわらず、マブリとルソーはともに〈古典的共和主義者〉として極めて近似している。コンスタンによれば、二人の共和主義は時代錯誤の産物として一蹴される。彼らはドンキホーテさな

(4) ペ・ヴォルギン著・森宏一訳『十八世紀フランスの社会思想の発展(下)』、同時代社、一九九〇年、二一三—四一頁。

(5) 拙著『ルソーとジュネーヴ共和国――人民主権論の成立』、名古屋大学出版会、二〇〇七年、第八章「人民主権の理論構成」、参照。

(6) リシュタンベルジェ著・野沢協訳『十八世紀社会主義』、法政大学出版局、一九八一年、「第八章　マブリ」、参照。

がら、発展する市場経済という近代化の巨大な風車を怪物と思い込み、突進して敗退したことになる。それでは、あまりに単純すぎる。彼らはリベラリストが非難するような、個人の自由を抑圧する全体主義者などではない。

十八世紀は近代的消費社会への出発点であり、大量生産・大量消費の現代はその発展の帰結である。フランスでは、この近代化への衝動は革命によって一挙に開放されたが、この大転換が起こる前に思索したルソーとマブリは、近代化の方向性を共和主義の自由と平等の理念に基づいて規制しようとした。この規制問題は、奢侈禁止法、農地法の是非をめぐる論争として展開した。マブリもルソーもそれらを必要と認める。他方、穀物取引の自由化政策を掲げるリベラル派には、奢侈禁止法も農地法も自由主義の発展の障害以外ではない。二一世紀の今日、この政策的対立は形は変わるが、まったく同じ問題として、自由主義一辺倒の現代世界を悩まし続けている。

近代自由主義への対抗軸として平等主義を掲げた社会主義思想は、ソ連社会主義の崩壊以後、政治理論であることをほとんど停止している。しかし、平等への配慮は道徳的要請、あるいはカント的な実践理性の要請であり、人間が道徳的存在であることを止めることはできない。マブリもルソーも、政治の基礎を市場の論理にではなく、道徳に置く。彼らは、万人が利得を追求して競争する商業社会は一握りの富者と大多数の貧者の階級分裂へ転落することを見抜いていた。彼らは、奢侈が定着すれば、習俗が腐敗し、道徳感覚を退廃させるとして猛反対する。誰の目にも見える不平等が存在するとき、人間は道徳的共感を封じ込め、目を瞑ってそれを放置することはできない。マブリもルソーも、無権利な国民が真の主権者となり、政治的自由を回復すれば、平等への賢明な配慮によって社会の不幸を是正できると考えていた。

マブリは、十八世紀にはルソーに劣らない知名度があったが、現代ではあまり読まれない、閑却された思想家となっている。訳者の印象では、マブリは政治哲学者、政治思想家と呼ぶより、政論家と呼ぶほうがふさわしいかもしれない。しかし、ルソーの『社会契約論』の難解な書物は、〈研究〉しなければ理解が困難であるが、マブリの明快な本著作は読めば分かるのではないだろうか。共和主義の精神を端的に表現しているマブリの本著作は、共和主義の経験のないわが国においては、市民意識の涵養になお有益であろう。

二〇一三年一二月二〇日

川合　清隆

訳者略歴
川合　清隆（かわい　きよたか）
甲南大学文学部名誉教授、専門は社会思想史

主な著訳書
『ルソーの啓蒙哲学―自然・社会・神』（名古屋大学出版会）、『ルソーとジュネーヴ共和国―人民主権論の成立』（名古屋大学出版会）、『社会契約論入門』（共著・有斐閣）、『啓蒙政治思想の展開』（共著・成文堂）、ルソー『山からの手紙』（翻訳・白水社）、ロジェ・カイヨワ編『夢と人間社会上・下』（共訳・法政大学出版会）、ジャン・ゲーノ『ジャン=ジャック・ルソーの生涯』（共訳・白水社）

市民《しみん》の権利《けんり》と義務《ぎむ》　近代社会思想コレクション12

平成26（2014）年5月30日　初版第一刷発行

著　者　マ　ブ　リ
訳　者　川《か》合《わい》清《きよ》隆《たか》
発行者　檜　山　爲　次　郎
発行所　京都大学学術出版会
京都市左京区吉田近衛町69
京都大学吉田南構内（606-8315）
電話　075（761）6182
FAX　075（761）6190
http://www.kyoto-up.or.jp/
印刷・製本　亜細亜印刷株式会社

ISBN978-4-87698-391-9
Printed in Japan
定価はカバーに表示してあります

近代社会思想コレクション刊行書目

（既刊書）

01 ホッブズ 『市民論』
02 J・メーザー 『郷土愛の夢』
03 F・ハチスン 『道徳哲学序説』
04 D・ヒューム 『政治論集』
05 J・S・ミル 『功利主義論集』
06 W・トンプソン 『富の分配の諸原理1』
07 W・トンプソン 『富の分配の諸原理2』
08 ホッブズ 『人間論』
09 シモン・ランゲ 『市民法理論』
10 サン＝ピエール 『永久平和論1』
11 サン＝ピエール 『永久平和論2』
12 マブリ 『市民の権利と義務』